# SEA

〔美〕克里斯蒂娜·汤普森 —— 著
李立丰 ——————— 译

Christina Thompson

# 海洋的子民

波利尼西亚之谜

The Puzzle of Polynesia

北京大学出版社
PEKING UNIVERSITY PRESS

# PEOPLE

SEA PEOPLE
Copyright © 2019 by Christina Thompson
Simplified Chinese edition copyright © 2021 PEKING UNIVERSITY PRESS
Published by arrangement with HarperCollins Publishers
All rights reserved

谨以本书

献给我的丈夫陶威图(Tauwhitu)

其后,我们来到埃俄利亚岛,埃俄洛斯居住的地方,

希波塔斯之子,受到永生神祇的钟爱;

那是一座浮动的岛屿,四周铜墙围栏,

坚不可破,由险峻的绝壁支撑。

——荷马:《奥德赛》(Homer, the *Odyssey*)[①]

---

[①] 原书作者选用的是美国著名翻译家罗伯特·菲茨杰拉德(Robert Fitzgerald)译本,但译者经过查阅塔夫茨大学相关数据库,与菲茨杰拉德译本最为近似的部分,系《奥德赛》第十卷第一行;参考国内王焕生译本后,译者在这里选用了陈中梅的译本,具体可参见[古希腊]荷马:《奥德赛》,陈中梅译注,译林出版社2003年版。——译者注

本书脚注均为译者注,以下不再逐一标明。

# 目 录

序 言　凯阿拉凯夸湾　001

## 第一部分　目击之人（1521—1722）　001
  无垠之海　发现大洋洲　003
  初次接触　门达尼亚到访马克萨斯群岛　019
  方寸之岛　土阿莫土环礁群　035
  世界尽头　新西兰与复活节岛　051

## 第二部分　串珠成链（1764—1778）　069
  塔希提岛　波利尼西亚之心　071
  博学之士　库克结识图帕伊亚　085
  秘境航图　两种不同观察向度　101
  醍醐灌顶　塔希提人在新西兰　115

## 第三部分　何不自省（1778—1920）　131
  大陆沉没　十九世纪之太平洋　133
  无字世界　波利尼西亚的口述史　147
  雅利安毛利人　挑战不可能的理论　163
  热带维京　亚伯拉罕·方南德　177
  航海传说　历史与神话　193

## 第四部分　科技兴起（1920—1959） 209

    人体之学　体质人类学的评估测量 211

    毛利学人　彼得·巴克 227

    恐鸟猎人　茹毛饮血 241

    碳十四法　断代难题 255

    拉皮塔人　关键一环 271

## 第五部分　扬帆起航（1947—1980） 287

    康提基号　海尔达尔的木筏 289

    随波逐流　安德鲁·夏普 305

    务实之道　戴维·刘易斯的试验 321

    双体帆船　驶往塔希提 337

    导航进化　奈诺亚·汤普森 353

## 第六部分　现状如何（1990—2018） 367

    全新科技　DNA 与断代 369

## 尾　声　两种理解之路 385

## 致　谢 398

## 注　释 403

## 索　引 427

# 序　言
## 凯阿拉凯夸湾

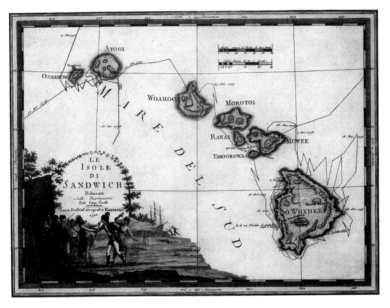

"桑威奇群岛"(Sandwich Islands)图,1798年由乔凡尼·卡西尼(Giovanni Cassini)基于库克绘制的夏威夷地图制于罗马。现藏于夏威夷博物馆[位于毛伊郡(Maui County)的卡胡卢伊(Kahului)]。

1　　凯阿拉凯夸湾(Kealakekua Bay),位于夏威夷大岛(Big Island)西侧,即所谓"背风面",正好处在茂纳罗亚火山(Mauna Loa)的"雨影区"(Rain Shadow)①。这汪小海湾,开口宽约一海里,西南朝向,两头各有一小块平地,中间横亘一道悬崖;古代夏威夷酋长的尸体,就安葬在峭壁某处秘密洞穴里。海湾的名称,即"凯阿拉凯夸",在夏威夷语中意为"神之路"。在"波利尼西亚"(Polynesia)②与世隔绝(欧洲人到来之前)的最后几个世纪里,这里一直被视为权力中枢,也是许多地位丝毫不逊于夏威夷首位君主卡米哈米哈一世(Kamehameha I)的著名历史人物的祖籍地。

2　　想要前往凯阿拉凯夸湾,需要开车从凯卢阿(Kailua)沿着主干道向南行驶,离开科纳海岸(Kona Coast)的人口稠密地区,穿过星罗棋布的村镇。公路沿着山肩延伸,然后陡然插向海平面。从纳普普

---

① "雨影区",一般指在山区或山脉的背风面,雨量比迎风面显著偏小的区域。
② "波利尼西亚",是从希腊语名称 Πολυνησία 而来,poly 相当于众多之意,而 nesi 则相当于岛。该区域由位于太平洋中南部的一千多个岛屿组成,陆地总面积2.6万平方公里,岛屿零星分布,人烟稀少。

路(Napoʻopoʻo Road)拐下,穿过一片由牧豆树和银合欢组成的贫瘠植被,其间点缀着些许木槿和鸡蛋花等观赏植物。往前走到底,右转,沿着这条路一直驶至尽头,最终来到一条独头巷道,两侧的蓝花楹如梦似幻,浓荫遍地。海滩离这里只是一步之遥,杂乱无章的巨石散布其上,不远处,高耸的红色崖壁隐约可见。极目远眺,只能望到远处海岸低矮的轮廓。

紧挨着这里,"黑考神庙"的断壁拔地而起,这块巨大的长方形台地,由紧密贴合的熔岩整齐砌筑而成。第一次到访此地时,我和丈夫塞文(Seven)以及我们的三个儿子刚刚结束了跨越太平洋的长途旅行。此前,我们曾在努库希瓦岛(Nuku Hiva)的丛林掩映间,在瓦胡岛(Oʻahu)的北岸岬角,还有一次是在赖阿特阿岛(Raʻiatea)同样的海滩上见过类似的建筑。在波利尼西亚的许多地方,此类宗教建筑被称为"玛莱"(Marae),在欧洲人到达太平洋之前的岁月里,它们被赋予了强烈的神秘感和超自然色彩。在这里,由酋长和祭司主持祭祀仪式,供奉特定的神——偶尔也会使用人牲——以祈愿航行安全、身体健康、食物充足或战争胜利。玛莱多用脚手架和木雕图像装饰,而且经常奉有头骨,并受无可辩驳的法律[即所谓"卡普"(kapu),在其他地方被称为"塔普"(tapu),是英文单词中"禁忌"(taboo)的词源]的管辖,这套行为规范与禁止制度,将日常生活与贯穿古代波利尼西亚生活方方面面的"努秘"(Numinous)①世界联系在一起。

我们在神庙遗址的外面绕了一圈,想弄清楚个中究竟。原来的建筑只剩下一处凸起的干燥石台,一百多英尺长,大约五十英尺宽,在海滩尽头还残存有十英尺高。据说,十八世纪末欧洲人第一次看到这座神庙时,它的体积几乎是现在的两倍,而且是一座可以俯瞰海湾的雄伟建筑。想来应该是这个样子。通往台地顶部的石阶用绳子拦住,至少有三处标志提醒我们:禁止擅闯。游客被告诫不要带走或移除任何石头,不得攀爬墙壁或以任何其他方式亵渎这处圣地。夏威夷群岛上的神庙,和其他岛屿上的类似建筑相比,警告标志显然更多,考虑到游客的数量,原因自不待言。但是,这样一来,与历史因缘际会的感受自然大打折扣。令人高兴的是,我们第一次体验这样的神庙,却是在马克萨斯群岛(Marquesas)的森林深处,在那里可以于废墟中自由漫步,按照自己的方式思考时间的流逝。

在神庙的正前方,立有一座方尖碑,同样用黑色熔岩建造而成,但堆砌方式显然迥异于波利尼西亚本地营造法式。碑高大约十至十二英尺,镶嵌着一块青铜纪念匾,上面写着:

1779年1月28日,在这座神庙,
英国海军詹姆斯·库克船长

---

① "努秘",源自拉丁语中的"numen"一词,后者即"精神或宗教情绪的激发""神秘而令人敬畏"之意。

为海员威廉·沃特曼(William Whatman)主持英式葬礼。

这是夏威夷群岛第一次有据可查的基督教仪式。

但下面要讲的传说，显然与神庙纪念匾上铭刻的桥段截然不同。从匾额记载文字的字面意思来看，事关可怜的沃特曼(他死于中风，生前遗愿即入土为安)，同时表明基督教的到来几乎纯属偶然——当然，由此荡起的涟漪将在接下来的几个世纪里波及各个岛屿。不过，背后更为宏大的传说，却是欧洲人开始深入太平洋，而这也成为自波利尼西亚人来到这些岛屿后影响最为深远的重要事件。因而，虽然我们或许只是来看看神庙，借此窥视遥远而神秘的波利尼西亚历史，但事实上，正是这两条历史脉络的交汇，把我们带到了凯阿拉凯夸湾。

4

库克抵达夏威夷群岛，是欧洲人的太平洋探索史上的一个转折点。那还是1778年1月，他的第三次远航已经开始一年半。在前两次航行中，库克探索了南太平洋的大部分地区：踏足澳大利亚东海岸，环绕新西兰航行，绘制了许多主要岛屿群的地图，甚至首次闯入了南极圈。在第三次也是最后一次远航中，库克进入到一个全新地域：赤道以北的太平洋部分。他把目光投向了欧洲地理学中一个伟大的奇幻概念——"西北航道"(Northwest Passage)。偶然发现考艾岛时，这位船长正扬帆驶向诺特卡湾(Nootka Sound)。

当时，夏威夷群岛还没有被标注在任何欧洲海图上。事后来看,这里居然一直没有被人发现,似乎颇为令人吃惊。最早溯至十六世纪六十年代,两百多年来,西班牙大帆船都在北太平洋航行,每年从阿卡普尔科航行到马尼拉,然后再返回一到两次;然而,向西航行时刚好经过夏威夷以南,往东航行时正好在夏威夷以北,所以西班牙人从未意识到岛屿就在那里。库克当时正从塔希提岛(Tahiti)沿着最终被认定为古代波利尼西亚人海路的航线向北航行,意外地遇见了夏威夷岛链,而这被证明是欧洲探险家在太平洋的最后一次伟大发现。

库克第一次路过夏威夷时只是短暂停留。北方探险的窗口期转瞬即逝,实在没有时间在此耽搁。但同年秋天,北方洋面的冰层开始迫近时,他又折返回来并更为仔细地对这些岛屿进行了调查。11月底,库克首先观测到了毛伊岛北部海岸;然后转头向东,于是,夏威夷大岛从天际线下缓缓升起,出人意料的是,岛屿上,起伏的山顶居然被积雪覆盖。他决定绕岛航行,以便利用巨大的岛屿躲避强劲的东北风,并沿着背风面寻找一个地方,让船员休养生息,恢复体力。可惜天公不作美,狂风不止,航程缓慢,两个月过去了,英国舰船只能在大岛附近海面辗转龟行。最终,在1779年1月底,他们到达了凯阿拉凯夸湾。正是在这里,发生了一件奇怪的事。

此时此刻,库克对太平洋的了解,可能比其他任何欧洲人都要深刻。十年间,他总共进行了三次航行,每次都持续好几年的时间,遍访了波利尼西亚的主要岛屿群。其间,他曾目睹过数以十计(甚至是数以百计)的集会,很多当然是由他所率领的船只到达引起的,但根据库克所书,他以前还从未见过如此大规模的人群同时聚集在一个地方。库克估计,前来迎接他们的独木舟不下一千艘,"整个海湾,岸边人头攒动,更有上百人像鱼群一样在英国舰船附近逡巡回游"。给他留下深刻印象的不仅仅是数字,还有人们洋溢的热情。欧洲人和太平洋岛民之间的早期接触通常气氛紧张,经常会发生小规模的冲突,甚至有人因此丧生。然而,眼前的场景,气氛显得异常喜庆。库克和他手下的军官不无惊讶地写道,岛上居民甚至没有携带武器。

英国人一上岸,就被护送着领至神庙,前面有探马喊着:"奥罗诺(Orono),奥罗诺。"成百上千的围观者聚集在岸边,并在这些陌生人走近时扑倒在地,顶礼膜拜。库克则被请上神坛,有人给他披上一块红布,并献上了煮熟的肥猪。两位祭司唱着圣歌,交替向库克及旁边的一组木制神像致意,而人群时不时地高呼"奥罗诺"。即使对经验老到的库克而言,这种接待方式也算前所未见,很快,在场的每个人——正如此后的任何一位历史学家和人类学家那样——都意识到,这里正在发生一些极不寻常的事情。

此去经年,对于个中原委,存在不同的解释。最为广泛接受的观点是,库克抵达夏威夷群岛的时间,恰好赶上了每年10月至来年2月被称为"马卡西基"①(Makahiki)的节日,其核心活动是迎接"龙

---

① "马卡西基",是夏威夷传统新年节日,其间男女老少休息并举行盛大的纪念活动与盛宴。

诺神"(Lono)的归来;这尊神灵来自"卡西基"(Kahiki,夏威夷语中"塔希提"的名称;同时作为一个单词,意思是"一个遥远的地方"),被祭司庄严地举着,以顺时针方向环岛巡游,依次驾临各个地区并收集贡品。龙诺神象征和平与丰收,在巡游队伍中由一根绑着白布条横档的长杆来代表。

造化弄人,库克正是在这几个月里,指挥一艘高桅白帆的航船沿着顺时针方向绕岛缓行,并在一个专门为龙诺神献祭的地方上岸。因此,他暂时被视为了神的化身。这并不是说库克被"误认为"龙诺神——这种曲解即便常见,也略显粗鄙——相反,更确切的说法是,库克被理解为披着神的外衣驾临此处。

库克的船只在凯阿拉凯夸湾停留了两个星期,在此期间,专属的敬拜始终如一。1月底,沃特曼不幸去世,被安葬在神庙,尽享基督徒和夏威夷人两种哀荣。库克致悼词,夏威夷本地祭司则给坟墓献了一头猪牲。三天后,英国舰船拔锚起航。这本该是传说的结尾。但是,几天后,因所在舰船的前桅遭遇暴风袭击而断裂,库克不得不回到凯阿拉凯夸湾修饬一番。这一次,几乎没人出来迎接。

库克也感觉到自己明显不再受到欢迎,但他不太可能知道的是,这还涉及一个更深层次也更具玄学意味的问题。作为龙诺神的化身,他应在"马卡西基"结束后离开,并承诺返回,但应该等到第二年的这个时候。相反,库克刚走即回,这一切就变得难以解释。当时统治夏威夷的酋长卡拉尼普乌(Kalaniʻōpuʻu)驳斥了这批英国人声称遭遇技术困难的说辞,坚称库克在之前的造访中"编造谎言来消遣他们"。

"马卡西基"所表征的那种喜庆气氛,此时荡然无存,海湾里充斥着彼此敌对又缺乏互信的火药味。在岸上,木匠们在桅杆上日夜不停地干活,同时又发生了盗窃、争执、乱斗和纠纷。然后,第三天,在一次司空见惯的冲突中,伴随着喊叫、推搡与开火,库克死于非命。这看似匪夷所思的意外,彼时其实很容易在任何一个岛屿上以这种方式随机地发生。然而,这一切恰恰碰巧以这种方式发生在这里,发生在凯阿拉凯夸湾。

库克罹难的地点,距离神庙大约一海里,是海湾对面一个叫卡阿瓦罗(Ka'awaloa)的地方。1874年,为了纪念库克,在那里建起了一座二十五英尺高的白色方尖碑,肉眼所见,仿佛是镶嵌在低矮的绿色海岬上的一个白色小物体,或者稍微放大一点,就像半埋在地下的小教堂的白色尖顶。没有通往卡阿瓦罗的公路,想要到达纪念碑的唯一途径,便是走下公路徒步前行,然后乘船或驾驶摩托艇进入海湾,也可以从附近的纳普普码头借助皮划艇横渡。

丈夫和孩子们对皮划艇很好奇,所以我们决定开车到纳普普码头去看看。与其他留存了宗教场所庄严肃穆氛围的神庙不同,这个码头呈现一片繁忙喧闹的景象。停车场里挤满了装载和卸载各种颜色皮划艇的厢货车。晒得黝黑的户外达人穿着泳装和救生衣在周围转来转去,而那些身形魁梧、小腿上刺有文身的夏威夷小伙子则拿着亮黄色的船桨来回踱步。很明显,这些夏威夷本地人负责出租皮划艇,塞文走过去,和其中一个人搭话。

"嘿,"塞文询问,"租一条皮划艇要多少钱?"

"三十美元,"那人回答,"但租给你二十块,伙计。"

此时,我们已经在太平洋上旅行了将近八个星期。我们的护照上盖过六个不同国家的入境章。我们登上了十四个不同的岛屿,学会了使用八种不同(尽管关系密切)的语言打招呼,在每个地方都会遇到这样的场景。"嘿,伙计,最近怎么样?嘿,伙计,你从哪儿来的?嘿,伙计,需要点儿什么?"在汤加,一个跟我们素昧平生的陌生人把车借给了我们。在夏威夷,一个熟人的表妹把自己的房子提供给我们暂住。在太平洋各地的岛屿上,人们停下来问我丈夫:你是谁?从哪里来?

个中缘由,在于塞文是个波利尼西亚人。他是毛利人(Māori),属于波利尼西亚人大家庭的一个分支,他的祖先大约于公元第二个千年之初开始在新西兰诸岛定居。夏威夷人也是波利尼西亚人,他们的先辈于稍早时候,即公元第一千年即将结束之际,开始在夏威夷群岛定居。这两个族群,都可以追根溯源到波利尼西亚中部诸岛——塔希提岛、社会群岛、马克萨斯群岛和库克群岛——而迁徙至此定居的先人,则是来自更远的西部岛屿的游民。这种扩张极其迅速和彻底,辐射范围异常广阔,以至于在大规模移民时代到来之前,波利尼西亚人一直是世界上关系最密切、分布最广泛的族群。

塞文与皮划艇出租者的相遇,正是这一族群史前散居留下的遗产,就像"黑考神庙"的石制建筑一样,我们以前也曾在几千海里之外的塔希提岛、土阿莫土群岛和汤加塔布岛(Tongatapu)有所见闻。但令人惊奇的是,我们可以继续旅行数千海里,遍访数以百计的岛屿,并且获得完全相同的体验。事实上,塞文可以在生养自己的祖国搭乘飞机,飞行九个小时,然后在一个完全不同的国家下飞机,在那里,他仍将被当地人看成自己人而加以款待。接下来,如果愿意的话,他可以坐上另一架飞机,朝完全不同的方向飞行九个小时,落地后,仍然可以感受当地人如亲人般的热情。然后,如果塞文想回到老家,还要坐上九个小时的飞机。

这就是所谓的"波利尼西亚三角",这块太平洋中部方圆一千万平方海里的区域,三个端点分别是夏威夷、新西兰和复活节岛。这个三角区域内所有岛屿的原住民,都明白无误地源自同一个航海族群:使用同一种语言,服从同一套风俗习惯,信奉同一套神话传说,掌握同一套独特的工具和技能,以及走到哪里都随身携带同一种由动植物组成的"生物旅行箱"。他们不会书写,不会使用金属工具,也不懂地图和罗盘,却成功地在地球上最大的海洋上殖民,占领了新几内亚岛至加拉帕戈斯群岛之间每一块可居住的岩石,并建立了直到现代为止世界上规模最大的单一文化区。

一千多年来,波利尼西亚人始终占据着这些岛屿,在库克船长这样的探险家到来之前,这些原住民才是唯一在那里生活过的人。地球上没有多少地方可以这样说,然而对于波利尼西亚的每一处岛屿,都是如此。直到欧洲探险家——发现马克萨斯群岛的门达尼亚(Mendaña)、发现新西兰的塔斯曼(Tasman)以及发现复活节岛的罗赫芬(Roggeveen)——到达之前,这些波利尼西亚文化中的每一亚种,都与世界其他地方保持隔离并独立存在。这种长期的与世隔绝,是让外来者对波利尼西亚深感着迷的重要原因之一——有人将这里称为可用于研究语言变化、遗传多样性和社会进化的自然实验室。

另一方面,对于波利尼西亚人来说,这意味着存在着一个巨大的互联网络,并一直延续到今天。根据新西兰的传统,塞文的真名是"陶威图",其中的"威图"(whitu),或一些"同源词"(fitu, hitu, itu, hiku),在波利尼西亚语系中,都是"七"的通用词。塞文的先祖,一位名叫"浦西"(Puhi)的航海者,跟随一支由八艘独木舟组成的船队,从夏威夷的祖籍地航行到新西兰。不管这一传说是否属实,他的祖先的确是从波利尼西亚东部的一个岛屿来到"奥特亚罗瓦"①(Aotearoa)——波利尼西亚人对新西兰的称呼——而祖先的祖先则在那之前来自另一个岛。这本族谱的简洁程度令人惊叹。

---

① "奥特亚罗瓦",是新西兰在毛利语中的名称,原意为"绵绵白云之乡",或"长白云之乡"。在新西兰对原住民权益及自身特色历史愈发重视的情况下,"奥特亚罗瓦"亦得到越来越广泛的应用。

没有入侵者和征服者的杂交混血;没有维京人、诺曼人和朱特人的基因杂糅。几个世纪以来,波利尼西亚人一直是世界上在这一地区生活的唯一族群,因此,塞文只能是通晓如何乘坐双体船穿越数千海里水域的族裔的后代。

对我来说——而且不仅仅是对我来说——这是整个传说之所以令人着迷的一个重要原因。我们当中很少有人能如此明确地追根溯源,寻根问祖。想到孩子们也能分享这一惊人的族谱,我颇感欣慰。但真正让这一切变得不可思议的是,他们的祖先为了找到这些岛屿并定居其上而不得不做的那些事情。浩瀚的太平洋是地球上人类最后的定居之所,这是有原因的:这里的生存环境可谓无比艰辛,与沙漠或冰原相比有过之而无不及。然而,不知何故,波利尼西亚人不仅设法找到了这片浩瀚大海中每一个可居住的岛屿,而且还在上面成功地繁衍生息。

之所以这样说,是因为第一批深入太平洋的欧洲人就已经发现这些岛屿上有人居住。但是众所周知,当这些欧洲探险者抵达时,波利尼西亚历史上史诗般辉煌的阶段——四处探险、长途航行的时代——已经结束。远古航海者的那个世界盛极而衰,化为云烟,只残留一系列彼此紧密关联又散落各地的亚种文化,这些文化数百年间一直独立发展,互不影响。那些曾经的探险者和外来者,变成了后来的定居者和殖民者;他们并不将自己视为漂洋远航的族群,而更倾向于如马克萨斯人所说的"陆地民族"(Enata Fenua)。当然,他们依旧是海洋的子民,因为他们在群岛内部(有时在群岛之间)旅行穿梭,靠海吃海。但在波利尼西亚三角区域的末端——新西兰、夏威夷、复活节岛,甚至马克萨斯群岛——那里的波利尼西亚人只保留了一种来自遥远异乡的神秘感而已。

对于以巨大痛苦和生命损失为代价,刚刚开始掌控辽阔太平洋的欧洲人来说,在这些分散的小岛上发现人类,着实震惊不已。对于这些原住民是如何到达那里的,似乎缺乏显而易见的解释。而且,在没有任何直接证据的情况下,欧洲人很难想象一个没有文字或金属工具的民族——用库克的话来说——是如何"在这浩瀚的海洋中的所有岛屿上生存扎根"的。后来,这被称作"波利尼西亚人起源问题",成为人类地理上的一大谜团。

在过去的三百年间,各色人等,见仁见智,试图解开这一谜团,并且提出了许多荒诞不经的理论:波利尼西亚诸岛是一片被淹没的大陆的顶峰,原住民是那场大洪水的幸存者;波利尼西亚人是雅利安人、美洲印第安人,或者是一个不停流浪迁徙的犹太部落的后裔;这些岛屿上的定居者,是被狂风吹到那里的漂流者或渔民。然而,事实上,如果停下来仔细想想,真相一定会让人惊掉下巴;正如新西兰学者埃尔斯登·贝斯特(Elsdon Best)曾经说过的那样,"如果波利尼西亚航海者的传说被完整地记录下来,势必成为这个世界的一大传奇"。

当然,问题在于我们谈论的是史前史。即便存在书面记录,都很难知道过去发生了什么,更何况根本没有这些事件的任何记载。在这个问题上,所有证据都显得片面且模棱两可,可以进行完全不同的解读,而且在某些情况下,技术性很强,外行很难作出判断。刚开始动笔撰写本书时,我曾设想过描绘航海者的传奇故事,讲述那些勇敢的男女穿越如此浩瀚的海洋,他们的丰功伟绩构成人类历史上最伟大的一次冒险。但是,我几乎立刻意识到,想要如此叙事,只能假装自己知道的比实际了解的更多。这一认识很快使我想到另一个问题:波利尼西亚人在太平洋各岛定居,与其说是关于究竟发生了什么,不如说是关于我们如何知道发生了什么的传说。

关于在太平洋上发生的这件事情的证据,在不同的时代存在不同的形式。在十六、十七和十八世纪,相关证据包含了欧洲探险家的目击报告,他们在波利尼西亚文化开始受外界影响而发生变化之前,留下了粗略但有趣的描述。从十九世纪开始,出现了一种不同类型的原始材料:波利尼西亚人的口述传统,或者说是岛民对自己的评述。然后,自二十世纪初以来,科学开始提供基于生物测定、放射性碳年代测定和计算机模拟的全新信息。最后,在二十世纪七十年代,出现了一波实验性的航海运动,这为传说增添了一个完全不同的维度。

因为相关证据颇为复杂——更不消说往往片面零碎,一直存在多种解读的空间——波利尼西亚所发生的一切,无法遵循从质疑到确定这个单一向度。事实上,如果用航图来比喻,这看起来很像一艘船的航行轨迹,曲折蜿蜒,朝一个方向前进,结果却掉头返回先前的航道。关于语言、考古、生物、民俗的每一种资料,以及与太平洋毫无关系的传说的方方面面,都存在困难,因为许多关于波利尼西亚的争论,背后都可以发现来自牛津或柏林等所谓传统学术重镇的偏见。

13 但这些也是传说的组成部分,因为这片太平洋的历史,不仅是踏舟而来的男男女女(还有猪狗等家禽)的传说。这也是所有关于波利尼西亚人是谁,从哪里来,以及他们的先人如何设法找到那些像夜空群星一般的小岛的传说。因此,各位面前的这本书,不仅是太平洋古代航海者的传说,而且也是对他们的历史感到困惑的许多人的传说,其中包括水手、语言学家、考古学家、历史学家、民族志学家、民俗学家、生物学家和地理学家。每个人既是旁观者,也是剧中人。

# 第一部分

# 目击之人

（1521—1722）

追寻史上首批横渡太平洋的欧洲探险家的脚步，踏访星罗棋布的岛屿，接触形形色色的原住民。

## 无垠之海
# 发现大洋洲

展示了太平洋的地球。斯科特·沃克(C. Scott Walker)提供。

现藏于哈佛大学地图收藏中心(Harvard Map Collection)。

如果从太空俯瞰太平洋,各位可能会注意到,根本无法同时看到这片大洋的东西两面。这是因为在最宽的地方,太平洋跨度超过一百八十度——足足一万两千海里,超过赤道周长的一半。从阿留申群岛到南极,太平洋从北向南延伸了一万海里。作为整体,其面积之大,足以容纳地球上所有的陆地,并且还有富余的空间再装下整个美洲。这里不仅是地球上最大的水体,也是地球最大的单一地标。

人类在历史长河的大部分时期,对此一无所知。他们不知道海洋延伸到多远,也不清楚其中包不包含陆地。他们不明白,太平洋岛屿之间的距离,虽然在海洋西部边缘相对较短,但往东会逐步增大,直至数千海里之遥。他们不知晓,太平洋的某些部分空无一物,根本没有陆地。他们更无从得知,太平洋上某个区域的风向与气候,可能与另一个地区完全不同,甚至截然相反。千百年来,人类在太平洋周边繁衍生息,但对于大洋腹地,似乎始终无法企及。

人类在上一个冰河时期抵达太平洋诸岛,当时的海平面比现在低约四百英尺,而现在东南亚的各个岛屿,当时还是一片被称为"巽他大陆"(Sundaland)的陆地。这意味着人们可以步行穿越现在印度尼西亚的大部分地区,尽管最远只能走到婆罗洲和巴厘岛;从那里再向东,先民不得不划船或游泳。没有人真正知道第一批定居者是如何做到的,或者说,他们是谁,但至少在六万五千年前,人类就已经抵达了澳大利亚和新几内亚岛,当时二者毗邻,均属于被称为"萨胡尔"(Sahul)的整片大陆。

先民再次横渡新几内亚岛和俾斯麦群岛之间的海域,向东最远到达所罗门群岛。在那里,人类前进的脚步似乎开始迟滞,这或许是由于随着深入大洋腹地,海平面上升,陆地之间的水域越来越宽广,动植物种类越来越匮乏。也可能他们只是逐渐消失,就像试图在格陵兰岛定居的挪威人,或者客死异域,或者断念回撤。不管怎么说,这就是两万到三万年前发生的事。人类已经把一只脚踏上了大陆架的边缘,但是世界上最大海洋的浩瀚无垠,仍然是摆在人类面前一道不可逾越的障碍。

然后,大约四千年前,一个新的移民群体出现在西太平洋。作为一个真正的航海民族,他们是首个离开岛链,航行到大洋深处的族群。这也许是世界上已知的最接近海洋民族的人群,他们在小岛的海岸上安家,偏爱海滩、半岛,甚至是沙洲,而不是山谷、高地和丘陵。他们的家园是世界上最富饶的海洋环境之一,那里有温暖、清澈的热带水域,还有在珊瑚迷宫中来回穿梭的成百上千种可食用生物。这一族群的大部分食物来自海洋：不仅包括鱼类和贝类，还有海豚、海龟、章鱼和甲壳类动物。这些先民在平静的潟湖水域捕捞礁石物种，在开阔的海洋中寻找金枪鱼这样的远洋鱼类。他们收集海螺、双壳贝、大菱鲆、三角蚌和牡蛎，从海底采集蛞蝓状的海参，从岩石的裂缝中撬出多刺的海胆。

他们掌握的所有精巧技能——撒诱饵、下网、修堰，尤其是划独木舟——都是为临水而居量身定制的。他们制造手网和抛网，给围网加上坠子以及浮石。他们用龟壳和马蹄螺的珍珠质圆锥形外壳做成鱼钩和诱饵。我们把他们建造的船只称为"独木舟"，但这仅仅捕捉到了些许表面特质而已，其余特质反映在这一海洋民族所使用的语言中。他们有专门的词汇来形容绳索、船板、船头、风帆、舭板、龙骨、船桨、吊杆、戽斗、横梁、船锚、桅杆和支柱，还有专门词汇用来代指货物、乘船、装船、迎风航行和操纵航向。甲板、艏饰像和滚轴等，均有一一对应的专业词汇；甚至有一个概念，"Katae"，用来指称独木舟与舷外托架相对的一侧船身——对此，西方语汇中并不存在明确的对应概念。

这一族群生活在陆海结合之所，因此在描述沿海风物的概念方面词汇异常丰富，这一点也不奇怪。两个主要区别，分别针对岛屿的背风面和迎风面，以及珊瑚礁的内部和外部。他们在陆地上使用的定向系统的主轴，是朝向和远离海洋。另外还有一套基于风向，主要在出海时使用的定向系统。这些海洋的子民使用无可计数的词汇来形容波浪作用下的海水：碎沫、白沫、巨浪、碎浪、涌浪。他们会运用某种比喻，将开放水域称为"活水"，而封闭水域则被称为"死水"。他们有专门词汇形容能够吸引鱼群但对航船十分危险的水下或隐藏的珊瑚礁盘，而形容光滑的或圆形珊瑚的词语，字面意思翻译过来居然是"石头花朵"。池塘、航程和河床都有专门概念来对应。在他们口中，指称小岛的词语源于动词"断开"。还有一个单词，本来表示两个陆地端点之间的间隙（如穿过礁石的航道），后来演变成任何两点之间的距离（如岛屿之间的距离）的意思。随着这些距离的扩大，这个概念最终可以表征遥远的深海，甚至浩瀚的宇宙。

对于这些海洋的子民而言，似乎唯独没有为整片大洋命名，没有任何称呼可以与我们所使用的"太平洋"对应。他们可能会对其中的一部分加以命名——就像他们的后代塔希提人，会把自己生活的那座岛屿以西的地区称为"Te Moana Urifa"（意为"恶臭之海"），而岛屿东部的海域则被称为"Te Moana o Marama"，（意思是"月球之海"）——但似乎没有将海洋的整体概念化。事实上，对于海洋民族来说，很难将大海想象成一个离散的、有界的实体。因为在他们看来，大海只是生活的媒介，可以称之为"Tasik"，意思是"潮汐""海洋"或"咸水"；或者称之为"Masawa"，意思是"深海""远洋"或"大海"。

欧洲人对于太平洋的理解之所以与此截然不同,部分原因在于存在一个有记录的起点。一切始于1513年9月25日(也可能是27日),当时西班牙征服者巴斯克·努涅斯·德·巴尔博亚(Vasco Núñez de Balboa)爬上巴拿马地峡,看到了被他称为"南部之海"(Mar del Sur)的地方。他把这里命名为"拉奥特拉马尔"(la otra mar),意思是"另一片海"。对于已经熟悉大西洋和印度洋的欧洲人来说,这里正是太平洋。基于与已知的水体和陆地的关系来定义的话,这里的确是另一个海洋。如果说被称为"北部之海"(Mar del Norte)的大西洋是夹在欧洲和美洲之间的水体,那么这片新发现的南部之海就是新大陆和东方之间的海洋。这是一个基本的地理观点,从一开始,欧洲人所面临的主要问题便是:这片海洋究竟有多宽广,边界到底在哪里,穿越起来有多困难?

第一位横渡太平洋的欧洲人,是葡萄牙航海者费迪南德·麦哲伦(Ferdinand Magellan),他于1519年从西班牙启航,寻找通往香料群岛(Spice Islands)的西部航线。麦哲伦有一个想法,那就是可能有一条贯穿南美洲的通道。在穿越大西洋之后,他在今天的里约热内卢附近找到了南美海岸,并沿着海岸线一路向南。他在南纬五十二度——几乎是这片大陆的末端——才最终有所收获;这条蜿蜒曲折的海峡,现在以他的名字命名。海峡的北面是巴塔哥尼亚(Patagonia),或所谓的"巨人之地"(Land of Giants);南面是火地岛(Tierra del Fuego)。在经历艰难的三十八天航行之后,麦哲伦的船队驶入一片大洋,拜罕见的好天气所赐,这里平静异常。正是麦哲伦为这片大洋留下了一个沿用至今的名字——太平洋——尽管后来许多饱受风暴袭击的旅行者对于这个名称的准确性提出了质疑。

但这只是麦哲伦旅程的开始。像那个时代的其他航海者一样,他的所作所为,也建立在对地球的大小及其陆地之间关系的种种误解基础之上。他相信,一旦进入南部之海,抵达东印度群岛便指日可待。然而,事实上这是一段非常遥远的旅程。麦哲伦一行航行了足足三个多月,依然看不到陆地,只看到了两个小环礁,他将其命名为德斯温特德群岛(Los Desventurados),或"不幸之岛"。开始横穿太平洋的时候,本来就给养不足;航程结束前,船员们只能靠吃老鼠、锯末乃至船桁上的皮革度日。这次航行的特点,便是出现了所有可能的灾难:兵变、沉船、坏血病、饥饿,更不用说船队指挥官在菲律宾群岛的一次混战中丢掉了性命。出发三年后,探险队终于得以返航入港,但启航时的五艘舰船只剩下了一艘,一百八十八人的探险队伍,仅有十八人生还。然而,他们横渡了太平洋,发现了这片大洋的浩瀚宽广。他们还证实,从欧洲向西航行,是有可能到达东印度群岛的,但要做到这一点,就必须穿越"一片广阔到人类心智几乎无法想象的汪洋大海"。

太平洋不仅异常浩渺,而且极其空荡。太平洋地图给人的印象是,这片大洋中仅仅散落着些许岛礁。但是,呈 V 形分布的岛礁,集中在太平洋西部,横跨热带地区——感觉好像亚洲大陆上的某个巨人抓起了一把泥土,用力扔向秘鲁方向一般。实际上这是一种地图错觉。虽然太平洋上有很多岛屿(大约有两万到两万五千个,具体数目取决于如何计算),但绝大多数岛屿都非常小,以至于在大多数地图上,如果按比例绘制,这些岛屿会因为面积太小而无从体现。其实在地图上,这些岛屿的名称所占据的空间,往往比按比例缩小后出现在地图上的陆地面积大很多倍,而且在太平洋北部、南部和东部都是大片的海洋,根本没有任何岛屿。因此,尽管麦哲伦在智利海岸和菲律宾群岛之间"错过了一切"(事实上,他成功地穿过了许多群岛,却没有发现其中包含的任何岛屿),但如果你真切了解到太平洋上陆地之稀少,海域之辽阔,便能深深体会到如果有人在其间发现什么,才实在是令人吃惊。

麦哲伦大航海中为数不多的幸存者之一安东尼奥·皮加费塔(Antonio Pigafetta)曾记述了自己的这段经历。我们是从他那里知道吃老鼠这种事的——每只老鼠售价半个铜板——还有长出虫子的饼干屑,以及令人恶心的臭水。他对这段航程的描述堪称惜字如金,貌似这段经历可能比他希望回忆起的更为可怕。他在关于横渡太平洋的一章结尾处写了这样一句话:"如果不是圣主和圣母垂怜,我们早就葬身于这片险象环生的大海。我相信再也不会有人能够承受这样痛苦的航行了。"然而,在这一点上,他错了。有几个欧洲国家的航海者追随麦哲伦的脚步,深入太平洋探险。他们既被东印度群岛已知的财富吸引,又为未知的诱人前景着迷,义无反顾地驶入了这片海洋,尽管对其一无所知。但是,每一个活着回来的人都带来了新的信息,在接下来的几个世纪里,宛如拼图一般,一点一点,太平洋的图景开始浮现。

太平洋是如此之大,探索是如此困难,以至于欧洲人花了将近三百年的时间才最终完成,在此期间,原住岛民和外来探险者之间的接触较为随机,零星有之。尽管如此,这些早期探险者(也是第一批目击者)的描述具着独特的价值。这些具备得天独厚优势的观察者,在波利尼西亚最初与外界接触时恰好在场,可以告诉我们一些用其他方式很难发现的事情。

对此,以波利尼西亚人口的规模为例加以说明。这一数字向来难以确定,部分原因便是外来者给太平洋群岛带来的影响因素之一:疾病。天花、流感、麻疹、猩红热、痢疾等流行病几乎侵袭了每一个岛屿上的族群,并大大增加了波利尼西亚人的死亡率。因此,在任何形式的官方人口普查出现之前,许多岛屿的人口已经开始下降。但我们可以从早期的目击者那里了解到,在这一切发生之前,这些岛屿的人口密度究竟如何。虽然这些探险家的估算难言科学,是否真实可靠,学界还存在争议,但仍然可以被用来作为一项关键的证据。

我们也可以借助早期探险家的眼睛探知其他东西。例如,看看他们在不同岛屿上发现了哪些动物,这对我们就很有助益。波利尼西亚人把四种主要动物带到了遥远的太平洋诸岛：猪、狗、鸡和老鼠。这些动物——有时被称为"共栖动物"，因为它们与人类存在共生关系——是太平洋地区人类活动的有趣线索。这些动物显然不能依靠自己的力量从一个岛前往另一个岛，因此，它们的存在可以透露出那些将其运送至此的海洋子民的行踪信息。

并非在所有的岛屿中都能发现上述动物。欧洲人到来时，复活节岛上只有老鼠和鸡（没有猪和狗），新西兰只有老鼠和狗（没有猪和鸡）。在马克萨斯群岛，存在猪、鸡和老鼠，但没有任何有关狗的早期记录。此外，在一些岛屿上，欧洲人发现了狗，但没有发现人存在的迹象，这令其费解。在部分岛屿上，这些动物可能已经灭绝了（典型例子如马克萨斯犬，后人在考古挖掘中发现了这类动物的遗骸）；在其他情况下，它们可能从未来过某些岛屿。不管怎样，共栖动物的缺席表明，成功地将动物运到太平洋诸岛难度极大。借此，还可以从某种程度上了解史前航行的频率，因为如果你这次没有携带鸡和猪，但有机会从另一个岛上弄到这些家伙，何乐而不为？

当然，早期探险家们往往走马观花，一眼带过，很多描述非常肤浅。最早抵达马克萨斯群岛的参访者并没有发现任何一座与塔希提岛和复活节岛存在关联的纪念性建筑和雕塑。而抵达复活节岛的早期探险者报告说看到了"石头巨人"的存在，但没有搞清楚在这里种植粮食的难易程度。第一批来到新西兰的欧洲探险者什么也没看到，因为他们害怕毛利人，根本不敢踏足岸上一步。

在太平洋历史研究方面,就这些外来观察者的偏见,着墨颇多。早期的欧洲探险家通过有色眼镜来观察这个世界,这影响了他们理解自己所发现的东西的方式。十六世纪信奉天主教的西班牙人和葡萄牙人非常关注岛民的异教徒身份;十七世纪秉持重商主义的荷兰人则全神贯注于必须进行的贸易;法国人是在十八世纪才姗姗来迟,让他们最感兴趣的是所谓社会关系以及"自然状态"等概念。然而,这些探险者所从事的活动,从广义上说,基本上依靠经验;他们的主要任务是发现外面的世界,并报告他们所看到的一切。当然,还有其他使命:领土扩张,政治操控,征服领土,以及商业贸易。归根结底,探险活动的主旨就是观察并报告,而且,在很大程度上,随着时代的变迁,他们在这方面做得越来越好。

不过,所有探索太平洋的早期欧洲航海家都犯了一个非常严重的错误,因此,多年来欧洲人对该地区的真实特征视而不见。这基本上是一个地理意义上的错误,理解它的最好方法,便是观察早期的欧洲地图。

欧洲人绘制的第一份世界地图,即十五世纪通行的《托勒密地图》(Ptolemaic Maps),甚至没有包括大洋洲(库克后来称之为地球的"第四部分")。人们关注的重点,是世界上已知有人居住的地区。这意味着,在该历史阶段,地图上并没有出现欧洲西部、亚洲东部或南回归线以南的地区。随着美洲的发现,这一切都发生了变化,进入十六世纪,欧洲人使用的地图所呈现的世界,已经相当容易辨认。欧洲、亚洲和非洲的轮廓看起来都出人意料地正确,而作为新世界的美洲,尽管看起来多少有些扭曲,但相较以往,与我们今天所知的北美和南美已具备更多的近似性。

这个时期的太平洋地图,仍然有如天书。几乎所有的主要群岛在地图上悉数消失,加利福尼亚有时被绘制成一个岛屿,澳大利亚本土经常被描绘成一个好像依附于其他大陆的半岛。新几内亚岛被标识为实际面积的两倍,而1568年就被发现、随后却"消失"了几乎整整二百年的所罗门群岛,不仅被绘制得严重失实,而且制图者似乎"无拘无束"。在一些地图上,它们尚能位于西太平洋(本该位于此处),但在另一些地图上,它们却已漂到了大洋中央。这清楚地反映了这样一个事实:几个世纪以来,对于这些陆地究竟在哪里,欧洲人其实一头雾水。

这一时期的地图最显著的特点,是南极周围有一块巨大的陆地,面积超过了北美、欧洲和亚洲的总和。这被称为"未知的南方之地"(Terra Australis Uncognita),占全球总面积近四分之一。这就好比南极洲加上火地岛和澳大利亚,然后一路延伸到好望角,涵盖印度洋和太平洋,甚至直接突破了南回归线。

未知的南方之地,是欧洲地理学中一个重大的愚蠢想法,宏观而言,这个想法非常有意义,但从来没有得到任何实际证据的证明。这种想法背后的主要理论,是古希腊流传下来的托勒密式逻辑,即认为南北半球的大陆物质必须相等,否则世界就会倾覆,正如伟大的地图绘制家杰拉德·墨卡托(Gerardus Mercator)所设想的那样,"在恒星中毁灭"。这种全球对称的想法本就颇具吸引力,但对欧洲人来说也是有直觉意义的,毕竟他们来自一个充满陆地的半球,很难想象地球的南部会如实际情况一样空荡荡。

像许多想象中的地方一样,未知的南方之地——有时被更乐观地称为"待知的南方之地"(Terra Australis Nondum Cognita)——不仅代表了欧洲人认为太平洋上应该存在的东西,而且代表了他们想要找到的东西。这片大陆与一系列乌托邦式的幻想交织在一起:奶与蜜流淌之地,遍布黄金,陆上天堂。几乎从一开始,它就与《圣经》中所罗门王财富的源泉之地"俄斐"(Ophir)联系在一起,这也解释了为什么新几内亚岛附近的群岛被称为所罗门群岛。其他传闻将这片大陆与传说由马可·波罗发现的"比齐"(Beach)、"罗迦克"(Lucach)和"麻里予儿"(Maletur)等地方,以及传说曾让印加帝国君主图帕克·印卡·尤潘基(Tupac Inca Yupanqui)掠回大量奴隶、黄金、白银和铜冠的岛屿联系在一起。

近三百年来,有关这片南方大陆的种种观念,推动欧洲人在太平洋持续探索,催生了航海者的不同行程和各色体验。他们坚信只要继续寻找,就会在南太平洋的某个地方找到这片大陆。当然,那里的南极洲是一块大陆,但它不是欧洲人心目中的那种大陆。他们希望能够发现一片更辽阔、更温和、更葱郁、更富庶、更好客的地方，而且那里的居民还要持有大量用来交易的优良商品。他们梦想着发现另一个东印度，或者至少另一个新世界。荷兰探险家雅各布·勒梅尔（Jacob Le Maire）报告在南纬五十一度附近发现了"漂浮的绿色植物"，还声称在"咆哮的西风带"见过鸟类翱翔。无独有偶，西奥多·杰拉德斯（Theodore Gerrards）报告在南纬六十四度位置发现了类似挪威的多山国家，海盗爱德华·戴维斯（Edward Davis）的传说亦流传甚广。此外，佩德罗·费尔南德斯·德·基罗斯（Pedro Fernández de Quirós）声称自己发现了一个"像整个欧洲和亚洲加在一起那般辽阔"的国家。然而，未知的南方之地那样的板块从未现身。

  欧洲航海者在太平洋上发现的是一片烟波浩渺的水域，环望四周，目力所及，海水一望无际。一连几天，几个星期，有时甚至几个月，他们都在海上航行，头顶除了天空的穹窿，什么也没有。他们与地平线之间，除了"不断起伏，下沉，消失，再上升的海浪"，什么也没有。没有远处的模糊景象，没有成堆的云彩，没有海上的垃圾，有时甚至连只鸟都没有。然后，就在他们开始认为这样的航行将永无尽头时，一座岛屿将在世界的边缘缓缓升起。

# 初次接触

## 门达尼亚到访马克萨斯群岛

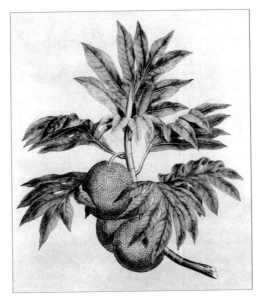

"面包果"(Breadfruit),西尼·帕金森(Sydney Parkinson)绘制,
引自约翰·霍克沃斯(John Hawkesworth)所编《远航史话》
(*An Account of the Voyages*,伦敦,1773年)。
现藏于普林斯顿大学图书馆"珍本和特别收藏部"
(Department of Rare Books and Special Collections, Princeton Uriversity Library)。

如果暂不考虑麦哲伦看到的那两个在当时都是无人居住的小环礁,那么第一个被欧洲人发现的波利尼西亚岛屿,便属于马克萨斯群岛。这组位于赤道以南、秘鲁以西约四千海里的岛屿,地处波利尼西亚三角的东部边缘,独自存在于一片相对空旷的海域。在西面和南面的几百海里之内,还可以找到邻岛,但如果从马克萨斯群岛向北或向东沿一百八十度弧线航行,数千海里范围内根本无法遇到任何陆地。

波利尼西亚的岛屿形形色色,马克萨斯群岛是所谓"高岛"(High Islands)①。对外行来说,这意味着这些岛屿多山,在某些情况下,甚至会从海平面升起数千英尺;但对地质学家来说,这意味着这些岛屿由火山喷发形成。在一个板块俯冲到另一个板块之下的地方,便会隆起一些弧状高岛。但是中太平洋的高岛被认为是由"热点"(Hot Spots)形成的,而这些热点,正是直接从地幔中升起的

---

① "高岛",也称为火山岛,是海底火山喷发后,由熔岩、火山灰等喷发物堆积形成的岛屿,地形崎岖。火山岛面积一般都不大,既有单个的火山岛,也有群岛式的火山岛。

熔融岩柱。这些岛屿通常呈链状分布,沿着西北—东南轴聚集,最古老的出现在西北端,最年轻的位列东南端,这一模式可以用太平洋板块朝西北方向的运动来解释。这种理论认为,千百万年来,岛屿形成,并随着其所在地壳的漂移不断运动,而在其身后,新的岛屿在海洋中不断崛起、上升。典型的例子是夏威夷群岛:拥有活火山的夏威夷大岛位于岛链的东南端,这些岛屿一路往西北方向延伸,逐渐降低、下沉,最终形成一系列海底山脉。与此同时,在大岛的东南部,一座新的火山正在形成,它将在未来十万年的某个时候露出海面。

高岛的景色,有着阴阳之分。这些火山岛几乎完全由玄武岩构成,并以相当壮观的方式遭受侵蚀,露出巨大的石条、石壁与石峰。在迎风面,山峦从过往的空气中吸收水分,变得郁郁葱葱;而在背风面的雨影区,山峦则贫瘠干涸。也许最大的反差出现在黑暗、厚重的山脉与明亮、开阔的大海之间。摆脱了山峰阴影的覆盖,高地上杂乱的树木和藤蔓让位于一幅令人神清气爽的风景,绿草茵茵,椰子树青翠欲滴,木麻黄树的枝叶沙沙作响。尖利的山脊逐渐平坦,幻化为海岸平原;山上的瀑布形成了缓慢而平静的河流。在潮位线上,岩石和池塘鳞次栉比,其间点缀浅色的新月形沙滩。大海一直延伸到远方,波浪无休止地扑打在礁石上,形成一排排白色碎沫,而礁石静默不动,将宛如绿松石般明亮的潟湖与颜色略显黯淡的广阔深海区隔开来。

从某些方面来说，马克萨斯群岛是典型的高岛，有高耸的岩石基座、奇形怪状的尖顶、深受侵蚀的裂缝和肥沃的山谷。但在其他方面，这里与旅游手册中描绘的波利尼西亚群岛完全不同。由于位于"洪堡冷流"的行经路线，这一洋流将冷水带向南美海岸，导致马克萨斯群岛从未出现任何珊瑚礁生态系统。这里没有潟湖，极少存在幽静的海湾，只有一些海滩。火山岛的嶙峋粗糙一直延伸到海岸，靠海的一侧基本呈现出阴冷的垂直形态。

马克萨斯群岛还缺乏沿海平原地貌，而这正是火山岛上最容易和最自然的生存场所。任何去过夏威夷群岛的人都知道，对于一座火山岛来说，标准的旅行方法，自然是绕着海岸环岛旅行。很容易看出这一部分岛上地形有多么重要——可以让人们活动和交流，为花园、种植园和住房提供空间。然而，在马克萨斯群岛，这一切都无从谈起；唯一可居住的土地，位于从岛中心向外辐射的山谷之中，这些山谷被群山的臂弯环绕并分隔开来。

对许多欧洲人来说，马克萨斯群岛似乎有着难以言喻的浪漫。这里的山峰笼罩在薄雾中，叠嶂被绿茵掩映，岛屿侧翼出人意料地从海上升起，蕴含一种令人沉思的原始之美。1888年，作家罗伯特·路易斯·史蒂文森（Robert Louis Stevenson）造访此地，发现这里山川宏伟，令人望而生畏。巨大的暗色山脊和高耸的峭壁，"在一天中的任何时候，"他写道，"都给人带来全新的美学感受，同时也让观者的内心隐约升腾起莫名的恐惧。"

不难想象,第一批波利尼西亚人到达这里时,可能也有类似的复杂印象。在太平洋上发现任何一个火山岛,都可谓是一个胜利:这意味着陆地、淡水、安全和食物来源。但是,马克萨斯的考古遗址显示,从人类定居之初,这里就出现了各种各样的鱼钩,这也许表明,由于认识到从珊瑚较多的岛屿引进的捕鱼技术在马克萨斯群岛水深浪急的沿岸海域根本没有用武之地,最初的先民可能进行了大量的实验和创新。尽管如此,带到岛上的动物(也许除了狗)还是顺利地开枝散叶,面包果树也逐渐繁茂起来,人们得以在此繁衍生息——第一批欧洲人到达时,马克萨斯群岛的居民"密密麻麻",他们成群结队地出来迎接这群不期而遇的陌生人。

1595年,西班牙人阿尔瓦拉·德·门达尼亚在带队前往所罗门群岛的途中意外发现了马克萨斯群岛。虽然可以说门达尼亚"发现"了马克萨斯群岛,但严格来讲,这并非事实。声称欧洲探险家在太平洋上——尤其是在波利尼西亚——发现了任何东西的说法,显然是有问题的。正如为后来支持法王路易十五主张马克萨斯群岛主权的法国人所言,很难想象有人能去攫取一座已经被当地居住者占领的岛屿。相较于占领,发现更是如此:一块已经有人居住的土地在什么意义上可以被发现?但是,在十八世纪法国人或十六世纪西班牙人的语境中,"发现"一词的含义并不是"人类历史上首次被发现",而更像是"首次让该地区以外的人了解"。

这是门达尼亚第二次横渡太平洋。约三十年前,他曾率领另一支探险队寻找未知的南方大陆,成功到达所罗门群岛,然后在混乱中匆忙返回秘鲁。尽管历尽艰辛:飓风来袭,坏血病蔓延,水手抗命,食物和水一度短缺——每天只定量供给"半品脱水,一半的食物是被碾碎的蟑螂"——但门达尼亚决心再试一次。二十六年来,他一直缠着西班牙王室,竭力争取支持,1595年,王室终于应允。

两相比较,第二次远征比第一次更加命运多舛。从一开始,航行就显得混乱无序,充满暴力和纠纷。门达尼亚背负狂热的宗教使命,希望能够让愚昧无知的异教徒皈依上帝;他的妻子,一位不招人待见的泼妇,无论走到哪里,都会平添是非;而门达尼亚手下的许多兵士自私自利、野蛮残忍。这位指挥官和他的任何下属,似乎都不知道他们的目的地到底有多远,尽管至少对门达尼亚而言,他曾经去过那里。事实上,这支探险队从未抵达目的地。他们将殖民地建立在"圣克鲁斯岛",这简直是一场灾难,充斥着抢劫、谋杀、伏击,甚至几起斩首。门达尼亚病入膏肓,精神崩溃,"陷入了一种宗教式的麻木状态"。他高烧不退,死时的惨状极具电影《阿基尔,上帝的愤怒》(*Aguirre, the Wrath of God*)的既视感。之后,探险队解散,幸存者驶向菲律宾。

我们从门达尼亚的领航员佩德罗·费尔南德斯·德·基罗斯那里得知了上述故事,而且据他记录,探险者们从南美洲海岸出发仅仅五周后就看到了第一块陆地。门达尼亚相信这就是他所寻找的岛屿,于是命令船员们跪下,高唱《赞美颂》(Te Deum laudamus)①,以感谢上帝,让这次航行如此迅速,如此顺利。当然,这是荒谬的错觉——所罗门群岛距此尚余四千海里,至少还需五个星期的航程。但这确实说明了这些早期的欧洲航海者对太平洋的大小是何等缺乏认识,从而非常容易被误导。最后,门达尼亚意识到自己的错误,经过一番反思后得出结论:这实际上是一个全新的地方。

岛上居民将这里称为法图伊瓦岛(Fatu Hiva),位于马克萨斯群岛的最南端。当西班牙人逼近时,一支约有七十艘独木舟组成的船队从岸边驶出。基罗斯指出,这些船只都安装了舷外托架。这是他精心描述的一种新颖的木质结构:附着在船体两侧,"压"在水面上,以防止独木舟倾覆。对许多欧洲人来说,这可谓前所未见的新事物。其实,舷外托架可以追溯到公元前两千年的东南亚诸岛,而且是确保身长舷窄且吃水相对较浅的船只(即独木舟)在外海安全航行的关键创新。

每艘马克萨斯独木舟载有三至十人不等,还有更多的岛民紧紧抓住船舷,以浮在水面上随船前行——据基罗斯粗略估计,大概有四百人。他写道,他们"以极快的速度愤怒地"划着他们的独木舟,指着陆地,发出听起来像"阿泰洛特"(Atalot)的嘶喊声。人类学家罗伯特·萨戈斯(Robert C. Suggs)二十世纪五十年代在马克萨

---

① 《赞美颂》,原意为"神,我赞美你",是公元四世纪时写就的一首拉丁文基督教赞美诗。

斯群岛进行过实地调查,他认为当地人是在告诉门达尼亚,让他将船驶近海岸,这就像是一队航海者对另一队航海者提供的"些许友好建议"。或者这是一种策略,以便让这些外来者前往一个可以更有效地被岛民加以控制的区域。

基罗斯写道,岛上居民几乎没有显露出紧张的神色,他们划着小船径直来到西班牙人船边,献上椰子、芭蕉、用树叶卷着的某种食物(可能是发酵的面包果糊),还有装满水的大竹节。"他们笑容满面地看着那些船、那些人,还有那些从船上厨房里溜出来看热闹的女人。"其中一个岛民被说服登船,门达尼亚给他穿上衬衫,戴上帽子,这让其他人非常高兴,他们笑着向朋友喊叫。之后,又有大约四十多位岛民爬上船,开始在船上"大摇大摆地走来走去,抓住身边的一切,他们中的许多人试着抚摸船上兵士的胳膊,用手指触碰他们身上的若干部位,端详他们的胡子和面庞"。他们似乎被欧洲人的衣服弄糊涂了,直到一些士兵放下长袜,卷起袖子,露出肌肤,然后,基罗斯写道,他们"安静下来,非常高兴"。

门达尼亚和手下的一些军官向岛民分赠衬衫、帽子和小饰物,马克萨斯人将它们挂在脖子上拿走。他们继续歌唱,大声呼喊,随着胆子越来越大,喧闹愈发过分。这反过来又惹恼了西班牙人,他们开始示意岛民离开,但显然后者并不打算就这样告别。相反,他们变本加厉,拿起在甲板上看到的任何东西,甚至用竹刀从作为船员伙食的熏肉上切下薄片。最后,门达尼亚下令鸣枪。岛民们闻声一齐跳进海里,只有一位年轻人除外,不知道是因为恐惧,或者出于固执,他仍然紧紧抓住船舷,拒绝放手,直到有一个西班牙人用剑砍了他。

这场相遇的基调瞬间改变了。一位留着长胡子的老人站在独木舟里大声嘶吼,往船只的方向投去凶狠的目光。其他岛民则吹响螺号,同时不停用木桨在独木舟的两侧拍打。有些人拿起长矛,向西班牙人挥舞,或在弹弓里套上石头,向船上弹掷。西班牙人则把他们的火绳枪对准了岛民,但由于火药受潮,一度无法击发。基罗斯写道:"当地人如何在喧嚣和叫喊声中不断逼近,绝对算是值得一看的景象。"最终,西班牙士兵成功开火,击中了十几位岛民,包括那位老人——他被击中额头,当场死亡。目睹惨状,岛民立即转身逃回岸边。过了一会儿,一只载着三个人的独木舟回到西班牙人船边。其中一人伸出一根绿色的树枝,向西班牙人发表了长篇大论;在基罗斯看来,这个人似乎在求和。西班牙人没有回应,过了一会儿,这些岛民离开了,留下了一些椰子。

马克萨斯人和门达尼亚的邂逅充满了困惑与误解,基罗斯写道,许多"邪恶的事情"发生了,但"如果有人能让我们相互理解的话,此事也许本来可以避免"。在这一点上,欧洲人和波利尼西亚人之间的许多早期接触如出一辙:发生的一切对一方来说都是有意义的,但对另一方来说,很多事情则是难以理解且令人厌恶的,甚至会招来杀身之祸。

例如,有一次,四名"非常大胆"的马克萨斯人带着船上的一条狗逃跑了;还有一次,一名西班牙士兵向几只独木舟开火,杀死了一名带着小孩的男子。在岸上,门达尼亚下令举行天主教弥撒,岛上居民模仿陌生人跪下祈祷。两个马克萨斯人被教导如何画十字架,并念念有词("耶稣,玛丽亚");欧洲人还播种玉米希望能够有所收获。门达尼亚的妻子多尼娜·伊莎贝尔(Doña Isabel)试图从一个头发特别漂亮的土著女人头上剪下几绺头发,但因为遭到这位女士的强烈反对,被迫停止——对于岛民来说,头发是绝对禁忌,被认为可用来行巫作蛊,因此不允许被触摸。

三名岛民遭枪杀后,尸体被吊起来示众,借此让马克萨斯人"意识到西班牙人能做些什么"。门达尼亚设想建立一个殖民地,决定留下三十名男性兵士以及其中一些人的妻子。但士兵们坚决拒绝这项任务。他们明白,这可能会让自己付出生命的代价,因为当西班牙人最终离开的时候,他们已经杀了二百多人,据基罗斯说,很多人都死得莫名其妙。

基罗斯为门达尼亚手下的残忍和肆无忌惮感到痛苦。然而,在岛民身上,他发现了许多值得钦佩的东西。事实上,正是通过基罗斯的眼睛,我们第一次看到了这个民族,他们将成为许多欧洲人心目中人类美丽顶峰的缩影。后来一位来访者形容马克萨斯人"精美绝伦",是他见过的"最美的人"。就连库克船长,一个从不夸大其词的人,称他们"跟这片大洋抑或这个地球上任何一个民族同样优秀"。

基罗斯写道,岛上的居民举止优雅,身材匀称,腿型健美,手指修长,眼明齿亮。岛民的皮肤透亮,"几乎是白色的",男人的长发蓬松,"就像女人一样"。第一次碰到欧洲人时,这些岛民大多赤身裸体,因为他们正在游泳,面部和身体上都用基罗斯误认为是蓝色颜料的东西加以装饰。当然,这就是文身,在波利尼西亚,这种做法相当常见——英语中的"文身"一词来源于波利尼西亚语"tatau"——而在马克萨斯人身上则臻于完美,每一寸肌肤,包括眼睑、舌头、手掌,甚至鼻孔的内侧,都可能被刻上精美的花纹。基罗斯发现,马克萨斯岛上的女人,有着迷人的眼睛、纤细的腰肢和漂亮的手指,甚至比以美貌著称的利马女士更加可爱。在他笔下,这里的男性岛民高大魁梧,英俊健壮。有些人身材之高大,让西班牙人相形见绌;还有一些人居然能把腿抬到耳朵附近,给来访者留下了深刻的印象。

从民族志的角度来说——请记住,这是对波利尼西亚社会最早的记录——基罗斯所描述的内容,虽然不多,但很有趣。他写道,马克萨斯人豢养猪和鸡,即所谓"卡斯蒂利亚家禽",种植芭蕉、椰子、葫芦、坚果,以及欧洲人从未见过的植物(他们将其描述为如男孩头部大小的绿色水果)。这就是面包果,两个世纪后,威廉·布莱(William Bligh)指挥的"邦蒂号"(Bounty)船员在托富阿岛哗变时,这艘船上运载的面包果也由此成为太平洋上的一个传说(布莱当时试图把面包果秧苗带到西印度群岛,好让英国殖民者可以获得一种更为经济的方式来喂养非洲奴隶)。岛民居住在敷设整齐石头平台的大型公共房屋里,崇拜西班牙人所说的"神谕"——一面装饰有木制雕像的围墙,当地人向其供奉食物。他们的工具大多以石头或贝壳为材质,主要武器是梭镖以及抛石器。岛民最重要的交通工具是独木舟。他们制造的独木舟有各种尺寸:小的装有舷外托架,可设三至十桨,大的"制作精良,长度惊人",可以容纳三十人或更多。基罗斯写道:"他们告诉我们,如果有需要,就会乘坐这些大独木舟前往其他陆地。"

然而,这些陆地究竟是哪里,仍然是个谜。一次,非常奇怪,马克萨斯人在一艘西班牙船上看到一个黑人,就朝南方打了个手势,表示"在那个方向有像他一样的人,他们去那里打过仗,对方还拿着弓箭"。这种说法着实令人费解,但在误传误信较为普遍的那个年代却不罕见。虽然这番话可以被理解为描述的是生活在遥远西部岛屿上的人,但在波利尼西亚,弓从未被用作武器。马克萨斯群岛以南的地方,只有土阿莫土群岛,当然更远的地方还有复活节岛,所有这些岛上的居民,在文化上和身体上都与马克萨斯人非常相似。他们很可能被视为敌人,但绝对不是弓箭手,也不是黑人。

然而,虽然我们不清楚基罗斯指的是哪个岛屿,但我们确实得知,在马克萨斯人的概念中,这个世界还有"其他陆地"。后来,欧洲到访者听说了"当地人认为理所应当存在,而我们却完全不知道的岛屿"。还有报告说,在旱季,"当地人会驾乘独木舟出海寻找其他岛屿",这或许有助于解释为什么当库克于1775年到达马克萨斯群岛时,岛上居民想知道他是否来自"某个粮食供应不足的国家"。

门达尼亚在马克萨斯群岛逗留了大约两个星期,在此期间,他发现并命名了群岛最南端的四个岛屿(第二个岛屿的北部,当时未被发现)。他用自己的方式给四个岛屿分别起名为圣马格达莱纳(Santa Magdalena)、圣佩德罗(San Pedro)、拉多米尼加(La Dominica)和圣克里斯蒂娜(Santa Cristina)。这些名字现在早已被遗忘,取而代之的是波利尼西亚原住民习惯的名字:法图伊瓦、莫奥塔尼(Motane)、希瓦阿(Hiva Oa)和塔瓦塔(Tahuata)。为了纪念他的赞助人[时任秘鲁总督门多萨侯爵(Marques de Mendoza)],门达尼亚将整个群岛作为一个整体命名。自1595年以后,马克萨斯群岛从未被冠以其他称谓。当然,除岛民之外——他们将所居住的岛屿统称为"特费努阿"(Te Fenua),意为"土地";而将他们自己,特费努阿的居民,称为"特埃纳塔"(Te Enata),简单地说就是"人民"。

门达尼亚的船队终于拔锚启航后,马克萨斯群岛又一次在欧洲世界消失了近二百年。马克萨斯群岛地图似乎从一开始就未被严谨地绘制,而且其所处位置的信息被一门心思想要在发现南方大陆的竞争中先发制人的西班牙人进一步封锁。如果说西班牙人得出了什么结论,那就是数量众多、充满活力、长相俊美的马克萨斯人,他们饲养的猪和鸡,以及他们制造的大独木舟,证明了南部大陆的存在。基罗斯总结,如果没有"航海技术和载重船只",这些岛民不可能进行远距离的跨海航行。这意味着,在附近的某个地方,一定有"其他岛屿连成岛链,或是存在一片大陆,否则,若非上帝显灵,居住在这些岛屿上的人根本无处可去"。因此,波利尼西亚和欧洲第一次接触颇具讽刺意味:这强化了一种想象中的大陆真实存在的虚幻信念,同时掩盖了马克萨斯群岛本身更为有趣的现实。

# 方寸之岛

## 土阿莫土环礁群

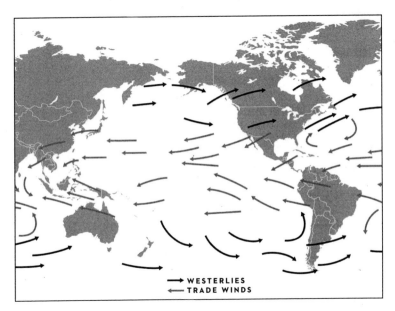

太平洋风场图,基于《地球盛行风图》(Map of the Prevailing Winds on Earth)绘制,参见赫拉绍夫(H. C. Herreshoff)的《水手手册》(*Het handboek voor de zeiler*)。

门达尼亚之所以能够发现马克萨斯群岛,是因为他从当时秘鲁总督府所在地派塔港(Port of Paita)扬帆出海,沿着大致正确的纬度向西航行。但后来的探险者,从不同的港口出发,沿着不同的路线航行,因此发现了不同的岛屿。这显然和探险者的主观意图无关:十六、十七世纪甚至十八世纪的欧洲探险家,并没有前往任何想去的地方的自由。相反,几个世纪以来,他们几乎所有的发现,都取决于太平洋独特的风向、洋流,以及从世界其他地区进入这一海域的寥寥几个切入点。

太平洋的天气主要由两个大的风圈或漩涡控制,一个在北半球顺时针旋转,另一个则在南半球逆时针旋转。在北半球和南半球大约三十度至六十度的区间,盛行西风,也就是说,风从西向东吹。在北半球,西风横扫欧洲、亚洲和北美大陆。但是在南半球,几乎没有什么陆地对风加以阻挡,以至于风速达到了惊人的程度,南半球较高纬度因此获得如下称号:"咆哮的南纬四十度"(Roaring Forties)、"愤怒的南纬五十度"(Furious Fifties)以及"尖啸的南纬六十度"

(Screaming Sixties)。

从赤道到南北纬三十度——大致穿过了南北回归线——风向基本相反。这种所谓的"信风"(Trade Winds)十分可靠,稳定强劲,在北半球表现为东北风,在南半球表现为东南风。在南北纬三十度之间,靠近赤道附近,有一个被称为"热带辐合带"(ITCZ)的区域,这里轻风无常、雷暴频繁,通常被称为"无风带"(the Doldrums)。早期的欧洲航海者对于这里令人心烦意乱的高温以及持久的无风天气极为恐惧。任何一个曾在太平洋上飞越赤道的人(比方说从洛杉矶乘飞机到悉尼)都可能会回忆起飞行途中曾遭遇过一段颠簸——那正是发生在"热带辐合带"。

太平洋的主要洋流,遵循基本相同的模式,沿着赤道向西流动,在大洋边缘分道扬镳,在北半球向北转向,在南半球向南转向,形成两个较大的循环系统。同时还存在一种被称为"赤道逆流"(Equatorial Countercurrent)的现象,这股洋流沿着赤道向东流动,夹在主要向西流动的南北洋流之间,增加了变数。

对于航行中的船只来说,这意味着赤道附近的情况可能相当混乱,而且常常无风。在热带地区,一般来说,风力和洋流共同加持,会使船加速向西,沿南北轴线前进,并在绝大多数时间内有效地阻止船舶向东航行。因此,如果想向东穿越太平洋,唯一确定奏效的方法,就是在更高且更冷的纬度(即更远的北方或南方)航行。在那里,水手通常会遇到相反的问题:根本无法向西航行。

对欧洲人来说，早期在太平洋航行的另一个主要制约因素，便是出发路线问题。在巴拿马运河和苏伊士运河等人造捷径出现之前的日子里，驶往太平洋的欧洲船只被迫驶向世界尽头，绕过非洲或南美洲以到达太平洋。经过非洲的东线是迄今为止最长的一条航路；不仅要一路向南航行，绕过好望角，而且还要穿过整个印度洋，除此之外还有澳大利亚这一神秘障碍。经过南美洲的西线较短，因此更具吸引力，但同样也带来了最大的危险，即需要绕行险情四伏的合恩角。在这里，南美洲的狭长顶点几乎延伸到南极冰层，而全世界最可怕的海洋区域之一也位于此处，它汇集了狂风、巨浪、低温以及极易搁浅的多石海滩，产生了一种只能被描述为航海者噩梦的环境：一个由风霜雨雪、冰雹雾霭以及世界上最险恶海域组成的大漩涡。

与合恩角周围可怕航道有关的传说不胜枚举。十八世纪四十年代初，英国海军准将乔治·安森（George Anson）率领由八艘舰艇组成的舰队绕着合恩角航行，遭遇了宛如《圣经》传说般长达四十昼夜的持续飓风袭击，风势极其猛烈，以至船员们陷入了恐慌之中，被吓得语无伦次。舰队中有两艘船失踪，被风吹得不知飘到了哪里。安森最终被迫采取了骇人的权宜之计，即"站桅杆"（Manning the Foreshrouds，也就是说，派水手到索具上充当人肉船帆），因为风势实在过于猛烈，没办法挂上实际的帆布。不用说，至少有一名海员被吹落海中。此人是游泳高手，得以在冰冷的海水中挣扎良久，但风暴太强，其他船员不得不眼睁睁地看着他被排山倒海的大浪卷走。

四十多年后，威廉·布莱指挥的"邦蒂号"在前往塔希提岛的途中，在合恩角遇到了一系列类似的风暴，这次航行以船员哗变告终。一个月来，这条船不间断地与风搏斗，罗盘被风暴打烂，遭到涌入的海水浸泡。在与"这波涛汹涌的海洋"进行了激烈斗争后，布莱船长终于认输。他转向东方，顺风而去，驶向非洲和好望角，而这一决定将使他的航程增加一万海里。

有一个替代办法绕过合恩角，那就是通过麦哲伦海峡，这条航线于1520年开辟，是已知最早从大西洋一侧进入太平洋的通道。但这条将火地岛与南美洲大陆分隔开来的航道狭窄曲折，全长约三百五十海里，本身就带来了航行挑战。很大程度上，问题在于航道的复杂性质以及不可预测的风向和洋流。麦哲伦本人非常幸运，只用了三十八天就通过了这道海峡，而在1767年，英国航海者塞缪尔·沃利斯足足花了四个多月的时间才最终驶过这片海峡，每天的有效航行距离不到三海里。

麦哲伦海峡在南纬五十二度到五十三度之间向太平洋敞开怀抱。合恩角则位于大约南纬五十六度的地方，决定绕行合恩角的航海者通常不得不驶入"愤怒的南纬五十度"海域；库克第一次绕道合恩角时，航行位置居然高达南纬六十度。但是，不管怎样，一旦进入太平洋，航海者便发现几乎寸步难行。在这些高纬度海域，船队根本无法顶着猛烈的西风前进。南面全是冰雪——这里跟南极圈近在咫尺——东面是南美洲海岸,唯一可能的航向,只有北面。

正是这种特殊的环境——风向、距离、大陆形成的障碍和帆船固有的航行能力——解释了欧洲早期探险者在太平洋遭遇的一个奇怪事实:即使面前的大洋宽广辽阔,但几乎所有的航海者都遵循同一航线的不同变体。鲜有例外,大部分人都沿着一条长长的西北向对角线,或者更确切地说,沿着迂回航路向北航行,一旦开始赶上信风,再向西航行。这样做,并不是因为航海者认为这是最有可能产生重大发现的航线——正如历史学家比格霍尔(J. C. Beaglehole)简洁地总结:"航行路线基本是大西北航线的变体,而这是穿越这片空空荡荡的大洋的必经之路"——而是由于洋流和风向决定了他们的选择。许多重要的岛屿(如夏威夷岛)因为不在这条线路上,几个世纪以来都没有被人发现,而其他岛屿,其中一些甚至微不足道[比如土阿莫土群岛的普卡普卡小环礁(Puka Puka)],则被欧洲人反复路过。

土阿莫土群岛,又被称为"低岛"(Low Islands)①或危险群岛,几乎出现在欧洲早期对太平洋所有版本的描述中,原因十分简单——这里直接横跨大西北航线的大部分变体。由七十八座"低岛"或环

---

① "低岛"是与"高岛"相对的概念,跟高岛多为火山岛不同,"低岛"多由珊瑚堆积形成,地势平坦。

礁组成,土阿莫土群岛这座天然屏障沿着西北—东南走向延伸长达八百海里,大约位于马克萨斯群岛和塔希提岛中间。这些环礁大多相对较小,平均可能有十到二十海里宽,但其主要特征(至少从航海者的角度来看)是海拔高度。这些岛屿的海拔基本都不超过二十英尺;大多数岛屿的最高点离潮线只有十二英尺。正如史蒂文森所说,它们"像海面上漂浮的木板一样平坦"。对水手来说,这意味着除非亲自登岛,否则根本无从发现。后来的航海者因为对于航线更为熟悉,往往会选择对这种有时也被称为迷宫的暗礁和岛屿敬而远之。

从空中俯瞰,土阿莫土群岛的景色令人目眩神迷:明亮的绿白相间环礁,像王冠一样漂浮在犹如蓝宝石的大海中。但是,正如早期探险家很快意识到的那样,这里的情况与环礁相差甚远。从根本上来说它就不是一个岛,实际上是一条礁石链,或者用波利尼西亚语来形容,是"莫土"(Motu),由一圈礁石串联而成。地表完全是珊瑚质:沙子、鹅卵石、珊瑚块和一种被称为海滩岩的砾岩。从远处看,礁盘郁郁葱葱,但实际上只存在非常单薄的一层表土,勉强支撑少数耐盐的灌木和树木。除了雨水,根本没有天然的淡水来源,但这里存在一种有趣的被称为"吉本—赫茨伯格透镜体"(Ghyben-Herzberg lens)[①]的水文现象。这是一层漂浮在渗透到多孔的珊瑚岩

---

[①] "吉本—赫茨伯格透镜体",水文学概念,也被称为淡水透镜体,是一个凸形的新鲜地下水层,漂浮在密度较大的咸水之上,通常出现在珊瑚或石灰岩岛屿和环礁上。这种淡水含水层通过降水补给,降水渗入土壤表层,向下渗透,直至抵达饱和带。

中的海水之上的淡水层。在适当的条件下——岛屿面积不能太小,不能处于干旱状态,洞不能挖得太深——就有可能从挖出的沙坑里提取淡水。十七世纪,一群荷兰水手在一个被他们命名为"水源地"(Waterlandt)的环礁上偶然发现了这一现象。

查尔斯·达尔文(Charles Darwin)首先阐明了珊瑚环礁的形成理论。他乘坐"小猎犬号"横渡太平洋,途中穿过了土阿莫土群岛,并记录下了自己对于从船桅顶部所看到的环礁的第一印象。他写道:"漫长明亮的白色海滩,边缘长了一条窄窄的绿色植被,左右望过去,海滩带渐远渐窄,很快消失在地平线之下。"[①]在达尔文时代,人们已经知道珊瑚是一种生物,正如有人所言,作为一种微小生物,珊瑚只能在相对较浅的水域中生长。然而,这里是大洋的中央,海水深到无法用任何常规手段测量的程度——荷兰人将第二个环礁命名为"桑德哥隆德"(Sonder Grondt),意为"无底",因为他们找不到任何锚地——显而易见,问题在于这些岛礁的基础,或者正如达尔文所说:"如此庞大的珊瑚礁盘,到底建立在什么基础之上?"

当时流行的一种理论是,环礁生长在水下火山口的边缘。有很好的理由将它们与火山活动联系起来。在整个太平洋地区,高岛和低岛都很接近。但火山口的理论也存在问题:一些大型环礁的大小超过了任何已知的火山口;一些小的环礁扎堆存在,很难让人跟火

---

① 此处译文参考了[英]查尔斯·达尔文:《小猎犬号航海记:插图全译本》,张红译,译林出版社2020年版,第十八章相关内容。

山口联想在一起；许多火山岛被珊瑚礁紧密包围，如果水下火山口理论正确的话，会使之成为火山中的火山，而这一解释显然不太可能成立。

而达尔文的观点，至今仍然被广泛接受，他认为环礁和火山岛之间存在联系，但环礁不是生长在死火山口的边缘，而是在岛屿海岸的浅水区。与他本人的其他许多观点一样，达尔文的珊瑚环礁形成理论，不仅阐释了环礁是如何形成的，而且还讲明了这个过程是如何与其他种类的珊瑚形成联系在一起的，从而巧妙地解释了本质上是同一事物的所有个例。他认识到，裙礁（在岛屿岸边）、堡礁（在离海岸有一定距离的岛屿周围）和环礁（没有任何岛屿的珊瑚环）实际上是同一事物的不同阶段。将其联系起来的关键概念范畴，乃是下沉的概念——即岛屿逐渐下陷，而环绕它的珊瑚继续生长。因此，随着时间的推移，裙礁会变成堡礁，堡礁最终会变成环礁。

环礁是任何在空中飞的，或水里游的动物的自然栖息地。这里是世界上四分之一以上的海洋鱼类的家园，包括神仙鱼、小丑鱼、蝙蝠鱼、鹦嘴鱼、鲷鱼、鲀鱼、棘蝶鱼、鲹鱼、鳐鱼、隆头鱼、梭鱼和鲨鱼。这还不包括其他的海洋生物——海龟、龙虾、鼠海豚、鱿鱼、海蜗牛、蛤蜊、螃蟹、海胆、牡蛎，以及珊瑚礁下层各种奇特植物。环礁也是鸟类一个明显的避风港，既有白天在海洋上活动，晚上返回岛屿的本地鸟类,也有迁徙数千海里的候鸟,它们夏季在阿拉斯加等地,冬季则前往热带地区。

然而,对于陆上生命来说,情况则完全不同。土阿莫土群岛的一个典型环礁,最多能支持三十种本土植物——塔希提岛这样的高岛,则可能存在四百多种本地植物,至于新西兰这样的大陆性大岛上,生长着成千上万种植物——并且这个低岛上的陆地动物只有蜥蜴和螃蟹。在环礁上有些地方,人们可能会一时想象自己被陆地包围,因为视线被树木或灌木丛挡住,但只需要朝任何方向走几分钟,这种错觉就会很快消除。即便在面积稍大的环礁上漫步,最终还是会来到一个举目四望水茫茫的地方。此时,你会惊讶地发现脚下的地面并不是大多数人所理解的陆地,而是海底世界的一角,只不过暂时从海洋中浮现而已。真正的表演,真正的风景,都与海水有关:巨浪在礁石上轰隆作响,潮水从山口冲过,潟湖的色调令人惊叹。

然而,当欧洲人第一次到达太平洋时,发现几乎所有较大的环礁上都有人居住。甚至那些面积显然太小而无法维持常住人口的礁盘,也常常显示出人类活动的迹象。在一个无人居住的小环礁上,一名早期探险家在一棵树下发现了一艘被遗弃的独木舟和成堆的椰子;在另一个岛上,居然令人费解地生活着一条无人陪伴的狗。即使是荷兰水手发现的有水的沙坑,也肯定是别人挖的。所有这些证据似乎都表明,即使是最微不足道和最孤立的一小块土地,都有人来来往往。

对这些岛民的早期描述十分鲜见。土阿莫土群岛几乎无法为欧洲水手提供任何他们所需要的东西,即食物、淡水和安全的港口,复杂的暗礁群对船只而言相当危险。由于得之甚少,损失过多,欧洲人往往不会在此驻留,因此早期目击者的报告也少之又少。他们对土阿莫土人的观察结果往往是这样的:身材高大匀称(基罗斯称之为"肥胖",大概是"健硕"的意思);黑色的头发长而蓬松;皮肤为棕色或微红色,根据荷兰探险家勒梅尔的说法,"到处都文着蛇和龙,或者类似的爬行动物",这是一个异常生动的文身描述。值得注意的是,欧洲人很难辨认波利尼西亚人的肤色;后来的一位荷兰航海者将复活节岛上的居民身上没有被涂成深蓝色的肌肤,描述为淡黄色。

在食物方面,低岛的居民一般以椰子、海鱼、贝类和其他海洋生物为主要营养来源;而他们所豢养的动物,很明显,至少包括家犬。他们的刀子、工具和项链都是用贝壳做的(后来的调查人员还发现了玄武岩打磨的石器,这只能从其他高岛运输过来,毕竟当地没有火山岩的来源)。岛民的主要武器是长矛,当陌生人接近时,他们便用长矛武装自己。许多驶过这些岛屿的欧洲人报告说,岛上的居民手里拿着武器,站在沙滩上或在沙滩上奔跑。有人将他们的喊叫和手势解读为邀请上岸,也有人解读为劝离,但由于"双方都对彼此的想法一无所知",因此很难确定。

根据后来观察家们的描述,这些环礁居民具有"迁徙习性",会从一个地方搬迁到另一个地方,"这样一来,有时特定岛屿人满为患,而在另一些时候几乎空无一人"。人口普查几乎毫无可能,因为总有一部分人口"离开",去捕捉海龟、收集鸟蛋、采摘椰子或访问群岛的其他角落。一个有趣的问题应运而生:由于环礁上几乎没有树木,而且太平洋其他地区的大型植物也无法被用来制作龙骨、船板和桅杆,那么低岛的居民拿什么来制造独木舟?没有这种交通工具,他们生活在这个四周一片汪洋的世界里,着实令人感觉不可思议。

在一份成笔于 1606 年的早期描述中,一支独木舟船队"从岛内"划出,意思大概是从潟湖对面,隶属于土阿莫土群岛的阿纳环礁(Anaa)出发。这些船被描述为一种类似半帆船的东西,也就是说,既有桨又有桅杆,挂着某种草席制成的帆。大多数独木舟里有十四到十五个人,而最大的居然坐着二十六个人。观察者不无神秘地写道:"这些独木舟不是用一整根树干挖制的,而是非常巧妙地拼接而成。"

在哈登(A. C. Haddon)和詹姆斯·霍内尔(James Hornell)所著的《大洋洲的独木舟》(Canoes of Oceania)中有一幅图画,可以为理解上面的描述提供一些启示。这幅图上画的是一艘小型独木舟,它购自土阿莫土群岛南部的努库塔瓦凯岛(Nukutavake),由塞缪尔·沃利斯船长于十八世纪六十年代带回英国,现藏于大英博物馆。相关描述如下:"迄今为止保存最完整的最古老的波利尼西亚独木舟"。这艘船长度仅为十二英尺,不足以容纳十四五个人,充其量只是一艘小渔船,因为船头外舷存在的烧灼痕迹,显然是鱼线快速摩擦所导致。

这尾努库塔瓦凯岛独木舟的惊人之处在于它的构造方式。这条船由至少四十五块形状不规则的木片,通过一种由椰壳内层制成的纤维绳巧妙地缝合在一起。近距离观察,这条独木舟更像是一床疯狂的被子,接缝处被装饰性地用纱线过度缝合。很难相信,如此一排排整齐而困难的缝合,可以用绳子这样粗糙的东西完成;或者说,它们竟然可以将木板这般坚硬的东西连接在一起;也很难相信有人会想到用这种方法来制造像船一样坚固而重要的工具。这一切都表明了制作者的聪明和节俭,而且,很明显,这样做具有必要性。你甚至可以看到木板上有用木塞或木片修补的痕迹,上面的缝线像太阳光线一样四散而出,至少有一块木板显示出被从另一艘船上拆下重新利用的迹象。

据说,在十八、十九世纪,土阿莫土人是东太平洋最好的独木舟制造者,当塔希提岛上的酋长们想要建造一艘巨大的独木舟时,"就需要来自低岛住民的帮助"。一位十八世纪的英国指挥官描述,他在土阿莫土群岛曾看到的一艘双体独木舟,有着长达三十英尺的船体。他写道,这些木板缝合在一起,"做工非常精细",每一道缝隙都敷设一条龟甲,"显然是为了加固,以防恶劣天气"。波利尼西亚人给他们独木舟的不同部分都逐一取了适当的名称,包括横梁、船桨、水斗、船锚和舵桨。据说在土阿莫土本地语言中,甚至个别的木板有时也会被命名。这些古老的木材被用来"提醒人们牢记那些在海上生活过的先辈的勇气、耐力和丰功伟绩"。

欧洲人非常欣赏这些船的制作工艺,但也对人们乘坐由木片拼成的航船出海的做法深感吃惊。一位十八世纪早期的探险家回忆,他看见一位岛民坐在一条距离海岸约三海里的独木舟上,船很窄,仅容一个人双膝并拢坐在里面。像努库塔瓦凯独木舟一样,这条船由"许多小块木头组成,木块被用某种植物连接在一起",非常轻,可以由一个人携带。观察这艘独木舟在海上的航行过程,足以让人获得启示。他写道:"看到一个人敢于独自驾驶如此脆弱的小船远赴大海,除一桨之外无以为助,令人叹为观止。"由此似乎可以觅得蛛丝马迹:这是一个与海洋存在不同关系的族群,他们在环礁上安家,乘着缝制的小船出海。不过,来自欧洲的记录者显然没有多少时间和兴趣去思考这件事,他们选择掉转船头,继续航行。

# 世界尽头

## 新西兰与复活节岛

"杀人湾"(Murderers' Bay)①,新西兰,1642年,参见《阿贝尔·詹森·塔斯曼编杂志》(*Abel Janszoon Tasman's Journal*)②,阿姆斯特丹,1898年)。现藏于普林斯顿大学图书馆"珍本和特别收藏部"。

---

① "杀人湾",即"金湾"(Golden Bay),是位于新西兰南岛西北端的一个海湾,拥有新西兰长度最长的沙嘴。这里之所以被称为杀人湾,是因为1642年当地土著杀害了几名荷兰船员,故此得名。

② 全称为《阿贝尔·塔斯曼在"希恩斯克号"和"泽汉号"上的探险之旅杂志》(*Journal of Abel Tasman on his voyage of exploration in the ships Heenskerck and Zeehan*),1642年8月14日至1643年6月15日(荷兰语,共计139页),后于1776年被翻译为英文。杂志的大部分条目都很简短,记录了风、天气、航道的设置和帆的设置。记录者阿贝尔·詹森·塔斯曼为十七世纪荷兰探险家,曾多次组织远征日本、中国、柬埔寨等地的探险队。

太平洋中部的所有岛屿，要么是属于火山岛的高岛，要么是属于珊瑚礁的低岛。但在西南角，靠近太平洋边缘的地方，有一大片重要的岛屿，有着完全不同的地质历史。新西兰是波利尼西亚三角的基点之一，也是破解波利尼西亚之谜的关键部分，但它与其他波利尼西亚群岛在一些方面有所不同。新西兰位于更远的南方，纬度对应于从北卡罗来纳州至缅因州一带。这里属于温带而非热带；虽然夏天可能很热，但在冬天，至少在新西兰南部，会下雪。和其他波利尼西亚岛屿相比，新西兰幅员辽阔，有平原、湖泊、河流、峡湾、山脉，陆地面积是波利尼西亚其他岛屿面积总和的八倍之多。

新西兰群岛在波利尼西亚也算独一无二，因为从地质学上讲，这里是"大陆性的"陆地。新西兰属于古代南方超大陆"冈瓦纳"（Gondwana，这片大陆曾经包括非洲、南美洲、南极洲和澳大利亚以及印度次大陆等所有南半球大陆）。大约一亿年前，这个超大陆开始分裂，其中一块漂移到现在的太平洋。这个碎片的大部分被淹没在海底，但在澳大利亚板块和太平洋板块交界处附近，它的一部分被构造应力推高。结果,我们现在所知的新西兰大陆由此产生。它的现代波利尼西亚名字"奥特亚罗瓦"意为白云绵绵之乡。新西兰仍然位于这个地壳构造带上,这就是为什么此地多发地震,遍布活火山。

因为曾经是冈瓦纳大陆的一部分,又因为是岛屿,孤悬海外数千万年,所以新西兰有着奇特的进化史。在冈瓦纳大陆的这块碎片上似乎没有哺乳动物可以进化,因此,在人类到来之前,这里并没有陆地哺乳动物,没有澳大利亚那些令人好奇的有袋动物,没有袋熊、考拉或袋鼠,没有啮齿动物或反刍动物,没有野猫或狗。唯一能到达新西兰的哺乳动物是那些会游泳的(像海豹)或会飞的(像蝙蝠)哺乳动物。即便如此,人们对蝙蝠是如何到达新西兰的仍有疑问。新西兰的三种蝙蝠中有两种显然是南美蝙蝠的后代,据推测,它们是在一场史前大风暴中被吹过太平洋的。

在新西兰的本土动植物中,有许多奇特的活化石,包括一种真正巨大的针叶树和一种类似蜥蜴的动物,这种动物是世界上现存的唯一一种代表性物种,其历史之古老,甚至早于许多恐龙。但是,新西兰真正令人称奇的是鸟类的进化。在没有捕食者和竞争对手的情况下,鸟类在这座孤岛进化到了所有主要生态系统顶端的位置,成为"长颈鹿、袋鼠、绵羊、条纹负鼠、长喙针鼹和老虎的生态等价物"。其中许多鸟类已经丧失了飞行功能,还有一些体形硕大无朋。这片陆地曾经出现的最大物种是恐鸟——一种现已灭绝的不会飞行的巨鸟,与鸵鸟、鸸鹋和美洲鸵鸟具有亲缘关系——身高近十二英尺,体重超过五百磅。恐鸟是食草动物,但在这些史前鸟类中也有食肉动物,其中包括有着豹爪的巨鹰。这里过去也有食草的鹦鹉和不会飞的鸭子,以及在高山草甸里像羊一样吃草的鸟,长得类似鹪鹩、像老鼠一样在灌木丛里蹦蹦跳跳的小型鸟类。

第一批到达新西兰的欧洲人没有看到这些生物,对此,存在两个非常简单的原因。第一个原因是,许多生物当时已经灭绝。尽管今天我们得知它们存活了很长的时间,曾与人类共存,但十七世纪中叶欧洲人到来时,所有十二种恐鸟、哈斯特雕(Haast's Eagle)、两种本地鹤鸟和许多其他物种都消失了。第二个原因是,即使仍然有恐鸟迈着缓慢而沉重的步伐在森林里闲逛,发现新西兰的欧洲探险者也会因为不曾真正上岸而未能与之邂逅。

与波利尼西亚的其他岛屿一样,欧洲人对新西兰的发现本质要归因于地理和风向的作用。早期的欧洲探险家绝大多数选择从南美洲一侧进入太平洋。但另有一条航线是从西方进入——1642年,荷兰东印度公司的一位船长进行了首次尝试。

荷兰东印度公司的总部设在巴达维亚(Batavia,即现在的印度尼西亚首都雅加达),是十七世纪重要的商业引擎,而这一时期太平洋上所有重大的地理发现,都是缘自荷兰船长们寻找新市场和新贸易对象的探险过程。一位名叫阿贝尔·詹森·塔斯曼的船长于

1642年率领两艘舰船驶向南太平洋。从表面上看,塔斯曼选择的是人们所能想到的最不可能的路线。从爪哇岛出发向西航行,穿过印度洋到达毛里求斯这个马达加斯加岛海岸附近的小岛,而马达加斯加岛本身是非洲东南部海域的一个大岛。在那里,他转向南方,继续前进,直到进入强劲的西风带。这里的风把他扫向东方,横穿印度洋,最后到达太平洋。塔斯曼沿着这条漫长的路线不由自主地航行了近一万海里,到达了一个距离他起点不到两千五百海里的大洋。这主要是因为印度洋的风向和洋流的运行方式与太平洋相同,即在类似的漩涡中逆时针旋转。

印度洋和太平洋之间的主要障碍是澳大利亚大陆,十七世纪荷兰人最早发现的是澳大利亚西部海岸。但是塔斯曼选择的航线把他带到了南边,完全错过了澳大利亚大陆,离开毛里求斯后,他遇到的第一块陆地是后来以他的名字命名的塔斯马尼亚岛。继续向东,他穿过了现在的塔斯曼海,大约一个星期后,他看到了"一块巨大陆地拔地而起"。从海上观察,很难辨别这块陆地到底有多大。欧洲探险家们经常会把岛屿误认为是大陆,但这一次显然确凿无误。面前的土地黑暗崎岖,层峦叠嶂的山脉深陷在云层笼罩的内陆。澎湃的波涛拍打着岩石海岸,"巨浪汹涌而来",没有明显的登陆地点。于是塔斯曼掉转船头,沿着那片陆地向东北探索。

他们乘着西风航行了四天,因为害怕被推到岸边撞击岩石而搁浅,所以尽可能与海岸保持距离。从海上望去,这片陆地显得幽暗荒凉。最后，在第四天，他们来到一个向东弯曲的沙嘴，那里面包围着一片硕大的海湾。他们看到几个地方冒出浓烟，这是有人居住的明显迹象。塔斯曼及其麾下决定上岸，第二天日落时分，他们终于把船停进海湾。从那里，他们可以看到岸上熊熊燃烧的大火和几艘独木舟，其中两艘在黑暗中出来迎接他们。等到双方的距离近到声音可闻时，荷兰人听到了岛民"粗犷的喊声"，但他们听不懂。他们在巴达维亚已经准备了词汇表，几乎可以肯定收录了二十五年前探险家威廉·斯考滕（Willem Schouten）和雅各布·勒梅尔收集的词汇，但眼前这些人所说的语言似乎与之不符。岛上居民吹奏的乐器，对荷兰人来说就像摩尔人的小号——毫无疑问是海螺号——两个荷兰小号手开始鸣乐回应，双方此起彼伏地互相交流。夜幕降临，谈判结束，岛民们划着船回到岸边。

第二天一大早，一艘独木舟驶向船只。岛上的居民又在喊叫，这次荷兰人发出信号，让他们上船，向他们展示了白色的亚麻布和钢刀。然而，独木舟上的人无法被说服，过了一会儿，他们回到了岸边。塔斯曼召开了第二次会议，会上决定让船只靠岸，"因为这里有良好的锚地，而且这些人（看起来）正在寻求友谊"。但在这项决定尚未实施之际，一支由七艘独木舟组成的船队就从岸边出发。其中两艘驶入荷兰船只占据的水域。当一叶运送水手的小船从一艘荷兰船只驶向另一艘荷兰船只，途径独木舟中间时，岛民发动了袭击，撞船后强行登船，刺中并殴打了荷兰船员，还将后者抛入水中。

这次攻击迅速、猛烈、高效；三名荷兰水手当场死亡，一人受重伤，另有三人被从海中捞起，最终获救。大船上的水手们开枪还击，但因为距离过远，天色过暗，抑或枪法太差，岛民们全身而退，逃到了安全的地方，还带走了一具荷兰水手的尸体。

塔斯曼震惊于这次胆大包天的突袭，以及在海湾集结的独木舟数量不断增加——先是四艘，然后是七艘，接下来是十一艘，最后是二十二艘——于是他命令手下船员尽快起航。但是岛上的居民同样反应迅速，不想让猎物逃跑。他们就在海湾对面追击，直到站在最前面的独木舟上一位岛民中枪后，他们才放弃追逐。塔斯曼将这个地方命名为杀人湾，无心进一步尝试登陆。他从来没有意识到他被攻击的海湾（现在被称为金湾）位于分隔新西兰南北岛的大海峡开口处，也对他发现的"大陆"实际上是两个大岛毫不知情。考虑到自己可能偶然发现了未知南方大陆的某个角落，他把它命名为"斯塔腾兰"（Staten Landt），并认为它可能与1616年由斯考滕和勒梅尔命名的斯塔腾兰相连。然而，这是不可能的，因为斯考滕和勒梅尔发现的是一个远离南美洲末端的岛屿，距离这里有五千多海里。

塔斯曼至少看了一眼这些新西兰的居民，即我们今天所熟知的"毛利人"。根据塔斯曼的形容，这些岛民中等身材，"但声音如骨骼般粗糙"，肤色介于"棕色和黄色"之间，像日本人一样将乌黑的头发扎在头顶上。他们的船是由两艘窄小的独木舟连接而成,"上面铺着木板或其他座位,这样人们可以看到船下的东西。"每艘船大约载着十几个人,他们"非常灵巧地"操纵着自己的小船。

有趣的是,这些双体船听起来很像十七世纪欧洲人在波利尼西亚其他地方观察到的独木舟,不过,一拨欧洲人到达新西兰时,也就是一个多世纪后,这种船艇变得相当少见。十八、十九世纪后期抵达新西兰的探险者在报告中记载的通常是大"瓦卡陶瓦"(waka taua),即巨大的单体战船,长达一百英尺,宽五六英尺,可载七八十人。在波利尼西亚其他地方从没有见过尺寸如此巨大的单体船,原因很简单,波利尼西亚其他地方的树木无法长到这么大。只要有可能,独木舟都是从一根树干上挖凿而成,它们被设计成沿海和内河船只,而且从未被打算用于跨洋旅行。

独木舟设计的这种明显演变是一个有益的提醒:文化不是静止的,其发展变化遵循一定的逻辑。如果毛利人停止制造双体远洋独木舟,一定是因为他们将不再横渡大洋。但塔斯曼的证据表明,直到十七世纪中叶,至少在南岛,新西兰居民仍在使用一种将他们与波利尼西亚其他地区和长途海洋旅行传统联系起来的船只。

塔斯曼仅仅带着一个戏剧性的传说离开新西兰,故事讲述了新西兰岛民的"可憎行径"。他将船只驶往东北方向,这在大约两周后将他带到汤加群岛。他现在正进入太平洋地区,那里的岛屿更为集中,人口密度更大,相邻群岛之间关系复杂。汤加离萨摩亚几百海里,在波利尼西亚三角的西部边缘。它们一起构成了通向波利尼西亚的西部门户;这里有最古老的波利尼西亚语言、最长的定居历史、最深的波利尼西亚根源。

塔斯曼并不是第一个到达这个地区的欧洲人。1616年,荷兰探险家斯考滕和勒梅尔经过汤加群岛的北部边缘时,在一对岛屿停下来,他们在那里交换椰子、猪、香蕉、山药和鱼,并收集词汇。塔斯曼从南方启航,在群岛南端的汤加塔布岛登陆,他在那里遇到的人很友好,渴望与欧洲人贸易。这些岛民被形容为棕色皮肤,长发浓密,个子偏高,而且"从身体中间到大腿都涂成黑色"。他们大批前来,随时准备登船,双方的关系总体良好。塔斯曼很高兴能有机会得到新鲜的食物和淡水补给,但同时小心地让手下的人保持武装,因为正如不久前在新西兰的经历告诉他的那样,很难知道"什么东西能让人反目成仇"。然而汤加人似乎专注于贸易,塔斯曼的大部分叙述都是为了详细描述交易的价码:一只母鸡交换一枚钉子或一条串珠;一头小猪交换一"英寻"(Fathom)粗棉布;十到十二颗椰子交换三到四枚钉子或两枚中钉;两只猪交换一把银柄钢刀加上八到九枚钉子;山药、椰子和树皮布交换一条裤子、一面小镜子和一些珠子。

塔斯曼再一次尝试使用荷兰前辈探险家收集的词汇。他报告说,在表示椰子和母鸡造成混淆时,他还特别询问了水和猪的名称,但岛民似乎并不理解。在阅读塔斯曼的交易记录时,人们渴望能够回到过去，亲眼观察这些交易。他用的是正确的词汇吗？他是怎么发音的？他所使用的手势是不是让问题变得更加复杂？这个传说之所以吸引人，是因为斯考滕和勒梅尔所收集的词汇中，有相当一部分是在几百海里外收集的。对于"猪"一词，他们记录的当地称呼是"Pouacca"，这是波利尼西亚语中表示猪的单词"Puaka"的敬语。对于"水"，上述两位荷兰探险家建议的说法是"Waij"。根据荷兰语的拼写和发音，这就产生了类似英语"vie"的效果，与波利尼西亚几种语言中的"水"一词非常相似。这本该发挥作用的，但事实上没有，一个本来可能建立的交流机会，就这样眼睁睁地错失了。

最后一位早期太平洋探险家终于根据事实作出了正确的推断。1721年，雅各布·罗赫芬和他所率领的海员从荷兰启程，绕过合恩角，沿南美海岸航行。几十年来，人们一直在谈论岛屿或岛链，甚至是东南太平洋某处的大陆海岸。很多人都去寻找一个被称为"戴维斯之地"（Davis's Land）的国家（据说是被十七世纪的一位英国海盗所发现），而罗赫芬决心要找到它。离开南美洲海岸后，他在浩瀚无垠的大海上艰难航行了1700多海里。1722年的复活节，他看到了世界上最孤立的有人居住的岛屿。

复活节岛［或用现代波利尼西亚语来表示："拉帕努伊"（Rapa Nui）］周围方圆300万平方海里空无一物。它的近邻，居然远在其西面1000多海里处,即袖珍岛屿亨德森岛(Henderson),以及面积更小的皮特凯恩岛(Pitcairn);欧洲人到达太平洋时,这两个岛尽管存在史前人类活动的迹象,但没有人居住。复活节岛名义上是一个高岛,但又小又破,风化严重,而且非常干燥;地表没有河流,降雨不确定,周围也没有保护性的珊瑚礁。这里构成了波利尼西亚三角的东南顶点,代表着波利尼西亚文化向东方已知的最远延伸,不仅不宜居住,而且更难找到。

起初,罗赫芬认为这里是"未知南部大陆延伸海岸的预兆",但这批荷兰人注定会大失所望。从远处看仿佛金色沙丘的东西,其实是"枯草"和"其他烧焦的植物"。岛民身上看似五颜六色的精致衣服,经过仔细观察,荷兰人发现那是捣碎的树皮制成的,又用泥土染了色。荷兰人认为岛民耳朵上佩戴的"银盘",其实是用类似防风草的植物所制。罗赫芬写道,他对这个岛上"极度的困苦和贫瘠"感到震惊。并不是说这里寸草不生——岛上的居民似乎有足够的香蕉、甘蔗、芋头和红薯——而是说这里完全没有树木。这在许多方面都是令人费解的,特别是因为还没弄清楚,如果没有任何坚固而沉重的木头用作杠杆、滚轴或滑道,岛上的居民如何能竖立起他们巨大的石刻——复活节岛上被称为"摩艾"(Moai)的著名雕像。

这些整块的雕像,有着长而倾斜的超大头部,上翘的鼻子,撅起的薄嘴唇,在今天几乎和吉萨金字塔一样举世闻名,但也许更难解释。摩艾的平均高度约为十四英尺,重约十二吨,但有些高达二十至三十英尺,而最大的摩艾如果建成,将有七十英尺高,二百七十吨重。它们是由一种被称为火山凝灰岩的石材制成,目前已知的大约九百尊雕像中,有近一半仍躺在雕刻它们的采石场里。其中三分之一被运到岛上的各个地方,在那里它们被竖立在石头平台上,顶上戴着石帽,其余的散落在岛上,似乎在途中就被遗弃了。

罗赫芬可能是第一个,但绝不是最后一个怀疑这些雕像是如何竖立起来的人。事实上,复活节岛"摩艾"雕像的神秘之处——究竟有何意义,为什么被雕刻,生产为什么突然停止(采石场里有半成品摩艾仍然依附在岩石上),但其中最为特别的,莫过于这些巨大的石像是如何被安装到位的——引起了各种各样的猜测。人们试图只用当地可用的材料来展示这些雕像是如何被移动的:左右摇晃雕像使其向前移动;用香蕉树干当滚轮使其滑动;用安装在木制框架下的爬犁拖拽等。正如罗赫芬在1722年指出的那样,主要问题是缺乏移动一块重量为十吨、二十吨或三十吨的石头所需的一切:轮子、金属、牵引动物、绳索,但最明显的是木材。

尽管罗赫芬发现岛上基本没有树木,但后人对沉积物岩芯中发现的花粉进行现代研究以及对棕榈坚果化石、根霉菌和木炭碎片的考古发现表明,复活节岛曾经是各种树木物种的家园。目前已经确认了大约二十二种已经消失的物种,包括海洋红木、马来苹果和类似于智利酒棕榈的树种,后者在南美大陆能长到六十五英尺高。这些树中的一部分能够结出可食用的果实,另一些则可用于生火。据知至少有两种树适合造独木舟，还有一些树的树皮在波利尼西亚其他地方被用来制造绳子。总之，它们曾经构成了人类生存的整个树栖基础，更不用说现在灭绝的许多鸟类的栖息地。

在这些树木身上究竟发生了什么还不得而知，人们对这场被称为"太平洋地区森林破坏最极端的例子，也是世界上最极端的例子之一"的树种灭绝的原因展开了激烈的辩论。其中一个论点指出，该岛的生态极其脆弱，尤其对于人类活动引起的环境变化更为敏感。复活节岛上的沉积物岩心显示，在公元1200年前后，侵蚀和木炭颗粒急剧增加。这通常被认为是太平洋地区人类活动的一个代表，在那里刀耕火种的农业模式被广泛采用，并被用来支持这一推论：复活节岛的生态崩溃始于第一批波利尼西亚定居者的到来。

根据这一观点，最初的殖民者一到这里就开始砍伐树木，以开垦土地，营建花园和种植园。在另一个更潮湿、更温暖、更年轻、更庞大或更靠近其他大陆的岛屿上，这些活动可能会改变该岛的生态，但同时不会将其破坏殆尽。但复活节岛的环境较为独特，极其不稳定。生长缓慢的树木没有很快被取代，而树冠的丧失使本来就贫瘠的土壤暴露在"高温、干燥、风雨"的侵蚀之下，这反过来又导致了水土流失，以及岛上土地肥力普遍下降。环境退化的每一步都会导致下一步，一旦破坏达到一定程度，就将万劫不复。另一些解释则部分回应了复活节岛上一些焚林而田和鼠目寸光的人砍倒最后一棵棕榈树那令人不安的画面。这种观点认为,岛上的森林砍伐不是由岛民自己造成的,而是由他们的共生体,特别是波利尼西亚老鼠造成的。正是这种攀爬能力强、繁殖速度快、缺乏捕食者的老鼠,以其对坚果、种子和树皮的嗜好,给复活节岛的原始森林带来了灭顶之灾。

但是不管发生了什么,树木的损失一定是灾难性地影响到了岛上居民生活的方方面面:没有树荫,没有坚果,没有树皮可以用来制成布料或绳索,没有木材可以建造房子或用作燃料。最令人不安的是,如果没有木材,复活节岛的居民将无法制造独木舟,尤其是他们想要离开时所需要的大型远洋独木舟。对于一个没有近邻的偏僻岛屿来说,这是一个潜在的毁灭性现实。如果说砍伐森林的后果之一是终结了纪念性雕塑的时代,那么更令人痛心的是,这也意味着与世界其他地区的隔绝。

罗赫芬和他的部下在复活节岛稍加停留后,再次向西北方向航行,五月份,他们在土阿莫土群岛北部游荡。当名为"非洲军团号"(Afrikaansche Galei)的帆船在塔卡波托(Takapoto)环礁搁浅时,他们强烈意识到了这个群岛的危险性。在一则历史轶闻中,斯考滕和勒梅尔曾将这个岛屿命名为"无底"。事实证明,这座岛屿并不是那么深不见底。继续航行,罗赫芬抵达隆起的珊瑚岛——马卡泰阿岛(Makatea)——在那里他发现了"在各方面都与帕斯兰特(荷兰语对于复活节岛的一种说法)的居民相似"的岛民。然后,他来到了波利尼西亚三角西边的萨摩亚;在那里,他再次观察到岛上的居民在"身体强壮,上下文身方面跟帕斯兰特人极其相似"。

因此,到了1722年,欧洲和遥远的太平洋地区民族之间终于积累了足够的历史,有人开始重新进行全面反思。欧洲人仍然沉迷于未知的南方大陆,但他们终于想到了另一个问题。"为了总结我们发现的有人定居的所有岛屿,"罗赫芬写道,"只剩下一个推测性的问题,在我看来,这个问题必须被放在那些超出理解范围的问题之中,因此必须被提出,但无法给予回答。"这个问题,几乎完全被罗赫芬那折磨人的语法表述所掩盖——也许表明他甚至连想一想都觉得困难——本质上就是:这些人都是谁,他们是怎么来到这里的?

罗赫芬似乎是第一个注意到一组波利尼西亚人与另一组波利尼西亚人相似之处的欧洲人,但他最感兴趣之处在于,他们是如何到达这些岛屿的。他认为,关键是与世隔绝和相互疏离。他从一次艰苦的经历中明白了这一点——他从一月中旬开始绕合恩角环行,直到次年九月,他才到达太平洋的另一边。罗赫芬知道航海的奥秘最近才被揭开,因而他认为在西班牙人和葡萄牙人之前,没有人能航行这么远的距离。他认为,提出其他建议,"像是嘲弄,而不是严肃的想法"。这只留下了两种可能性。首先,遥远的太平洋上的岛民是被西班牙人带到那里的,他们作为殖民者留在了那里,尽管很难想象为什么西班牙人会在没有明显收获的情况下,在这些遥远的地区建立"印第安人殖民地"。后来,西班牙人也一直声称,在自己抵达时,岛上居民已经在那里了。所以,只剩下另外一种解释途径,那便是居住在这些新近被发现的岛屿上的"印第安人"(即我们今天所谓的波利尼西亚人),从一开始就居住在那里,他们是被上帝安排到那里的——这是罗赫芬的见解。

  可以肯定,认为波利尼西亚人是土生土长的,也就是说,他们第一次出现,便是在他们居住的岛屿上,这种说法在1722年几乎和在今天一样荒谬。但这确实说明了欧洲人对波利尼西亚人的起源问题极其困惑。事实上,当时还不完全清楚这是一个多么令人费解的问题,因为大片的波利尼西亚区域还没有被发现。尽管欧洲探险家已经在海洋中穿梭了两个多世纪,但长期的政治竞争意味着对该地区的了解仍然基本上是零碎的,西班牙人知道一些,荷兰人知道其他的,没有人对分享信息感兴趣,并且每个人都痴迷于探寻未知的南方大陆。然而,这一切即将改变。

# 第二部分

# 串珠成链

# （1764—1778）

和库克船长一道深入波利尼西亚腹地，邂逅身为塔希提祭司，同时深谙当地水文航道的图帕伊亚，并跟随两位驶向新西兰。

正是在这里，图帕伊亚有了不得了的重大发现。

# 塔希提岛

## 波利尼西亚之心

"塔希提岛瓦特皮哈湾一瞥",威廉·霍奇斯1776年绘制。现藏于英国国家海事博物馆。

从1595年门达尼亚的远航算起,到十八世纪中期,欧洲探险队与波利尼西亚世界存在重大意义的交流互动,只不过区区五次。但从1764年开始,此类"访问"的数量和强度急剧增加,来自英国、法国、西班牙和俄国的船只密集而迅速,以至于往往在太平洋上同时就有两三支探险队,而他们与波利尼西亚人的接触时间,不是几天,而是几周或几个月。

原因是多方面的。一个重要因素在于,1763年,"七年战争"(Seven Years' War)宣告结束。这是一场涉及所有欧洲大国和几个殖民地的混乱的国际冲突,英国凭借世界上最强大的海军力量,跃升为霸主。英国王室不再忙于与敌人作战,而是迅速着手保护新的领土和新的航线。1764年,英国方面派遣准将约翰·拜伦(John Byron)首次执行一系列太平洋远征的任务。拜伦乘坐英国"海豚号"战舰远航,当他于1766年返回后,"海豚号"立即在塞缪尔·沃利斯船长的指挥下再次拔锚。1768年,沃利斯刚刚返回英国,第三次远征便启程在即。前两次航行的目的在很大程度上是战略性的:拜伦是为了争夺福克兰群岛的主权,考察新阿尔比恩(加利福尼亚)的海岸,并寻找西北航道;沃利斯是为了寻找新西兰和合恩角之间的一块大陆。而第三次航行的目标显然是科学性的:把一队科学家带到一个他们能够观测到被称为"金星凌日"(Transit of Venus)[①]的天体现象的最佳地点。

金星凌日发生在金星经过地球和太阳之间的某些时候。十八世纪的天文学家对此很感兴趣,因为对这一天文现象持续时间的精确测量可以用来计算太阳系的大小,从而为那个时代最热门的天文问题之一寻求答案。不幸的是,金星凌日很少发生:八年内两次,然后一个世纪或更长时间内便不会再次发生。自从1639年第一次被观察到(1631年无人问津),十七世纪没有再发生过。十八世纪晚期的天文学家们知道金星会在1761年和1769年两次凌日,之后他们便再无机会对其加以观测,因为下一次这种天相的出现,要等到1874年。国际社会为记录1761年的金星凌日付出了巨大努力,但产生的结果令人失望。在1769年之前的几年时间里,包括英国皇家学会在内的国际科学界成员发起了一场声势浩大的游说运动,以确保自己不会丧失有生之年的最后一次机会。

在所有这一切努力中,一个重要的考虑因素是在地球上什么地方可以看到凌日,因为只有在凌日现象出现时是白昼的地方,才能

---

① "金星凌日",是指由于金星轨道在地球轨道内侧,所以某些特殊时刻,地球、金星、太阳会在一条直线上,这时从地球上可以看到金星就像一个小黑点一样在太阳表面缓慢移动。

看见这一现象的全部过程。1761年,这片区域包括欧亚大陆的大部分地区,但在1769年,理想观测地点是太平洋中部,非常不方便。当时,观测锥形区内合适的已知岛屿,只有东端的马克萨斯群岛和西面的汤加群岛。前者最近一次被发现是在1595年,并且没有留下可靠的海图标记,而阿贝尔·塔斯曼最后一次造访汤加群岛是在1642年。据大家所知,在这些岛屿之间,只有低矮的珊瑚环礁和可怕的暗礁,无法提供安全的港湾,也没有可靠的食物和水源。即便如此,皇家学会依然下定决心,各项计划按部就班,万事俱备,只差目的地的最终敲定。

被选中领导这次远征的船长,当时还鲜为人知,但他有着平凡却扎实的海军履历,而且以在勘测工作方面极为出色而闻名。四十岁的詹姆斯·库克并不年轻,出身亦不显赫。他身材伟岸,辨识度高,聪明规矩,工作努力。尽管主要依靠自学成才,但他仍以数学天分而闻名,并凭借在天文观测方面的工作(其中就包括他在纽芬兰海岸对日食的观测)而备受赞赏。他被选中担任船长的航程对于皇家海军的远征来说也非比寻常。只有一艘船(还是一艘小船),但要走一段很长的距离,穿越一片大部分是未知区域的辽阔海洋。此行有可能获得荣耀,但也承担着巨大的风险。

指挥官确定后,挑选了一艘合适的船只,重新命名为皇家海军"奋进号"(H. M. S. Endeavour),并任命了一批水手、科学家和临时雇工。这些人中就包括个性活泼、善于观察的年轻绅士约瑟夫·班克斯（Joseph Banks）——他的传记作者亲切地称他是"一位被宠爱的幸运儿"——他是一名自费乘客，随行人员包括两名画家、一名秘书、四名仆人和一对狗。但距离"奋进号"出发只剩两个半月的时间，探险队仍然没有明确的目的地。然而，就在此时，饱经波涛洗礼的"海豚号"回港，带来了一个意外的发现。

"海豚号"战舰此前被派往太平洋，在沃利斯船长的指挥下探索这片大洋的南部边界。沃利斯下令，从合恩角出发向西航行100到120度经度（需要航行约四五千海里），如果能保持这条航线，将一路到达新西兰。考虑到盛行风的强度和方向，这显然是不可能的。沃利斯从麦哲伦海峡进入太平洋，在试图向西航行的时候被吹到了北方，映入眼帘的是土阿莫土群岛。这并没有什么好奇怪的——在土阿莫土群岛登陆是意料之中的事。但是，沃利斯的路径与岛链的交点，在其前辈航行的路线南面，这使他踏上了十八世纪最重要的登陆点之一："塔希提岛，一个著名的名字，波利尼西亚的心脏。"

塔希提是一组被统称为社会群岛的高岛中面积最大的一个。这组岛屿位于波利尼西亚三角的正中心，由两个部分组成：迎风岛群，包括塔希提岛和莫雷阿岛（Moʻorea），以及背风岛群，包括赖阿特阿岛和波拉波拉岛（Bora Bora）。虽然实际面积并不算大，但对于这片海域的岛屿来说，已经相当广阔；塔希提岛本身虽然不到四十海里长，但在任何方向上，都是一千海里以内面积最大的陆地。

在现代人看来,社会群岛也许是早期太平洋地图上最引人注目的遗珠——人们很难相信还没有人发现这些岛屿。事实上,麦哲伦、门达尼亚、基罗斯、斯考滕和勒梅尔以及拜伦都从它们身边驶过,有时相距不到一百海里。罗赫芬甚至看到了波拉波拉的山峰,但以为那是别人发现的一个岛屿,便不为所动,继续航行。这简直莫名其妙。

从欧洲人的角度来看,塔希提岛的发现是一个戏剧性的意外事件。沃利斯找到的这个岛屿不仅在观测1769年金星凌日的锥形区中心,而且它也是航海者梦想中的岛屿。塔希提岛像马克萨斯群岛一样多山,但是,由于具有宜居的海岸线、裙礁和宛如水晶般的狭长蓝色潟湖,塔希提岛的地形相当适合居住。它位于夏威夷正南约两千五百海里处,气象条件也很理想:不太热,不太干,不太潮,不太容易受到飓风或台风的影响。对现代游客来说,这种气候相当令人愉快;对十八世纪的航海者来说,这里简直是人间天堂。

当然,如此完美的岛屿,必然有人居住,事实也的确如此。当"海豚号"的船员第一次看到塔希提岛时,感觉这是一座云雾覆盖的巨大山峦,从海上升起。这时,"海豚号"距离这里还很远,随着傍晚的来临,沃利斯决定推迟到第二天早晨再行登岛。天亮时,"海豚号"向岛的方向驶去。距离岸边六七海里时,岛突然被云雾吞没。"海豚号"的枪炮长①乔治·罗伯逊(George Robertson)写道:"这让

---

① "枪炮长"(Master),英美海军旧制军衔,按照"船长"(Captain)指示驾驶船舶并在与敌人交战时负责指挥作战的中阶军官,职位低于"大副"(Lieutenant)。

我们很不安",因为现在已经离岸很近了,可以听到"巨浪击打在礁石上发出的巨大噪音"。然而,跟他们接下来受到的惊吓相比,这并不算什么——雾气突然消散,"海豚号"与陆地之间活跃着一排排致命的涌浪,涌浪和船舰之间还有八百多名划着独木舟的土著勇士。

对于跟欧洲探险者接触前的太平洋诸岛人口的估计,差异很大,但在"海豚号"到达塔希提岛时,这里可能生活着六七万居民,整个群岛的人口可能有三十万人。所以,这里当然有数以千计的士兵以及数以百计的独木舟——罗伯逊后来描述,自己所在的"海豚号"被五百多艘独木舟包围,这些独木舟"保守估算"载有四千人。在人口如此稠密的岛屿上登陆,危险显而易见,有些人的看法是正确的,因为事实证明,"无风不起浪"。与此同时,许多船员因坏血病而虚弱不堪,继续航行已不可想象,尤其是当热带植物的诱人香味在夜间飘到船上时。

塔希提人划着独木舟绕过沃利斯的船,举起芭蕉树枝,念念有词,然后把枝条扔进了海里。英国航海者们拿出小饰物,做了友好的手势,试图引诱岛民登上他们的船。塔希提人似乎很高兴,用一种在罗伯逊听来像火地岛巴塔哥尼亚语的语言讲了很多话(这与火地岛没有任何关系)。越来越多的独木舟继续驶来。终于,一个"精力充沛的年轻人"爬上后桅的铁链,顺着支索跳上遮阳篷。他站在那里,笑着俯视后甲板。很快,越来越多的塔希提人爬上了船,环顾四周,尽可能地抢夺。一段时间后,又回到了似曾相识的传说桥段,塔希提人开始变得"有点暴躁",英国人则紧张起来。接下来,"海豚号"一座九磅重的火炮开火。听到巨响,塔希提人纷纷跳下船,游向他们的独木舟。沃利斯命令手下起航,岛民们则回到了岸上。

然而,沃利斯并没有离开塔希提岛;他只是绕岛环行,以寻找一个安全的着陆地点。在此期间,双方进行了一系列战术周旋。某个时刻,塔希提人会造访这艘船,带来大量的猪、鸡、椰子、面包果和香蕉;下一刻,他们又会大喊大叫,试图偷走船锚,或者伏击"海豚号"放下的小船。这一切的意义对于欧洲人来说十分模糊,他们时而试图与塔希提人交朋友,时而积极地抵御他们认为的袭击。

与此同时,塔希提人也在试图弄清楚到底发生了什么。据大约三十年后居住在塔希提岛的牧师詹姆斯·科弗(James Cover)与目睹此次事件的岛民后代交谈,塔希提人对自己第一次看到的欧洲船只感到惊讶,"有岛民认为这是一个浮岛",这一想法在波利尼西亚神话中有一定的基础。经过仔细观察,他们意识到,事实上,这是一艘船只,尽管这与他们曾经见过的船都不一样——虽然"海豚号"与最大的塔希提战船几乎一样长,但显然本地船只的宽度和高度与英国人的船只无法相提并论,更不具备巨大桅杆和精心设计的复杂索具和船帆。

正如许多历史学家所指出的那样,关于塔希提人是如何理解这些事件的,"以任何客观的论述标准衡量,都无非是有根据的猜测",因为没有当代的资料能够捕捉到他们的观点。似乎至少在一开始,他们认为"海豚号"是来自祖先的领地——神话中的夏威夷或太保(Te Pō,即祖先神灵居住的天国)。有人认为,就像库克在凯阿拉凯夸湾的遭遇一样,塔希提人可能把这些陌生来客与战神"奥罗"('Oro)的化身联系在一起。因为无论是英国舰船船舷上的显眼红色,或者航海者制服上的红色,还是英军为象征他们对该岛的占有而插上的旗帜上的红色,都与这位战神相关,而闪电和雷电(大炮和炮火)则是他可怕力量的标志。许多女性岛民表演了"肆意的把戏",她们站在岩石上,在独木舟的船头露出自己的生殖器。英国人把这些动作解释为"色情诱惑",但根据人类学家安妮·萨蒙德(Anne Salmond)的说法,这实际上是一种仪式行为,向所谓的太保"打开了道路",先灵借此输送神力以"对抗陌生人"。

当"海豚号"终于停止逡巡,在马塔维湾(Matavai Bay)抛锚时,最初几天发生的零星小规模冲突达到高潮。据船上的英国人说,早晨的时候一切还很平常。岛民划独木舟来到船边,用猪、鸡和水果与英国人交换钉子和"玩意儿",一切都很公平。成千上万的观众聚集在岸边,海湾里挤满了数百艘独木舟。其中许多人的身前都有一个女孩,"把我们所有的人都吸引到炮井上看他们"。尽管有些水手因看到独木舟底部装有大量石头而担心,但大多数航海者不相信岛上居民"有任何对我们不利的意图",尤其是"所有的男人看起来都像姑娘们一样热情愉快"。

接着,一艘显然载着重要人物的双排独木舟离开了海岸,与此同时,塔希提岛的人群陷入了沉默。这位大人物披着一件红色的斗篷,把一根裹着白布的棍子往空中扔去。突然,塔希提人开始向"海豚号"投掷大量岩石。几秒钟后,"我们的甲板上就堆满了大大小小的石头,几个人被击中,不幸挂彩"。英国人没来得及立刻作出反应,但当塔希提人"再次发出呐喊,石块如冰雹般袭来"时,"水手们开始聚精会神,点火放炮"。如此一来便产生了戏剧性的效果。爆炸的声音、闪光的火焰,以及弹丸击中独木舟时所发出的震耳欲聋的声响,让塔希提人感到"恐惧和惊讶",他们开始恸哭不止。科弗牧师这样告诉我们,"岛民发出呼喊,伊图阿哈雷米(Eatooa harremye,意为神来了)!伊图阿哈雷米!并且如他们所想象的那样,展现出雷电交加的神力"。

战斗激烈但短暂。英国人向独木舟发射了"葡萄弹"(Grape-shot)[①],打中了独木舟,甚至还击中了那些显然自认为撤退到了安全距离的岛民。炮手们特别瞄准了那艘大型的领头独木舟,击中该船中部,将其切成两半。瞬间,塔希提舰队开始溃散,沃利斯写道,不到半小时,海湾里连一艘独木舟都看不到了。

---

① "葡萄弹",由许多小圆球(通常为铁丸)组成的炮弹,欧洲于十八、十九世纪使用的杀伤武器,因为组合铁球的构造与葡萄相似而得名,主要供当时海军使用。在海战中,葡萄弹类似于许多小炮弹,用于撕裂敌船的帆,或是对甲板上的人员造成大面积杀伤。

尽管马塔维湾的战斗反映了欧洲人在波利尼西亚许多地方[其中包括新西兰、鲁鲁土岛(Rurutu)和夏威夷]的接触经历,但最终回到欧洲的传说无关乎袭击、伏击和投石块的勇士组成的独木舟船队,而是一个我们直到今日都耳熟能详的美丽又迷人的故事,一个关于波利尼西亚女孩的传说。

在对"海豚号"的攻击失败后,塔希提人不再试图挑起冲突,而是与英国人接触并加以安抚。沃利斯本人和当地一位名叫普雷亚(Purea)的有权势的女酋长建立了感情,这位酋长有着自己的政治盘算,而且似乎对拉拢这种新的庞大势力很感兴趣。其他船员从害怕塔希提人到公开与他们交往。沃利斯到达塔希提岛后,建立了一个官方的食品市场,以不同尺寸的钉子为货币。但是,一旦他手下的水手们开始从坏血病中恢复过来,更想要的显然不是水果和蔬菜,而是性。等到他们在塔希提岛靠泊的第二个星期结束时,黑市出现了。水手们选择的货币是钉子,通货膨胀很快爆发,不到几周时间,整件事就已失控。"海豚号"上的每一根金属桩都被拔了出来,三分之二的人睡在甲板上(水手们把用来挂吊床的钉子也拿去换了春宵),木匠无奈地对任何愿意听自己话的人抱怨,他担心这条船的完整性。

如果沃利斯是唯一那个带着塔希提传说回来的欧洲人,传说可能会有些许差别——变成一个光明与黑暗、友好与侵略、爱情与战争的故事。但波利尼西亚与世隔绝的时代已经结束。沃利斯出现后仅仅八个月,第二批船只抵达,这次的起锚地是法国。船队由路易斯·安东尼·布干维尔(Louis-Antoine de Bougainville)指挥,他的名字在美丽的"簕杜鹃"(Bougainvillea)身上延续,流芳百世。虽然这些法国人在塔希提岛只待了九天,但仍足以给人留下生动的印象。塔希提人已经学会了与欧洲人相处的方式,甚至没有试图对法国船只发起攻击,而是迅速行动,与陌生人接触。至于法国人的感受,主要便是岛民热情好客。

塔希提岛的一切都让优雅博学的布干维尔着迷:"温和的气候,美丽的风景,河流和瀑布浇灌的肥沃土壤。""我想,"他写道,"我被带进了伊甸园。"他用无与伦比一词来形容这片风景——"大自然处在一种美丽的无序之中,这是艺术无法模仿的"——并将岛民们称为大自然的孩子。他写道,岛民"似乎生活在一种令人羡慕的幸福之中",而在这些地方发生海难,对法国人来说,最坏的后果就是"在一个装饰着大自然所有恩赐的小岛上度过余生,用祖国的甜食换取平静安宁的生活"。布干维尔为见多识广的巴黎读者写作,把塔希提岛的波利尼西亚居民塑造成无辜的感官主义者。沃利斯代表英国人占领了塔希提岛,尽职尽责地(稍微缺乏些想象力)将之命名为乔治三世国王的岛屿。在被称为塔希提岛海市蜃楼的第一道亮光中,布干维尔取材自女神阿弗洛狄忒从海上升起之处的地名,将这里重新命名为"新塞瑟岛"(New Cythera)。

## 博学之士
## 库克结识图帕伊亚

"塔希提战舰回顾"(Review of the war galleys at Tahiti),
威廉·霍奇斯1776年绘制。现藏于英国国家海事博物馆。

1768年5月,沃利斯回到了英国,而库克于同年8月启航前往塔希提岛。次年1月底,他身处位于合恩角太平洋一侧的火地岛海岸。从那时起,直到3月底,当第一个明确的陆地迹象开始出现前,"奋进号"一直在太平洋上航行。每一天的航程从二十五海里到一百四十海里不等,一直大致沿着西北方向前进,尽管有时强风会迫使其转往西南方向。库克记录了旅行的距离和方向、风速和风力强度,以及"奋进号"所在位置的经纬度。随着从一月进入二月,二月让位给三月,没有其他什么情况可供报告。一海里又一海里的海洋悄然而过;一片又一片云彩飘来,又被风吹走;海水涨起,猛地变成泡沫,复归平静。这里有大洋中的海豚、海狸以及天空中的飞鸟。当"奋进号"稳步地向北推进时,红尾和白尾的热带鸟类取代了代表高纬度的海鸥和海燕,"奋进号"也逐渐融入海天一色之中。

船舱里,库克正在计划前进的航线,他已经意识到海洋素以善于欺骗著称。其他从此经过的人曾经写道,积云像高地一样在远处隐约可见。他查阅的地图之一——亚历山大·达尔林普（Alexander Dalrymple）绘制的"南太平洋海图，汇集了1764年以前在那里取得的所有发现"（Chart of the South Pacifick Ocean, Pointing Out the Discoveries Made Therein Previous to 1764）——显示在这片海域上存在许多"大陆的迹象"。这张载有对历史的文字记录的海图，是为了支持达尔林普对未知大陆笃定存在的狂热信念而制作的，并在"奋进号"离开英国前夕被塞进约瑟夫·班克斯的手中。海图详细描述了前两个世纪所有已知的登陆事件，以及所有未经证实的谣言，但库克一个都没有遇到。他的船头始终指向塔希提，在太平洋东南部的空旷海域稳步前进，沿西北方向行驶了四千多海里。

"奋进号"上的航海者们翘首以盼，因为每天都在向耳熟能详的那座岛屿靠拢。班克斯的报告记载，在南纬三十九度，天气开始感觉"像英国的春天一样温和舒适"。第二天，这艘船就被虎鲸包围了。3月1日，班克斯写道，他"脱掉汗衫"，开始了全新的一个月。次日，他"开始希望现在十分接近太平洋的平静海域，因为这样就可以不必再害怕任何狂风"。然而，他们很快发现了一种新的麻烦：天气变得又热又潮，所有物件都开始发霉。几天之后，风力越来越大，他们以为赶上了信风。不过，前面还有更糟糕的天气等待着他们：狂风暴雨、湿热空气和连续数日令人沮丧的微风。

在三月底，库克报告发现了一些蛋鸟，即一种只会在陆地附近看到的燕鸥，还有一些从不会在海上休息的军舰鸟。"我们今天看到的鸟,晚上都往西北方向飞去。"枪炮长的助手报告。几天后,一根木头从船边漂过。第二天,有人发现了一块海藻,这都是经过五十八天的深海航行后值得注意的事件。就在这时,一个令人不安的事件发生了:一个名叫威廉·格林斯雷德(William Greenslade)的年轻水兵投海。班克斯说,他在执勤时犯下轻微的盗窃案,受到同伴的驱逐,此人道德败坏,在被要求作出解释后,反而跳入了大海。可怜的格林斯雷德自戕九天后,第一个太平洋岛屿进入了他们的视野。

这是一个大约四海里长的环礁,由一个椭圆形的潟湖、若干小岛,以及长长的荒芜海滩和礁石组成。环礁的一头布满树丛,中间有一对高大的椰子树,叶子随风向东飘扬,这让库克联想起了旗帜。这里住着许多人,他们"沿着岸边行进,直至与我们的船并排,他们手里拿着长棍,意思好像是反对我们登陆"。库克下令抛锚,但水深不见底,没有锚地,只好命令船只继续航行。他把这里,即他遇到的第一个太平洋环礁,命名为"潟湖岛"(Lagoon Island)——事实证明,很多环礁都有潟湖。历史学家得出结论,库克这次遇到的是瓦希塔希环礁(Vahitahi),一个位于土阿莫土群岛东南端的岛屿。

接下来的几天,库克在岛礁间穿行,发现了土阿莫土群岛的另外一些组成部分。他根据形状对之加以命名:弓岛、链岛、两组岛等。其中有些岛礁上有人居住,有几次库克故意放慢了船速,等着看岛上的人是否会乘独木舟前来接触,但什么都没有发生。从远处,他欣赏着棕榈树和被环礁包围的水体,习惯性地把它们称为"湖泊"和"池塘"——这些用语极具英国风格。但是,没有地方可供停船,他对停下来也并不是特别感兴趣,因为现在离目的地越来越近了。然后,在4月11日的早晨,他们的视野中,塔希提岛从海平面升起,黑暗而崎岖,与他们身后平坦明亮的珊瑚环礁截然不同。

库克很快就在沃利斯曾经进驻的同一个海湾里下锚,在他命名为"维纳斯角"(Point Venus)的地方安营扎寨。之所以这样命名,不是因为此地曾激发布干维尔的灵感,而是为了纪念他们前来观察的事件。然而,没有人会错过这个双关语;甚至在船抛锚之前,库克就实施了一项禁止"赠送任何铁制物品,以交换除给养之外的任何物品"的命令。塔希提人没有表现出侵略的迹象,而是接待了库克和他的军官,带领他们在树林中愉快地漫步。班克斯写道,树荫浓密,"可可树和面包果树果实累累,香气扑鼻"。房子散落各处,风景如画。他写道,"这幅画面,是人类可以想象出来的最为真实的'阿卡迪亚'(Arcadia)的景象"。

然而,有些事情却显得不太对劲。"奋进号"上有四个人曾和沃利斯一起到过塔希提岛,他们很清楚在这几年里发生了什么事。原来在海湾两旁的几座大房子和独木舟棚都不见了,他们原本期待见到的许多人也不见踪影。其中之一就是普雷亚,这位酋长的运势在1767年时还如日中天。后来她被一个对手打败,被迫逃到岛上的另一个地方。不过,当"奋进号"到达的消息传开后,她在谋臣图帕伊亚的陪同下出现了。

在这个传说中，最有趣的人物之一终于登上了舞台。在不同版本的记录中，图帕伊亚被描述为普雷亚的得力助手、首席祭司和忠实情人。他个子高挑，令人印象深刻，大约四十岁，有着头人阶级特有的文身和做派。他隶属于由祭司和表演者组成的精英阶层，被称为"阿里奥"（'arioi），堪称政治、演讲和航海艺术方面的专家。班克斯认为他是"最佳人选，出身高贵"，"精通本地宗教的法门"。库克钦佩他，但倾向于认为他为人骄傲。曾陪同库克完成其第二次远航的乔治·福斯特（Georg Forster）虽然对图帕伊亚只有间接了解，但仍形容其是"一个非凡的天才"。大约七十年后，传教士理查德·汤姆森写了一篇文章，指出图帕伊亚"作为岛上最聪明的人之一，为岛民所尊敬"。

尽管他通常被称为"祭司"，但正如班克斯所言，更恰当的表述应该是"博学之士"。塔希提语中对应的概念是"塔胡阿"（tahu'a），而毛利语中的相应名词是"通灵者"（tohunga），夏威夷语中则为"卡胡那"（kahuna），其核心意思类似于"技艺纯熟者"，即大师、专家或权威。这个概念可以被狭隘地与某种特定的工艺或专业相联系，比如独木舟建造或演讲，但当用在一般意义上时，它意味着不同类型知识的卓越组合。像图帕伊亚这样的人，可能不仅要负责维护他所依附的统治家族的历史和谱系，包括他们的神圣仪式和习俗，而且要负责传承整个民族的深奥知识——"不同的神的名字和等级,宇宙及其所有部分的起源",以及"医疗实践、航海和天文学的知识"。他涉猎的领域(如果可以这样说的话),包括宇宙学、政治学、历史学、医学、地理学、天文学、气象学和航海学。所有这些,在一个自然与超自然之间没有明显区分的世界里,与宗教有着千丝万缕的纠葛。但图帕伊亚并非只是一个信息仓库;他显然具有深邃而好奇的头脑。人类学家尼古拉斯·托马斯(Nicholas Thomas)将他描述为一个"具有实验倾向的本土知识分子"——这个短语似乎捕捉到了这个人和他所处时代的一些特征。

与其他欧洲探险家相比,沃利斯在塔希提岛的五周逗留时间已经算得上漫长,但库克的旅居则完全不同。"奋进号"在社会群岛停留了整整四个月,四月份抵达,正好等待观测六月份金星凌日,直到八月初才离开。这意味着有足够的时间让欧洲游客了解塔希提的风土人情,而班克斯由于没有官方职责,更是可以随便探索。最后,他根据自己观察到的情况以及从图帕伊亚和其他人那里听闻的消息,汇编了一份关于塔希提风俗习惯的重要报告。与许多民族志一样,这份报告在很大程度上倾向于介绍可以实际观察到的内容:如何制作渔网和面包果糊、房屋的分布、文身的程序、各类工具、武器和乐器、各种建筑的规模等。

班克斯的许多观察结果都因其新颖独到而引人入胜,比如他声称"南海狗在味道和肉质的软嫩度方面非常接近英国羔羊";塔希提人一天洗三次澡；男人和女人都把"腋下的每一根体毛"拔下来，并将其视为"身体不干净的一大标志"，而英国人没有这种癖好。他表示，虽然塔希提人的手势和谈话经常猥琐下流——对年轻女孩来说，最受欢迎的娱乐活动之一是模仿交配的舞蹈——但他们遵守着最严格的食物禁忌，当被告知英国男人和女人一起吃东西并分享同一份食物时，他们看起来"非常厌恶"。班克斯也记录了一些有价值的技术观察，包括对不同类型独木舟的大小、形状和适航性的评论。

班克斯描述了普通的独木舟："瓦阿"（va'a，一种带有舷外托架的单体独木舟，主要用于捕鱼和短途旅行），以及一种更大独木舟："帕西"（Pahi，带有 V 形外壳、一个大平台和一根或两根桅杆的双体船，用于战斗和长途航行）。班克斯写道，帕西的长度从三十英尺到六十英尺不等，但据说中型的帕西适航性最好，而且在暴风雨天气中最不容易发生事故。"在这些岛屿上，"他补充道，"我们可以相信当地居民能够进行超长距离航行的说辞。他们经常在外面一待就是好几个月，在那期间，他们走访了许多不同的岛屿。他们还向我们重复了近百个岛屿的名字。"

这些信息大部分来自图帕伊亚，他向库克和"奋进号"的枪炮长罗伯特·莫利纽克斯（Robert Molyneux）提供了岛屿的名录，以及相关情报，即这些岛屿是高还是低，是否有人居住（如果有，是谁居住），有没有珊瑚礁或港口，以及从塔希提岛出发的航行天数。作为塔希提地理知识的证据，这些清单是无与伦比的——没有其他欧洲人在此前两百多年里获得过任何类似的东西——但这些信息也的确存在一定的复杂性。

首先，缺乏一个权威的版本：库克的清单包含七十二个岛屿名称，莫利纽克斯的清单则有五十五个，两者有三十九个名称重合。库克报告说，图帕伊亚有一次给他提供了一份包含近一百三十个名称的清单，他还从其他来源收集了大约七十多个岛屿名称，但所有这些版本的描述，在岛屿数目和名称上都有所不同。

其次，还存在转录的问题。库克和莫利纽克斯是按照读音来拼写相关名称的，但英语是一种糟糕的语言，在这种语言中，ough 这一种字母组合，可以发的音就包括 uff、oh、ow、oo 等。库克和莫利纽克斯的努力所产生的结果是一份词汇表，乍一看相当神秘。例如，"费努·阿乌拉"（Fenua Ura）这个名字，英文拼写居然是 Whennuada；提克豪环礁（Tikehau）被拼写为 Teeohoow；伦吉拉环礁（Rangiroa）被拼写为 Oryroa。英国人也经常犯在专有名词开头附加语法前缀"O"的错误。因此，"奥·塔希提"（O Tahiti），原本的意思是"塔希提"或"这是塔希提"，但听起来却像是"奥塔希提"（Otaheite），即库克拼写的该岛名称。

最后，是塔希提语缺少可听见的辅音。像"考库拉"（Kaukura）这样的名字在一些方言中可能会发音成"奥乌拉（Au'ura），其中 K 被声门塞音代替，然后在十八世纪被一个英国人写为"Ooura"。而其在库克的岛屿清单上居然被拼写为"Ooouow"。

清单上的一些岛屿,甚至可能不是指代具体的位置,其在地图上没有对应物,即它们或许是"非地理"或"幽灵"岛屿、神话中的所在或仅仅是取自祖先神祇传说的名字。有些名称以前缀开头,意思是"边界"或"地平线",其他名称则包含意思为"向内倾斜"或"倾斜"的术语,表明这些可能是概念或想法,而不是实际位置。还有一些岛屿可能属于更早的时代,因为在不同历史时期,许多波利尼西亚岛屿的名称也发生了变化。

但是,即使把清单上所有由于某种原因无法确定的岛屿都搁置一旁,仍然有相当多的岛屿真实存在。清单上至少有五十个岛屿可以与我们今天能够确定的岛屿建立起某种对应关系。而其所蕴藏的含义是惊人的:图帕伊亚及其他塔希提人似乎已经知道从马克萨斯群岛到萨摩亚一系列东西向分布的岛屿(它们延伸的距离超过两千海里),以及向南约五百海里是"南方群岛"(Australs)①。图帕伊亚并没有声称访问过他知道的所有岛屿;相反,他告诉库克,自己只掌握其中十二个岛屿的第一手资料。但他对另外几座岛屿具有第二手或第三手的了解;他还曾谈到一个他父亲去过的岛屿。其余岛屿可能是在人们的记忆中没有人见过的岛屿,但已知在过去的某个时候曾有人造访过。换言之,它们可能属于一个地理知识体系,这

---

① "南方群岛",也可写作 Archipel,旧译奥斯特剌尔群岛,是法属波利尼西亚最南端的群岛。

些知识通过一代又一代口耳相传而得以保留。

库克对图帕伊亚所提供的群岛清单的反应,几乎是赞叹不已和满腹狐疑参半。在出任"奋进号"船长之前的几年里,库克一直在对纽芬兰海岸进行详细调查。这是库克的专业领域之一;他的传记作家比格霍尔写道:"他后来所做的任何工作,都无法超越对加拿大海岸的调查,这足以说明了他在此方面取得的成就。"因此,当库克观察太平洋时,并不是像济慈后来所说的那样,单纯依靠"疯狂的猜测",而是用一个测量者的眼光加以观测。每到一处,他必定会考察那里的海岸线,这往往超出了职责范围,也远远超过了任何前辈的所作所为。从这个角度来看,图帕伊亚提供的信息看似诱人,却十分尴尬。库克觉得相关描述"模糊且不确定",因为缺乏任何固定的坐标或客观的距离度量,因此无法确定其可信程度。同时,他很清楚,图帕伊亚的确知道"位于这些海域的更多岛屿的地理位置,在此方面他远胜我们见过的任何人"。

图帕伊亚似乎也对这些陌生人构思和描绘物质世界的方式颇感兴趣。最近才曝光的一个引人注目的例子是一系列描绘塔希提、新西兰和澳大利亚风土的水彩画。两个世纪以来,人们一直认为这些草图出自约瑟夫·班克斯之手,因为这些画作是在他的文件中发现的。但在 1997 年,一封信浮出水面——班克斯在信中明确表示,"跟我一起从塔希提来的印第安人图帕伊亚"就是作画者。这一消息令人大跌眼镜;观看图帕伊亚亲自动手绘制的作品,可以让我们以一种研读二手资料无法达到的效果接近这个人。但是从人类学的角度来看，这些水彩画也很有趣。波利尼西亚以其装饰艺术而闻名，但岛上没有自然主义的插画传统。图帕伊亚的画作虽然风格朴素，但人们仔细观察，似乎印证了人们对他的评价：一个好奇心无限的人，一个天生的实验者。

不过，没有什么比库克决定率领英国人离开塔希提的时候，图帕伊亚宣布愿意和他们一起离开而更具说服力了。他不是第一个乘外国船只出海的波利尼西亚人；此前一个名叫阿胡托鲁（Ahutoru）的塔希提人加入了法国布干维尔的远征队，并且他在法国受到了款待。库克在第二次远航中，麾下的两艘船都捎了一些塔希提岛乘客一段路；在第三次航行中，他还让一对毛利男孩搭乘。但是，包括图帕伊亚在内的波利尼西亚人在十八世纪选择离开他们所生活的岛屿时表现出的洒脱与勇毅，还是令我们感到震惊。毫无疑问，这对我们来说比对他们而言更值得反复思量——他们是海洋民族，远航到一个新地方的想法不会让他们感到有太大风险。但事实上，这样做极其危险，尤其是对于这些岛民来说。在首批加入欧洲探险队的三名塔希提人中，只有一人返回。航程本身可能会耗费数年，使岛民面临一系列不熟悉的困难，包括极度寒冷、吃不惯且往往难以消化的食物、孤独，以及脱离社会；除此之外，还有一种非常现实的危险，即感染他们对之缺乏免疫力的疾病。

人们不禁要问，他们是否知道自己要走多远，要花多长时间，要冒什么样的风险。很难弄清楚他们是否知道,然而他们肯定知道会比以往任何时候都走得更远——去的地方直到最近他们才听说——还要跟刚刚认识的人同行。这说明了图帕伊亚这类人的胆识,但也展现了波利尼西亚的文化。再过几十年,形形色色的波利尼西亚人将在大洋中纵横交错——塔希提人、马克萨斯人、夏威夷人、毛利人——他们在从悉尼、旧金山、楠塔基特、檀香山等地启航的船只上担任普通水手。他们被一位欧洲旅行者形容为"天生的宇宙公民",具有"进取心且敢于冒险",很快便在十九世纪的海洋传说中无处不在。通过理查德·亨利·达纳(Richard Henry Dana)笔下在加利福尼亚海岸露营的夏威夷人,或是赫尔曼·梅尔维尔(Herman Melville)的杰作《白鲸》中的土著鱼叉手魁魁格(Queequeg),读者诸君可窥见一斑。

一开始,库克对搭载乘客的想法不太感兴趣。他不需要额外的人手,反而担心带他们回到英国后会徒增事端。他本不是一个有钱人,同时认为政府不会感谢他把一个其有义务援助的人带回来。然而,班克斯却另有打算。"谢天谢地,"他写道,"我有足够的财富,我不知道为什么我不能留下他……以后和他聊天能够获得的乐趣,以及他将给航行带来的好处,我认为,都将是对我的报答。"这方面的问题解决后,库克让步了,承认在他们遇到的所有塔希提人中,图帕伊亚"是最有可能帮助我们实现目标的人"。

英国人的目标,是尽可能多地确定岛屿的地理位置。离开塔希提后的第一项工作就是考察"下风岛屿"（背风的社会群岛）。这是图帕伊亚的家乡；他最初来自赖阿特阿岛，但后来这座岛屿被邻近的波拉波拉岛的敌军占领，图帕伊亚被迫逃离。在接下来的航行中，图帕伊亚证明了自己是一个优秀的航海者，每一个岛屿都准确地出现在他所说的时间和地点。当他们到达胡阿希内岛（Huahine）时，他指示一个水手潜入水中测量"奋进号"的龙骨，以确保它能通过进入潟湖的通道，此举更是给库克留下了深刻的印象。他在各方面都有贡献：领航，与酋长们周旋，指导英国人如何行事。有人认为他可能有自己的动机，也许他希望库克能帮助他向仍然控制着自家故土的波拉波拉人复仇。但库克显然不会让自己卷入地方政治。库克还有其他任务。8月10日，乌云压顶，库克指挥"奋进号"告别社会群岛。班克斯一如既往，用活泼的笔调写道："出海碰碰运气，看看按照图帕伊亚的指引，到底能够有何发现。"

# 秘境航图
## 两种不同观察向度

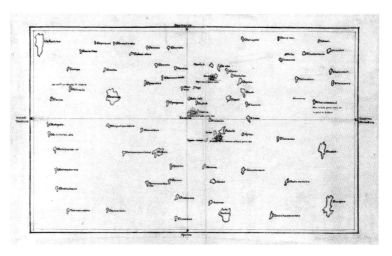

詹姆斯·库克船长 1769 年绘制的社会群岛图,参考了图帕伊亚的草图。

现藏于大英图书馆"格兰杰馆藏"(The Granger Collection)。

库克其实还接受了第二套"秘密"命令。他一旦观察完金星凌日,就从社会群岛向南航行,寻找未知的南方大陆。这是"秘密",因为此举并没有得到官方承认,但任何想到这一点的人都会知道,如果不承担些许侦察任务,海军部很难决定派遣一艘船一路前往南太平洋,而这片未知的南方大陆,仍然是英国国内最感兴趣的对象。这意味着"奋进号"现在正驶向太平洋上从未有欧洲船只到达过的地区。到目前为止,所有的跨洋交通都集中在赤道两边南北纬二十度至二十五度之间的狭窄地带内,没有人知道在这片辽阔的大洋中,在更南(或北)的地方,到底有何存在。

离开赖阿特阿岛大约一天后,图帕伊亚解释说,如果这个时候转向"上风首舷"(Weather Bow),也就是东南方向,他们会在第三天早上来到一个叫"曼努亚"(Mannua)的小岛。然而,库克忽视了这个建议,将船头指向南方,结果到了第三天,看不到任何岛屿。图帕伊亚告诉班克斯,"埃托帕"(Etopa),意思是那座岛被"甩在了后面"。然后他告诉班克斯,第二天,或者第三天,他们会来到一个叫

"奥赫特罗亚"(Oheteroa)的岛。第二天下午两点,一个小岛果然出现了。这个现在被称为"鲁鲁土"的岛屿,属于今天所谓南方群岛的岛链。

在此期间,图帕伊亚一直极力游说库克驾驶"奋进号"向西航行,并告诉他,如果朝那个方向走,就会遇到很多岛屿。他说得没错:太平洋上绝大多数岛屿确实位于塔希提岛以西,尽管其中最近的岛屿也在五六百海里之外。库克对这一方向的情况知之甚少,而且了解到的大部分都是错误的,但他认为图帕伊亚可能指的是斯考滕和勒梅尔在汤加群岛北部发现的岛屿。图帕伊亚让他明白,从塔希提岛到这些岛屿需要十天到十二天,返回需要三十天或更长时间,这与库克对盛行风、距离和塔希提船只航行能力的了解非常吻合。有趣的是,库克似乎并不认为每天一百二十海里的航行速度对塔希提人的帕西来说过于乐观,他指出这些大型独木舟的航行速度可能比欧洲船只快得多。

不过,这一切都是理论上的,因为库克无意向西,不管那里有多少岛屿。相反,他向图帕伊亚施压,要求了解南部的情况。对此,图帕伊亚回答,他只知道在那个方向上还有一个岛,需要两天的航程,虽然他父亲告诉过他存在其他岛屿,但他不能确切地说出这些岛屿的具体位置。事实上,在库克当时所处位置的南部,只有三个岛屿:土布艾岛(Tubuai)、赖瓦瓦埃岛(Raivavae)和与世隔绝的小岛拉帕(Rapa);再往南,除了海水和冰,什么都没有。这些都不是库克所找寻的,于是他反复质疑图帕伊亚。"但我们发现,"库克写道,"他要么不知道,要么没听说过存在一个什么大陆。"

就这样,他们乘船驶过最后一个岛屿,向南挺进那片未知之地。库克几乎立刻就注意到,西南方向存在巨大而稳定的涌浪,这是在那个方向上除了海洋什么都没有的强烈暗示。他们平均每天航行五十海里,渐渐地,天气和鸟类开始改变——大风骤起,气温下降,又出现了信天翁和大水薙鸟。雷电交加,狂风暴雨,还有从云端降下的"彩虹般宽阔"的海龙卷。彗星出现在天空中,并停留在那里,图帕伊亚告诉英国人,这预示着,波拉波拉人袭击了赖阿特阿人。他们从塔希提带来的猪和鸡在出海十二天左右就开始死亡,可能是因为寒冷,而气温还在不断下降,也可能是因为它们习惯吃的食物已经告罄,无法适应船上的饮食。图帕伊亚也感觉到了寒冷和饮食变化带来的不良影响;他几乎不吃不喝,还抱怨肠胃疼痛。

大家一直在苦苦寻找陆地的迹象。一天,天空中出现了一块云堤,看起来像一个岛屿,图帕伊亚将其命名为岛屿,但后来发现自己不得不改口。一丛丛杂草和一块块木头从船下漂过,它们被拖上船,显示出在水里泡了很长时间的迹象。有时,海洋颜色的变化促使库克发出指令,但海水始终都是深不见底,那些乘风而过的鸟类强烈否定大陆的存在。库克写道:"所有这些种类的海鸟,一般都只在远离陆地的地方才能看到。"变化无常的狂风和浩瀚的大海让他们忙得不可开交。唯一的例外是水手长的助理。他接过别人递过来的一瓶朗姆酒，一口气喝光。第二天早上，他被发现死在吊床上。

9月2日，他们已经到达了南纬四十度线，但"丝毫看不到陆地的迹象"，天气恶劣，"狂风暴雨"。库克为了保护船上的风帆和索具，决定再次北上，或者更准确地说，向北航行——他发现，南纬三十七度线是坏天气和好天气的分隔线——但仍在西边，因为回到来时的路线没有任何好处。随着九月的日子一天天过去，"奋进号"开始了一段漫长曲折的旅程，先是西北，然后是西南，再然后是正西。班克斯在他的日记中写道："现在我真希望我们在英国的朋友们能借助一些神奇的窥视镜看到我们的处境：索兰德博士（探险队的博物学家）坐在舱内的桌旁写写画画，我则忙于日志记录，在我们之间悬挂着一大束海草，桌子上放着最近从海里捞出来的木头和藤壶。"图帕伊亚当时也在那里，但班克斯没有提到他，因为在这段漫长而不平静的航程中，"奋进号"上的绅士们所从事的考察项目之一，便是探究图帕伊亚所提供的所有为他所知的岛屿海图。

跟前文提及的画作不同，这份意义非凡的文件从一开始就被归功于图帕伊亚。库克在日记中明确说过"图帕伊亚亲笔绘制的岛屿图"；第二次远航中随船的博物学家约翰·福斯特提到了两份不同的副本：一份由"奋进号"上的一名军官交给他，另一份由约瑟夫·班克斯拥有。福斯特自己也创作了另一个版本，借此作为"社会群岛上的原住民（特别是图帕伊亚）聪明才智和地理知识的丰碑"加以铭记,并收录在自己的书中。图帕伊亚绘制的所有海图原件都已丢失,但库克绘制、签名并注明日期的副本,被保存在班克斯留下的文件中。

这是一个真正了不起的人类杰作,前无古人地将对塔希提地理情况的认识翻译成欧洲制图术语;这是两位杰出航海者的无间合作,尽管他们来自几乎截然不同的地理传统;这也是完全不同的想法的融合。史无前例,举世无双。而且,事后看来,这就好像是根本不可能出现的奇迹。

图帕伊亚的海图只能理解为复杂合作的产物。它是由图帕伊亚还是库克发起的,尚无定论,尽管双方似乎都对这个项目感兴趣。图帕伊亚显然喜欢制图。甚至在他们离开塔希提岛之前,他就已经开始涉足地图绘制,画了一张赖阿特阿岛的地图,上面显示了珊瑚礁和航道,以及岛屿和山脉,地名似乎是班克斯加上去的。而库克是一个不知疲倦的海图制作天才,他对任何有助于他在没有海图的海洋上航行的东西都非常感兴趣。

对于库克来说,不幸的是——尽管在我们看来的确十分有趣——图帕伊亚版本的海图"不可避免带有跨文化背景导致的含混不清"。这幅海图描绘了七十四个岛屿,排列在社会群岛周围的同心圆中,图帕伊亚的老家赖阿特阿岛位居中心。其中一些岛屿,例如地图东北象限的岛屿,位于我们认为的正对塔希提岛的正确方位上。其中包括隶属土阿莫土群岛和马克萨斯群岛的许多组成部分,这两个群岛都在社会群岛的东北方向,相距二百到八百海里。但是海图上的许多岛屿,包括一些从名字看来似乎属于萨摩亚群岛、汤加群岛、库克群岛和南方群岛的岛屿,位置是错误的——本该位居南方时,却被错误地定位在北方;本该位于西北部时,却被错误地绘制在西南部;最令人困惑的是,当它们应该位于同一个地方时,却被南北分开。

多年来,人们曾多次试图弄清楚到底是什么造成了这种混乱。最早和最有趣的分析之一来自霍雷肖·黑尔(Horatio Hale)。作为美国探险队的语言学家,他在十九世纪三四十年代对太平洋大部分地区进行了考察。黑尔对图帕伊亚海图中包含的大量信息印象深刻。他指出,除了新西兰和夏威夷,波利尼西亚几乎每一个重要的岛屿群都被图帕伊亚绘制在了海图上,"虽然不准确,但通过对其方位和距离的关注,我们能加以识别"。"不过,图帕伊亚海图的读者犯了一个错误,并产生了很大的混乱。"

这个错误与该图的方向表示方法有关。图上标有东西南北四个方向以及塔希提语的四个方向:北是"Opatoerow",南是"Opatoa",东是"Tatahieta Ohetoottera",西是"Tereati Toottera"。在库克上述拼写体系背后,稍微难以理解的关键术语是"特劳"(Toerau)——对应的毛利语为"托克劳"(Tokerau),夏威夷语为"库老"(Koolau)——这是一个广泛应用的波利尼西亚词汇,表示北风;以及"托娅"(To'a),或者,大家更熟悉的"汤加"(Tonga),是指来自南方的风。

黑尔认为库克和其他欧洲人从根本上误解了图表南北两侧的奥帕特劳（Apa—to'erau）和奥帕托娅（Apa—to'a）的含义。他们知道"特劳"表示北风，"托娅"表示南风，因此自然得出结论：奥帕特劳和奥帕托娅是指南针相应方向的名称。黑尔写道："奥帕特劳实际上表示北风吹向的方向，即南风；同理，奥帕托娅指北风。"因此，作为主要方向，奥帕特劳和奥帕托娅的意思与他们在地图上代表的含义完全相反：北是南，南是北。至于地图，黑尔认为，"事实上，是上下颠倒的"。

假设这个论点是正确的，仍然无法完全解释图帕伊亚海图的复杂性。黑尔提出了更加新颖的观点，认为库克可能干预了岛屿的位置安排，在图帕伊亚画图时进行严密监视，并支持将自己熟悉的岛屿予以"正确"摆放。他指出，库克已经知道的岛屿——马克萨斯群岛、土阿莫土群岛、南方群岛中的一些岛屿——方位精准，而那些库克从未见过或听说过的岛屿最有可能被绘制在错误的位置。这是对一个棘手问题的创造性回答，但是否属实还不好说。

多年来，那些试图解释这份海图的人关注的重点是使图帕伊亚的认识合理化，也就是说，找到一种方法使之符合我们所理解的地理现实。这意味着图帕伊亚海图的研究者总是在考虑它哪里"对"，哪里"错"，或哪些方面是"准确的"，哪些方面是"不准确的"。这忽略了其中最有趣的部分,即它代表了两个完全不同的知识系统的融合,这两个系统都承认有关物质世界的信息具有重大价值,却是以完全不同的方式构建和部署这些信息。

对于十八世纪的英国人来说,海洋和岛屿的世界基本上是借助定量的描述系统来理解的:纬度和经度表示位置;距离以海里为单位;历法时间(月、日、时、分);风是按照后来被称为"蒲福式风级"(Beaufort Scale)的风力等级划分方法来测量的。这些系统是由它们的客观性来定义的;不依赖观察者的视角,它们所描述的现象被理解为存在于人类经验之外,独立于任何超自然力量。

然而,对于生活在十八世纪的塔希提人来说,自然世界和超自然世界之间没有分离。图帕伊亚的导航技术之一是向神祇"塔尼"(Tane)祈求顺风,这一行为遭到了班克斯的冷嘲热讽,他甚至认为图帕伊亚自己也不确信这么做会有效果。但在塔希提人的世界观中,风、塔尼神和图帕伊亚本人是相互联系的,航海者试图通过召唤他与神的关系来影响这些元素,这不仅是可能的,而且是必需的。对于塔希提人来说,物质世界不像是一系列离散的、客观的现象,更像是一张关系网,神灵、祖先、人类、鱼鸟、昆虫、岩石、云朵、风力和群星在谱系上是相互联系的。

欧洲人的海图,比如库克让图帕伊亚初次见识的海图,用塔希提人完全陌生的概念体系来描绘世界。位置、距离和方向是用数学测量体系术语来定义的,这一体系以地球的大小和形状为基础。采取的视角是所谓高空观测者而非地表参与者的视角,即鸟瞰。这些海图着重体现的并不是我们实际体验地理的方式,例如站在甲板上的人的感受(值得注意的是,欧洲航海者还绘制了海岸剖面图,以便向渡海而来的航海者展示海岸线的真实面貌)。

相比之下,塔希提几乎没有绝对测量系统。距离是以时间来衡量的,即便如此,测量也不存在一个普遍的标准,而是依据特定主体在特定条件下所经历的时间。正如图帕伊亚所说的,前往西部岛屿去是十天(顺风),回是三十天(逆风)。方位同样是相对的而不是绝对的。一座岛屿并不是在某个特定的位置(例如南纬十七度三十五分、西经一百四十九度四十八分),而是从一个地方出发需要航行多少天,从另一个地方启航又需要航行多少天。尽管塔希提人在海上确实使用了一种基于太阳、恒星和风向的定向系统,但在陆地上,他们使用了以说话者位置为参照的相对系统。在波利尼西亚的许多岛屿上,人们不会向东或向西或向北或向南旅行,而是沿着当地地形确定的轴线行进。例如,在夏威夷,向"mauka"走,意为朝着山的方向前进;向"makai"走,即是向海的方向走。至于具体的东南西北,取决于你所站立的方向。

这种主观主义的理解方式,是塔希提思想的核心。在某种程度上,可以简单地认为图帕伊亚的海图是将其以自我为中心的参照体系翻译为欧洲海图客观术语。至于这是如何运作,不妨看看一个当代例子:索尔·斯坦伯格(Saul Steinberg)为《纽约客》(*New*

*Yorker*)设计的封面"从第九大道看世界"(View of the World from 9th Avenue),它描绘了从曼哈顿穿过哈德逊河到新泽西、堪萨斯、内布拉斯加,再到太平洋,最终抵达日本,世界在纽约人眼中成对数减小。虽然图帕伊亚并没有意识到他的海图可能以同样的方式表现出讽刺意味,但这份海图似乎也很主观:在中心位置(他的家乡赖阿特阿岛周围)岛屿密集且信息丰富,随着距离的推移,一切就变得越来越具有隐喻性。

但是假设我们不去思考地理——其本质上是静态的——而是思考航海,虽然它依赖于可比较的知识体系,但本质上是一种行为。图帕伊亚不仅是一个地理信息的储存库,他还是一个航海者,一个知道如何使用他所拥有的信息的人。他只是为了将这些信息付诸实践而对之加以归纳。遵循这一思路的一个非常有趣的论据表明,图帕伊亚的海图与其说是一张地图,不如说是一幅航海方向或方位的信息汇总图。也就是说,它不是对某些地方所在地的描绘,而是对到达这些地方所需各项条件的描述,是"这个航海者为了指导库克及其手下的军官抵达周围岛屿而做的努力"。

所有已知的早期航海文明,都采用了某种罗盘,"以不变的方向轴切割代表地平线的圆圈"。我们从几个不同的来源知道,波利尼西亚的航海者除了使用风向、洋流、云层、海痕、鸟类和其他指标,还利用恒星来帮助自己找到穿越海洋的航路。可惜没有一个早期的观测者能够详细了解其具体是如何工作的,但人们普遍认为,这些远洋者使用了一种被称为"星罗盘"(Star Compass)的思维结构。星罗盘的工作原理是:首先把地平线想象成一个圆圈,代表地球和天空的交汇点;当然,这正是从海上的船舶或小岛的高点看到的景象。在一个有经验的航海者心目中,这个圆圈缀着一些点,标志着特定恒星的上升和下降位置。当航海者想象自己在这个圆的中心,把目的地想象成地平线上的一个点时,星罗盘就变成一个坐标系,根据特定恒星的上升点和下落点来给出目标岛屿的方位。"星途"(star path)是由一系列在一夜间从特定方向升起的恒星所定义的一个过程。

使用这种模型,图帕伊亚海图上的约三十三个岛屿(其中包括一些标记不清的岛屿),可以用五个不同的出发岛屿作为观察视角来加以识别。跟黑尔的想法一样,这个解决办法堪称新颖独特,而且跟黑尔的解说一样,不可能断定其是否真实正确。但后者确实有一个优点,那就是提醒我们反思,在图帕伊亚绘制的海图中,是否蕴藏着一些被加密的知识,难以为我们所理解,因为这些信息建立在我们不熟悉的关于如何有效组织信息的假设基础上。对我们来说,这些岛屿最容易用经纬度的数学网格加以定位。但图帕伊亚可能是从战略层面对这些岛屿在地图上的位置进行了规划,即根据特定的方位考量,如何从各种不同的出发点前往。

每一个认真研究过图帕伊亚海图的人都意识到了它所具有的巨

大诱惑力。一方面,它是展示十八世纪末塔希提人地理知识广度的一个独特而无可辩驳的证明。另一方面,这张海图的许多内容仍然十分神秘。毋庸置疑,每一个想过这件事的人都希望自己能穿越时空,回到过去,跟库克、班克斯及其他人握手,并请求他们更加努力地向图帕伊亚取经,提出更多的问题,做更详细的笔记,更加留意遍布此地的值得记录的知识(他们从未否认这一点),以便身处未来的我们可以更全面地了解图帕伊亚眼中的世界到底是什么样子。

根据现在已知的信息,似乎可以得出结论,塔希提人的地理知识远远超出了对社会群岛的了解,他们也掌握了波利尼西亚中部和东部主要岛屿群的情况。这并不一定意味着十八世纪的塔希提人经常去所有这些地方旅行——当然他们肯定经常去其中一些地方走访——但这确实表明他们知道这些岛屿的存在,而且这种知识在文化上很重要,值得传承。图帕伊亚的海图也表明——虽然并不能证明——塔希提人地理知识的局限性。波利尼西亚有三个地方没有包括在这张图上。这并不奇怪,毕竟这些岛屿和群岛位于波利尼西亚的边缘,那里本来就是最难到达的地方,而且被无比空旷的辽阔水域隔绝。毋庸置疑,这便是波利尼西亚三角的三个顶点:夏威夷、复活节岛和新西兰。而新西兰恰恰就在库克和图帕伊亚的航行路线上等待着他们的到来。

醍醐灌顶

## 塔希提人在新西兰

"新西兰的作战独木舟",西尼·帕金森绘制,
引自约翰·霍克沃斯所编《远航史话》。
现藏于哈佛大学霍顿图书馆(Houghton Library)。

整个九月以及十月初,"奋进号"向西驶过一片完全空旷的海99
域。除了鸟类活动,似乎没有什么值得一提,班克斯这位始终保持
活跃的记录者,情非得已,开始关注信天翁和海燕的行踪。临近
九月底,有越来越多的迹象显示陆地临近。一大片海藻漂过,"有些
堆积在一起,足以填满一辆独轮手推车"。成群的鲸鱼和海豹出现
在眼前,一群海豚在波浪中冒头,像猎犬一样接二连三地腾跃而起。
船只遭遇了一场短暂而猛烈的狂风,这是陆地的标志,因为这样的
狂风在外海很少遇到。有人看到了一只大贼鸥——即所谓埃格蒙
特港雌禽(Port Egmont Hen)——这是另一个好兆头。水的颜色开
始变浅,库克提醒船员注意。果然,十月第一周的最后一天,桅顶的
一个年轻水手大叫了一声:"陆地!"

　　他们离开塔希提岛后已经行驶了三千五百海里,穿越了二十多100
度纬度,现在又回到了南纬三十八度的地方。海水更为冰冷,天空
愈加苍白,面前的陆地陡峭崎岖,岸边的悬崖和小山一直绵延到内
陆起伏不止的山脉。在新西兰的地理环境中,没有任何迹象表明生

活在那里的人们可能与他们路过的热带岛屿上的人们有任何共同之处；事实上，班克斯和其他许多人坚信，他们终于来到了未知的南方大陆。

然而，库克断定他们正在接近阿贝尔·塔斯曼曾于1642年发现的土地。随着"奋进号"越靠越近，可以看到"许多团巨大的烟雾"从海岸线上升起。库克急于与当地居民取得联系，因此想尽办法尽快把船停进海湾。看到岸上有人，他命令水手在附近停船，但岛上居民看到这一幕后，随即消失在树林里。库克一行人登陆，开始沿着海滩踏查。但是，当他们刚从岛民们的视线中消失，后者就从森林里冒了出来，看架势是要攻击船队中这艘由四名年轻水手照看的小船。这时，第二艘小艇上的一名海军士兵开火，击中了一位岛民，后者当场倒地。受伤男子的同伴把他拖到海滩上大约一百码处，在看到闻听枪声迅速跑回现场的库克一伙人时，岛民们立刻四下逃散。

这名毛利人被射中心脏，已经死亡。班克斯花了一些时间仔细检查尸体。他形容死者是一个中等身材的男人，棕色皮肤，一边脸颊上有完美的螺旋形文身，穿着一件英国人以前从未见过的上好衣服。班克斯指出，这种结衣方法，与根据塔斯曼对新西兰所作描述刻制的版画上的记载如出一辙。

第二天，库克再次尝试。这次他增加了两种预防措施。首先，他和一队海军士兵登陆；其次，他带上了图帕伊亚。库克写道，自己曾试图用"乔治岛语言"(意思是他所知道的塔希提语)与新西兰土人交谈,但对方的回答则是挥舞武器,跳起"哈卡"(Haka,即战舞)。大副约翰·戈尔(John Gore)生动地描述了著名的毛利哈卡舞:

> 一百多个当地人全副武装,站成一排。然后,他们有规律地从左到右,再反过来跺脚顿足,挥舞武器,张嘴吐舌,目眦尽裂,同时嘶吼高歌。

库克对这一令人生畏的表演作出了回应。他召集麾下的海军士兵,并让他们在沙滩上当着岛民的面挥舞国旗,列队行进。局势剑拔弩张,一触即发。随后,意想不到的事情发生了。图帕伊亚走上前去,用流利的塔希提语向土著勇士们讲话,令在场的每个人都感到惊讶的是,对方立即理解了他的意思。

这一刻,意义可谓深远,无论是对成功完成航程而言,还是从更大的理论角度来看,都是如此。库克后来承认,在环游新西兰的六个月里,图帕伊亚的加入让他们获得了"巨大的优势"。他的语言知识和谈判技巧,对于帮助英国人获得地理信息、采购物资,尤其是避免与毛利人发生冲突是不可或缺的。在当地,图帕伊亚成了名人。人们经常看到他对聚在面前的岛民实施"说教",或者在船尾面向划船来听他演讲的人发表演说。几年后,当库克再次回到新西兰时,被问到的第一个问题是"图帕伊亚在哪里?"

值得一提的是,图帕伊亚对新西兰岛民并不完全认同。也就是说，他并没有把自己与他们的明确但遥远的亲属关系置于他与英国人更直接的联盟之上。相反，他经常说毛利人是大骗子，并警告英国人，在与他们打交道时要保持警惕。这与他在南方群岛的鲁鲁土岛时的做法类似，在那里他同样告诉英国人，岛上的居民不可信任。同时，他也明确承认，自己与新西兰居民有着共同的遗产。据班克斯说，图帕伊亚与毛利祭司长时间交谈的主题是"他们的历史和祖先的传说"，尽管两人所言在许多细节上无疑有所不同，但会表现出显著的相似性。一位老人告诉图帕伊亚，"他不知道还有哪里比我们现在踏足的这片土地更加辽阔"，但他的祖先"最初来自'希维'（Heawye），位于北方，地大物博"。此处指的是"哈瓦基"（Hawaiki），这个神话般的祖先家园被整个东太平洋的岛民所认同。

对欧洲人来说，塔希提人和毛利人之间的相似性是毋庸置疑的，尽管也存在着区别。几个月后，在离开新西兰的时候，班克斯总结了这样一组比较：毛利人比塔希提人更活跃，更不容易发胖；他们的仪态更为得体，但不那么干净；他们划桨能力更好，但作为水手水平更差；他们不太喜欢偷窃，但有食人癖，而塔希提人声称十分憎恶这种做法。总的来说，班克斯很清楚，两者的相似之处远远大于差异。他写道："毫无疑问，他们有共同的起源；未来的经历可能会告诉我们这一来源在哪里。"

太平洋上诸多岛屿的居民是否相互联系，以及他们可能来自何处，是库克在今后几年中反复提出的问题。第二次太平洋之旅——

1772年至1775年间进行的一次漫长而复杂的探险,包括三次穿越南部冰层边缘和两次登陆热带岛屿——除了重返塔希提岛和新西兰,他又访问了另外几个波利尼西亚岛屿,包括马克萨斯群岛、纽埃岛(Niue)、汤加和复活节岛。在他的第三次也是最后一次太平洋航行(1776年至1779年)中,他再次访问汤加、塔希提岛和新西兰,并考察了南库克群岛,还到达了当时尚未被发现的夏威夷群岛,并在当地罹难。截至1778年,库克已经遍访整个波利尼西亚三角,并完全掌握了波利尼西亚人的散居范围。

1774年,在描写波利尼西亚最东边岛屿(复活节岛)上的原住民时,库克被他们与遥远的西部岛屿居民的亲缘关系深深打动,以至于多少有些抒情。他写道:"同一个民族竟然遍布这片辽阔海洋上的所有岛屿,这真是太不可思议了。这段距离几乎是地球周长的四分之一。"这是惊人的,即使是抽象的。但对于一个真正亲自走完这段距离的人来说,这个想法一定会引起特别的共鸣。当库克写下这些话时,他刚刚完成了一段穿越南太平洋的八千海里航程(从新西兰到复活节岛)。如果说有谁知道这些岛屿相距多远,那就是他。

遵循库克关于所有这些不同岛民之间存在亲缘关系的判断逻辑,颇具趣味性。作为一个有条不紊的思想者,他依次考虑了三种不同类型的证据。首先,是复活节岛上居民的样子。棕色皮肤,黑发,身材高大,体格健壮,不仅外表极为相似,而且与西面的巴布亚新几内亚、所罗门群岛和瓦努阿图岛上的居民也有明显不同,后者的外貌更为多样,皮肤通常更黑。

其次,是岛民的物质文化,即他们制造和使用的东西:他们的鱼钩和衣服,他们的房子和独木舟。在这里,潜在相似性的大致轮廓也很明显。食物相似,工具相仿,烹调方法大同小异。独木舟虽然存在有趣的变化,但设计上表现出广泛的相似性;房屋和仪式空间的安排往往是类似的。然而似乎不能轻易说在岛民文化某些更为深奥的方面也有相似之处——毕竟库克置身社会群岛和新西兰均长达数月,而他对其他一些岛群的访问时间仅以天为单位——在许多地方,库克注意到祭坛上堆满了食物,礼仪的手势也经常重复,比如两组人见面时会挥舞棕榈叶或其他绿色植物。

但是,正如他所说,真正说服库克相信所有这些岛屿的居民属于"同一种族"的,是他们的语言彼此相似。图帕伊亚会与毛利人交流,这种出乎意料的能力是最具戏剧性的例证;其实,甚至在他们到达新西兰之前,图帕伊亚就让库克明白了"所有岛屿的居民都说同一种语言"。这一点后来在库克的第二次航行中得到了证实,当时另一对塔希提人和他一起前往汤加、新西兰、复活节岛和马克萨斯群岛。虽然他们在知识和语言能力上都不能与图帕伊亚相提并论,但除了汤加,他们在所有其他岛屿上都能让岛民听懂自己的意思。当时船上没有人会说汤加语。不过,此事实际上具有特别的语言学意义,因为汤加语既是波利尼西亚语系最早的分支,也是最保守的语言遗存之一。

库克的太平洋之旅恰逢人们对语言的本质及其相互关系的理解发生重大飞跃的阶段。一位名叫威廉·琼斯(William Jones)的英国语言学家曾对印度语言和文化进行过研究,他于1786年表示,梵语跟拉丁语和希腊语的"亲和力"太强,这不可能是偶然的结果。他突然想到,这三种语言可能有某种共同的来源———一种完全不同的语言,一种甚至可能不复存在的语言。琼斯继续争辩说,其他几种语言,包括哥特语(一种已灭绝的日耳曼语)、凯尔特语,甚至古波斯语,也可能起源于同一种原始语言。这种认识最终导致了人们对印欧语系的承认——印欧语系是由数百种历史上相关的语言组成的,既有幸存的,也有绝迹的,涵盖了从印度次大陆到冰岛的地理范围。

当然,人们早就知道不同语言之间存在着联系。拉丁语和希腊语有许多相似之处;"罗曼语族"显然是一个整体;荷兰语、德语和斯堪的纳维亚语都有明显的联系。但是,语言关系可能远不止于此,还包括表面上看起来无论如何都没有任何家族相似性的语言,例如孟加拉语、马恩语(Manx)和亚美尼亚语。这一想法确实令人振奋,多种语言来自单一的原始语言的想法也是如此。在欧洲,这种被称为原始印欧语系的假想祖先语言,是在十九世纪一个语言研究鼎盛时期由英国、丹麦、法国和德国的学者(该领域的早期开拓者之一是收集整理童话故事的格林兄弟)重建而成,他们使用的方法在今天仍然适用。

简而言之，语言比较法看似简单。第一步是确定所谓的"同源词集"，即不同语言中在意义和发音上似乎彼此相近的一组词。下一步是确定这些词汇之间的区别是否具有规律性和系统性。语言学中一个奇怪的事实是，当语言发生变化时，它们会有系统地发生变化。如果在某些条件下（比如在一个词的开头或在某一元音之前）一种语言中的一个读音在另一种相关语言中会变为另一种发音，那么在同样条件下情况应该总是如此。在拉丁语和英语之间，有一些可以预测的变化，比如首字母 p 到 f 的变化，如"父亲"一词，便从拉丁语的 pater，演变为英语中的 father；与此类似，"脚/足"一词，也从拉丁语的 ped-，演变为英语的 foot；或者从 d 到 t 的转变，如数字"十"，从拉丁语中的 decem 演变为英语中的 ten，而"牙齿"一词，也从 dent-演变为 tooth。这种规律性原则是十九世纪语言学的重大发现；没有这一发现，就没有任何有意义的方法来比较语言或说明它们随时间演变的关系。

不过，有时语言之间的相似性只是偶然的。希腊语单词 Theós 的意思是"神"，而阿兹特克语中的 Teotl 意思是"神圣的"，它们彼此没有关系，只是碰巧在意思和声音上相似。在其他情况下，相似性可能非常普遍，以至于构成了一种语言的普遍现象，常见的例子是婴儿词汇，如英语 ma 和汉语普通话中的 mā，就都是"母亲"的意思。另一个混淆的来源来自拟声词，也就是发音如同它们所描述之事物的单词。希腊语词根 pneu-，意思是"呼吸"，与克拉马斯人

(Klamath)的"呼吸"(pniw-)一词在发音上极为相似,但除了它们的读音都像吹气或呼气的声音之外,彼此没有任何关系。

此外,还有借用的问题。英语堪称其他语言词汇借用者的典范——如源自匈牙利语的"古雅什"(Goulash)、取自泰米尔语的"游廊"(Veranda)、从米克马克人(Micmac)语言中引入的"驯鹿"(Caribou),以及照搬爪哇语的"壁虎"(Gecko)——但所有语言都是互相借用的。外来词通过不同语言的使用者之间的接触而进入一种语言,通常是为了表达一种宿主语言没有对应词汇的概念;它们不是两种语言中都出现的词汇,因为它们都是从同一个原始词根传下来的。因此,如果两种语言在意义、语法和读音上表现出有规律的相似性,并且如果看起来同源的单词不是拟声词、通用词或借用词,那么两种语言很可能有"遗传"关系,换言之,它们都来自同一个语言祖先。

对于看重行动力的库克来说,这一切并不会让他特别感兴趣。但这的确引起了约瑟夫·班克斯的注意,他后来实际上一直与琼斯保持通信,甚至在图帕伊亚首次展现毛利语和塔希提语的相互理解性之前,就已经按照这些思路在思考问题了。在塔希提岛和新西兰之间几个星期的漫长航行里,除了读写,几乎无事可做,班克斯便致力于记录他对社会群岛的观察。他所涉及的主题包括塔希提语,他形容塔希提语"非常柔和动听",有丰富的元音,容易发音[由于同样的原因,塔希提语有时很难读懂,例如,像"法阿"(Faa'a)这样的名称——有时被写为Fa'a'a——而这一地区名称后来也被用来给塔希提国际机场命名]。

班克斯列出了大约一百个塔希提语名词,用来表示头、头发、狗、鲨鱼、太阳、月亮、绳子、网、房子、云和骨头等物,以及一些重要的动词,用来表示吃、喝、偷、生气等动作。他的拼写体系很独特,但大致可以读出他原来所听到的发音。班克斯的单词表上有两个名词后来被借用到英语中:一种颇受欢迎的海鱼"马西马西"(Mahimahi),以及被他引申为一种"家禽"的恐鸟(今天我们知道这其实是一种已经灭绝的不能飞的鸟)。

在十七、十八世纪,编制词表是探险家及其科学伙伴们的传统做法。就像绘制海图、海岸剖面图或新动植物图一样,它是欧洲人描述世界新发现地区的伟大计划的一部分。航海者也汇编和分享词汇表,希望它们能派上用场。人们经常阅悉像塔斯曼这样的探险家会在一群岛民身上试验一些单词,但通常都没有用。但是,班克斯有时间,又有一个很好的图书馆,他把这个想法又向前推进了一步。他利用两本不同的书中的单词表——1616年威廉·斯考滕和雅各布·勒梅尔编纂的词汇表,以及荷兰东印度公司的航海词汇表——制作了一张图表,比较了塔希提语中数字1到10的单词与其他三种语言[科科斯群岛(Cocos Islands)语、新几内亚语和马达加斯加语]关于这些数字的单词。

事实上,数字是测试不同语言之间相关性的最佳方法之一。就像身体部位或基本动作的词语一样,它们有一种稳定性,部分原因是它们往往不会被借用。例如,数字"2"在分属印欧语系的大量语种中表现出显著的一致性:希腊语中的 dúū、吠陀梵语(Vedic dvá)中的 u、拉丁语中的 duo、威尔士语中的 dau、旧教会斯拉夫语(Old Church Slavonic)中的 dǔva 等。班克斯的图表同样具有说服力:"2"在塔希提语中是 rua,科科斯群岛语中是 loua,新几内亚语中是 roa,马达加斯加语中是 rove。"7"的塔希提语为 hetu,科科斯语为 fitou,新几内亚语中为 fita,马达加斯加语为 fruto。即使考虑到可能存在的错讹,整体来说,还是可以有力地证明班克斯的语言汇总中不同语言的相关性。

目前还不完全清楚班克斯到底在比较哪些语言,但可以作出有根据的猜测。几乎可以肯定,斯考滕和勒梅尔所称的科科斯群岛,是位于现在汤加王国北部的一对小岛。今天,汤加语依然在这些岛屿上使用。在 1616 年,汤加语可能是一种更接近萨摩亚语的语言,但不管怎样,它无疑是一种波利尼西亚语。"新几内亚"(New Guinea)是什么意思还不太确定,很可能指的是新爱尔兰岛——远离新几内亚东北海岸的一个岛屿,距波利尼西亚三角的西部很远。这里的语言图景要复杂得多,但在这个地区所说的一些语言确实属于一个庞大的语系,其中也包括波利尼西亚语。

从塔希提到北汤加群岛大约有一千六百海里的距离;而从塔希提到岛新爱尔兰岛的距离足有四千多海里。所以,我们已经看到了惊人的地理范围。令人难以置信的是,马达加斯加岛民可能也会讲这种语言的一个版本。马达加斯加甚至不在太平洋上。它是非洲东南海岸印度洋海域的一个岛屿,走最近的海路去塔希提岛也要航行近万海里。班克斯本人对这些结果感到惊讶。他写道:"居住在众多岛屿上的人来自同一个地方,使用同样的数字和语言,这在我看来属于此前难以想象之事,但马达加斯加岛使用的数字竟然与所有这些岛屿如出一辙,这太让人惊讶了。"

也许不可思议,但事实上,这是真的。班克斯偶然发现了一个关于太平洋人口最显著的事实,那就是波利尼西亚、密克罗尼西亚、斐济、新喀里多尼亚、瓦努阿图和菲律宾的所有语言,印度尼西亚和所罗门群岛的几乎所有语言,以及马来西亚、新几内亚岛、马达加斯加的一些土著语言,属于被称为"南岛语系"(Austronesian)的单一语系。今天,我们知道南岛语系有一千多种语言,全世界有三亿多人使用,这使它成为地球上规模最大的语系之一。进入二十世纪人们才发现这一语系的全貌,班克斯于1769年撰文,当然不可能知道这一点,但他瞥见了波利尼西亚难题的一个关键部分。

地图绘制专家有时会开玩笑说,早期的太平洋地图可以分为两类:B.C. 或 A.C.,意思是库克之前或库克之后。这是对库克在地理探索方面无与伦比的贡献的承认,但也大体上反映了该地区的历史。库克之前,太平洋的世界完全属于居住在那里的岛民;欧洲人很少，而且常常是没有制图能力的匆匆过客；外界对该地区的了解基本为零。库克之后，太平洋及其岛屿的轮廓变得更加清晰，部分原因在于库克，但并非完全如此；该地区变得更加容易接近；外来者先如涓涓细流般进入，然后似洪水般袭来。库克之后，遥远的太平洋——一个若干世纪以来一直在逐渐变化的世界——突然在某种程度上发生了灾难性的变化。

库克本人并未在有生之年看到这一变化，他于1779年在夏威夷去世。可悲的是，他的合作者和引路人图帕伊亚也没有。图伊帕亚和库克一起乘"奋进号"离开新西兰，横渡塔斯曼海到达澳大利亚——他当然对于那里一无所知——并在那里画了一群土著人站在他们的树皮艇上刺鱼的场景。然后，他随船航行到荷兰东印度群岛，在那里，在为返回英国的长途航行整修船只期间，他和"奋进号"大约一半的船员死于痢疾和发烧。

尽管库克的探险主要被誉为令人叹为观止的航海壮举，但其贡献不仅是查明了珊瑚礁和海岸线的所在位置。就我们对波利尼西亚历史的理解而言，他的探险构成了一种开场白，是欧洲人为研究波利尼西亚经验和知识而进行的第一次认真尝试，也是欧洲和波利尼西亚思想之间的第一次重要互动。当然，它们并不像人们希望的那样令人满意。无论图帕伊亚离塔希提岛有多远，他总是确切地知道它在哪里，这很有趣，但令人沮丧的是，似乎从来没有人问过他是怎么知道这件事的。虽然我们从班克斯那里了解到，塔希提人在

"长途跋涉"中"白天靠太阳,晚上靠星星"颇为有效地导航,但令人失望的是,没有人知道这是如何做到的。

尽管如此,这些航行所产生的影响还是重大的:首先,人们认识到遥远的太平洋上所有岛民形成了一个可识别的单一文化群体;其次,人们了解到,至少在语言上,太平洋岛民可以与他们西部遥远海域的居民联系在一起。因此,这是关于波利尼西亚人来自何方之理论的要点。这是基于目击者的观察和波利尼西亚人提供的第一手资料,以及对语言学的一点巧妙思考而得出的一个相当可靠的推论,当然比"波利尼西亚人是上帝在他们的岛屿上创造出来的"这种观念要好得多。但任凭如何想象,这都不完整。在接下来的一百多年里,各种各样的人都试图填补这些空白,提出了一系列关于波利尼西亚历史的假设,有些可信,有些不那么合理,有些古怪十足。至于波利尼西亚自身,在与外界接触的压力下,也悄然发生了变化。

# 第三部分

# 何不自省

## (1778—1920)

考察波利尼西亚人所讲的一些关于其自身的传说,同时反思,对于十九世纪的欧洲人来说,想要弄清楚这些传说何其之难。

# 大陆沉没
## 十九世纪之太平洋

"1842年9月9日,迪珀蒂·图瓦尔(Dupetit Thouars)接管塔希提",
路易斯·勒·布雷顿(Louis Le Breton)1850年绘制。
现藏于巴黎国立海洋博物馆(Musée Nationale De La Marine, Paris)。

在遥远的太平洋，十九世纪，一切都在发生改变。随着库克于1779年在夏威夷身故，欧洲人地理大发现的时代实际上已经接近尾声。海洋的大小、南部大陆存在与否、主要群岛的位置等重大地理问题都得到了解答，这一点连同海事技术的改进——特别是"航海经线仪"（chronometer）的发展，让欧洲航海者终于能够精确找到自己在大海中的航线——使得外人更容易进入太平洋。结果便是传教士、捕鲸者、商人、政府官员和定居者纷至沓来。

　　1796年，第一艘开往波利尼西亚的传教船从英国出发，船上搭载了三十名福音派男女信众。最初派驻汤加、塔希提岛和马克萨斯群岛的三个毫无经验的传教团进行的布道尝试，并没有取得成功。被派往汤加的人中有三人在部落战争中丧生；驻扎在塔希提岛的那群人中，除了一人，其他人都放弃了自己的岗位；被派往马克萨斯群岛的两个人中，有一人甚至无法被说服上岸。但基督教化的进程已经开始，在短短的几十年内，圣公会、卫斯理宗、长老会、公理会、天主教和摩门教传教士鱼贯而入，手捧教义分赴太平洋各个岛屿。

一旦知道了大洋的地理位置并确定了几个安全港,贸易的诱惑吸引商业冒险家前来便只是时间问题。发现想象中盛产丝绸、香料和黄金的南方大陆的梦想破灭了,但太平洋依然为探险者提供了广泛的可利用的产品:海狗、檀香木、亚麻、木材、珍珠和海龟壳、海参,当然,还有最为有利可图也最诱人的海洋资源:鲸鱼。

第一批捕鲸船紧随库克船长到达太平洋,而且数量每年都在增加。到十九世纪四十年代中期,可以在任何时候发现多达六七百艘捕鲸船在太平洋上巡航。每条捕鲸船载着大约三十名船员,平均在海上要待上三年半。他们的路线与早期探险家没有太大不同,通常是通过合恩角进入太平洋,在那里,在南半球的夏季,他们在大洋的东南部游荡。夏季结束时,他们向北迁移。他们会到近处岛屿上寻找淡水、食物、女人和其他补给。在十九世纪三四十年代捕鲸业鼎盛时期,这意味着来自世界各地的成千上万的男人涌入波利尼西亚的岛屿港口,包括"东印度人"(Lascars)①、西班牙人、印第安人、英国人、波罗的海人、俄国人、斯堪的纳维亚人和中国人。主要的停靠地是夏威夷、马克萨斯群岛和新西兰,但在那几十年间,太平洋上的捕鲸船数量实在太多,以至于像瓦利斯(Wallis)和罗图马(Rotuma)这样的小岛也不乏船员的身影。

所有这些人都需要食物、衣服和娱乐,而且他们的口袋里并不

---

① "东印度人",是指十六世纪到二十世纪中叶来自印度次大陆、东南亚、阿拉伯世界,以及合恩角以东其他区域,在欧洲船舶上打工的水手。

缺钱。结果,一大批第二产业应运而生,面包店、铁匠铺、妓院、洗衣店、寄宿旅馆、酒馆,都是为了迎合那些主要港口的过客而出现的。另一方面,这些地方变成了臭名昭著的法外之地。随着这些定居点规模的扩大和复杂性的增加,对秩序的需求变得越来越迫切。不久,出现了新生政府的迹象——领事、港务局长、监狱。到十九世纪中叶,波利尼西亚几个人口较多的群岛已经受到某种形式的殖民统治。

岛民受到的影响是巨大的,特别是在外国人集中的地方。几个世纪以来为距离和孤立所遮蔽的社会突然被新的影响淹没。出现了新的贸易商品,如剪刀、餐刀和镜子;新的动物,如马、兔子和猫;新的食物,如面粉、卷心菜和洋葱;新的杂草,如水飞蓟、蒲公英和金雀花。枪和短柄小斧代替了石斧和棍棒,铁锹和锄头替代了挖掘棒,用亚麻和树皮制作的衣服被羊毛毯、夹克、裤子和棉衣取代。有了新的法律,新的语言,新的宗教,还有新的恶习(比如抽烟和酗酒)。波利尼西亚人开始识字,在某些情况下,由于他们游历甚广,开始大量接触旧大陆的病原体。

与此同时,在欧洲,波利尼西亚的观念在流行文化中浮出水面。长期以来,人们对航海有一种脱离现实的迷恋:探险家的叙述是十七世纪和十八世纪的一种主要作品类型,甚至催生了新的文学分支——1719年出版的《鲁滨逊漂流记》(*Robinson Crusoe*)和1726年出版的《格列佛游记》(*Gulliver's Travels*)都是对纪实旅行写作体裁的虚构演绎。与此同时,一种新的时代思潮正在欧洲兴起,它将自然凌驾于文化,过去凌驾于当下,远方凌驾于近处。以前并不太令人感兴趣的民间传说突然变得引人入胜;外国和古代题材开始有了新的声望,希腊和罗马古典血统以外的民族的历史也是如此。

这一时期的一系列文学试金石可以说明事态的发展方向。1762 年,诗人詹姆斯·麦克弗森(James Macpherson)出版了一本多少有些欺诈成分但非常成功的诗集,据说是根据苏格兰盖尔民间传说改编的。1770 年,挪威神话的一大主要来源——《散文埃达》("Prose Edda")——其节选首次被翻译为英语出版。1797 年,塞缪尔·泰勒·柯勒律治(Samuel Taylor Coleridge)写了一首以蒙元皇帝夏宫为背景的诗歌《忽必烈汗》("Kubla Khan")。1805 年,沃尔特·斯科特(Walter Scott)出版了以苏格兰边境部族为背景的系列历史传奇小说的第一部。1812 年,格林兄弟出版了第一本德国童话集。1826 年,詹姆斯·费尼莫尔·库柏(James Fenimore Cooper)写了一部以北美殖民地为背景的小说《最后的莫希干人》(The Last of the Mohicans)。

随着浪漫主义的兴起,恰如东方或殖民地的边界,欧洲人将太平洋视为合适的区域,展开了探索和冒险。济慈和柯勒律治在他们的作品中提到了太平洋;冒险小说开始以食人族和火山为主题;欧洲文学小说中的小人物(甚至是主要人物)为了发财而前往太平洋,或者因为犯了罪而被流放到那里。游记市场继续繁荣,除了像库克这样的探险家的日记,还有传教士、商人和殖民地官员的叙述。他们穿越太平洋,写下他们的印象,以满足国内读者的好奇心。

这些作家中的一小部分最终会定居在这些岛屿上,学习波利尼西亚语,并进行所谓的波利尼西亚思想研究。他们收集和翻译波利尼西亚历史资料,解释波利尼西亚神话,比较波利尼西亚人的名字和语言,并在此基础上发展出关于波利尼西亚人起源和历史的有影响力的理论。但是,即使那些对这个地区不太了解的人,也提出了一个棘手的问题:波利尼西亚人是从哪里来的。因此,在十九世纪,我们看到了大量的理论,这些理论既有助于阐明波利尼西亚起源的问题,同时也引入了一些任性的想法。

在十八世纪末,库克和他的同伴们提出了我们所谓的"基线"(Baseline)解释。根据他们观察所得以及岛民告诉他们的情况,他们推断,遥远太平洋诸岛上的居民很可能是从东南亚某处出发,跨越许多岛屿来到这里的。库克忠于自己的使命,通过考虑被视为一系列基本点的可能性而得出了这个结论。他不相信波利尼西亚的居民来自东方(即美洲),至于北方和南方,经验告诉他,在遥远的北部或南部,没有未被发现的大陆或隐藏的家园。然而,西方似乎是一个很好的可能性,尤其是考虑到他从图帕伊亚处学到的东西。"因为,"他写道,"如果[社会群岛]的居民来自其西面二三百"里格"(League)的岛屿",正如图帕伊亚所报告的那样,"毫无疑问,那些西部岛屿的居民可能来自它们以西的其他岛屿,因此我们可以从一个岛屿追踪到另一个岛屿,一路回溯至东印度群岛。"

这是一个有道理的论点,但它留下了许多没有得到回答的重要问题,其中最重要的是盛行风问题。沿着"大西北航线的某个变体"向西横穿太平洋中部的欧洲航海者们曾遇到过的这种风,给波利尼西亚航海者往这个相反方向航行的想法带来了一个似乎无法逾越的障碍。为了到达波利尼西亚群岛,来自东印度群岛的航海者必须迎着自东而来的信风风头逆行,而这无论在当时或现在,是任何帆船都无法做到的。这让一些十九世纪的理论家得出结论,波利尼西亚的居民一定是从美洲出发向西穿越太平洋的。正如一位西班牙传教士所说,考虑到盛行风的强度和规律性,"从南美洲到所有这些岛屿定居要比从世界上任何其他地方容易得多"。

但是,虽然美洲是起源地的观点解决了盛行风的问题,但其他证据却与之相矛盾。早在 1775 年,曾与库克同行的博物学家福斯特(也是一位杰出的语言学家)就已经得出结论,波利尼西亚的语言与南美洲沿岸的智利和秘鲁的语言之间没有联系。此后,其他观察人士也注意到美洲的土著居民不是熟练的水手,而且猪、狗和鸡在太平洋上随处可见,在南美洲却是未知之物。所有这些信息都降低了美洲作为起点的可能性。

因此,无论是从西到东还是从东到西的迁徙路线都存在困难,这促使一位名叫威廉·埃利斯(William Ellis)的英国传教士设计了一种理论,既满足了亚洲起源地的要求,又满足了与盛行风相适应的海路要求。根据所谓的"白令解决方案",波利尼西亚人的祖先开始了他们在亚洲大陆的迁徙。从那里,他们北上到阿留申群岛,穿过白令海峡,沿着加利福尼亚和墨西哥海岸向南航行,然后"借信风之力"返回太平洋。这是环太平洋北部的一个巨大的环路,增加了数万海里的航程,并非省时省力的路线。

另一种思考伟大的波利尼西亚人移居之路的方法,不是从人的移动——从东到西,从西到东,绕一个大圈子——而是从陆地运动的角度加以解释。这一观点的支持者认为,太平洋岛屿是一块沉没大陆的顶峰,岛民则是爬到山顶幸存下来的人。没有确凿的证据证明这一点,尽管一位作家指出火山活动的痕迹(火山渣、玄武岩、浮石和黑色玻璃)遍布整个岛屿,并得出结论:太平洋这个水性废弃物,在早些时候一定是"火的居所"。然而,其他人则不那么乐观。正如一位十九世纪的怀疑论者所言,即使是"假设有幸存者侥幸逃生,他也几乎不可能活下去,因为通常在这些高山上没有东西可吃,更不用说获取淡水的困难了"。

沉没大陆与失落文明说,在十九世纪成为针对看似无法解释的神秘现象备受追捧的解决方案。因此,才会出现"利莫里亚"(Lemuria,即失落大陆的名称),以解释马达加斯加岛上的"利莫"(Lemurs,即"鼯猴")之谜。他们将当前关于地质学和世界历史的科学和哲学辩论(无论变化是缓慢的、渐进的还是"灾难性地"断断续续进行的)跟洪水神话、亚特兰蒂斯和未知大陆的回声,以及对被遗忘世界的浪漫热情结合在一起。但是,尽管毫无疑问,这里曾经发生过火山爆发、暴风雨、台风、海啸和海平面的变化,但从来没有任何科学证据证明太平洋海底存在着一块失落的曾有人居住的大陆——这一事实对这种观点的持久流行几乎没有影响。

在沉没大陆理论的狂热支持者中,有一位名叫雅克·安托万·莫伦豪特(Jacques-Antoine Moerenhout)的比利时"商人冒险家",他在十九世纪初曾在塔希提岛做过十多年的商人和政府官员。莫伦豪特对波利尼西亚之迷非常感兴趣。他承认语言证据指向了东印度群岛,但和许多人一样,他也被风的问题所困扰。然而,他也拒绝了与之相对的美洲大陆来源说,理由是缺乏语言或文化上的联系。这让他只有一个选择:波利尼西亚人一定就来自其所生活的那片土地,既然这在某种意义上是不可想象的,那么那里一定还有其他什么东西,只不过现在人们看不见了——"突然被海水所淹没"的一块巨大陆地。

莫伦豪特关于这个问题的思想的核心,是他的如下观点——波利尼西亚文化显示出伟大的远古迹象,即美丽和复杂的痕迹,而这只能被解释为某种久违文明的回声。莫伦豪特收集了各种各样的证据来支持这一观点——复活节岛上的巨大雕像,以及一些模糊但吸引人的天文知识片段。不过,他的主要证据是塔希提岛的宇宙形成论,或世界起源的传说。这是他在1831年一次奇怪而有趣的邂逅中收集到的。

当时,莫伦豪特住在塔希提岛南海岸一个叫帕帕拉(Papara)的地方。他和那里的酋长关系很好,并从酋长那里了解到了一些塔希提岛的风俗习惯。然而,有些事情,酋长并不知道,于是莫伦豪特急于找到一个能填补这些知识空白的人。有人告诉他,据说一位老祭司知道所有的古代传统,但那个人无法说服这位祭司与莫伦豪特交谈,或泄露任何秘密知识。

后来,一天晚上,有人敲门,一个声音喊道:"莫伦豪特先生快出来!"莫伦豪特打开门,发现是一个塔希提信使。此人从他的树皮布下面拿出一片大香蕉叶,上面是老祭司的一封信。信中写着:"'塔罗亚'(Taaroa)是他的名字,他一直活在虚空中。没有陆地,没有天空,没有海洋,没有人类。塔罗亚发出召唤,但却无人应答;他独自存在,却在宇宙中发生着变化。"莫伦豪特形容自己"被这个惊人的发现迷住了"。突然,他写道,他可以看到"在我面前,遮掩过去的大幕徐徐拉开"。尽管时间过了九点,天色已黑,他还是叫了一艘独木舟,立刻动身去拜访这位老祭司。

这是一次狂野而令人兴奋的旅程。由于老祭司所在村庄位置较远,航行无法在环礁的安全范围内进行,独木舟被迫驶入深海。塔希提人破浪前进,莫伦豪特觉得独木舟肯定会在礁石上撞碎。幸亏风势不大,划船者技艺熟练,独木舟在暗夜中疾驰而过。突然,当他们拐弯时,月亮从半岛后面升起。山峰被裹在一片淡银色之中,椰子树的叶子在夜风中颤抖。莫伦豪特被眼前的景象所折服,不禁直抒胸臆:

> 我当时怀揣着难以名状的心情,开始了了解这些岛民传统的夜游,一路上尽是奇观。夜晚如此宁静,这地方如此美丽,被孤立在茫茫大海中的岛民们如此非凡。众多不同事物同时出现在我的脑海里,我的思想变得混乱,以至于忘记了身处何处。我用力大喊:"啊!如果我最终能知道这一切的起源就好了!"

莫伦豪特很幽默地写道,他的塔希提划船手对于这位法国客人的突然抒情颇感意外,一时无语,然后爆发出一阵笑声。

长途跋涉后,他们到达了老祭司居住的村庄。休息就餐后,两人坐了下来,开始了访谈环节。祭司讲述他所知道的一切,而莫伦豪特做速记。整个过程进行得并不顺利。老祭司凭记忆说话,"只能一边念叨,一边断断续续地叙述",而莫伦豪特努力把老祭司说的每个字都记下来。虽然他对塔希提语有相当的了解,但还是对许多话一头雾水。老祭司背诵的第一首民谣,他就完全听不懂,而即使是他能听懂的吟唱,也不得不让老人一遍又一遍地重复,因为"唯有通过多听几遍,我才能成功地把细节记下来"。所有这些对老祭司来说都显得非常吃力,甚至思路会暂时中断,莫伦豪特得反复询问好几次才能整理出连贯的部分叙述。

老祭司的叙述核心,便是创世神话。最开始的几行,正是此前

被刻在香蕉叶上送给莫伦豪特的那几句:

> 曾有一人,
>
> "塔罗亚"是他的名字,
>
> 他一直活在虚空中。
>
> 没有陆地,没有天空,
>
> 没有海洋,没有人类。
>
> 塔罗亚发出召唤,但却无人应答;
>
> 他独自存在,却在宇宙中发生着变化。
>
> 他的基点、主轴与轨迹,便是塔罗亚,
>
> 岩石与大地,就是他的存在;
>
> 塔罗亚,是沙砾,是元素,是根基。
>
> 这便是他名字的意义。

一开始,莫伦豪特写道,他对这首吟唱感到困惑,不是因为它固有的晦涩难懂,而是因为他觉得这种"极端拔高",与他自己经历过的塔希提岛社会状况不符。老祭司讲述的宇宙起源论太优雅、太抽象、过于形而上学,他觉得不可能是波利尼西亚人这样的"原始"民族的作品。其中一些表达——一个起源于黑暗,既是因也是果的神,"是物质,同时也是一切物质的推动者"——让人想起琐罗亚斯德或毕达哥拉斯的语言,而且与其他民族"最崇高"的创世传说相比"有过之而无不及"。他总结道,这只可能是某个古代文明的作品,是"穿越了几个世纪的野蛮"的最古老之物的遗骸,却像一块瓦片或一片磨尖的石头一样被重新发现。然而，这些古人究竟是谁，却不为人所知，因为他们所有的荣耀——科学、城市、著作和艺术——都被一场原始大洪水摧毁了。

接下来，我们可以看到在寻求破译波利尼西亚人起源过程中的下一个伟大篇章。当然，莫伦豪特的逻辑是有缺陷的，因为岛上居民并不是被大洪水冲走的某个古老文明的残余，但他的方法代表了一种全新的思考他们可能是谁的方式。在十八世纪七十年代，库克和班克斯认为，几乎不可能理解任何他们被告知的关于波利尼西亚奥秘的事情，但到了十九世纪二三十年代，情况已不再如此。随着越来越多的外来者开始在这一地区定居，波利尼西亚人和欧洲人逐渐能够流利地使用彼此的语言，针对困难甚至深奥的话题进行交谈。波利尼西亚人能够表达一些他们所相信的东西，包括他们对自己来自哪里的想法。而刚刚被一般的起源观念所吸引，并为波利尼西亚思想的窗口所着迷的欧洲人，开始得到他们最想提出的问题的答案。如果说对于十六、十七、十八世纪的欧洲人来说，太平洋是一个巨大的地理谜团，那么对于十九世纪的欧洲人来说，难题在于如何弄明白波利尼西亚人所说的话。

# 无字世界

## 波利尼西亚的口述史

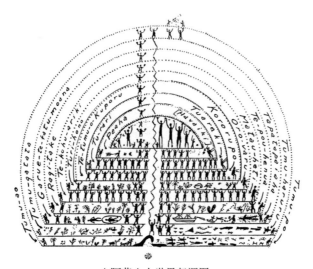

土阿莫土人世界起源图。
引自肯尼斯·埃默里(Kenneth P. Emory):"裴欧瑞绘制的土阿莫土创世图"
(*The Tuamotuan creation charts by Paiore*),①
载于1939年《波利尼西亚学会杂志》(*Journal of the Polynesian Society*)。
现藏于新西兰奥克兰大学波利尼西亚学会。

---

① 1869年,来自阿纳亚岛(Anaa)的一位名叫裴欧瑞的土著画了这幅图,描绘了世界的创造。波利尼西亚人没有这种插图的传统,而且似乎他是在一些试图理解土阿莫土宇宙形成原理的欧洲人要求下绘制的。

从表面上看，似乎一旦欧洲人能够与波利尼西亚居民交谈，他们的有些问题就会迎刃而解。为什么不问问他们自己，他们是谁？但波利尼西亚人给出的答案让欧洲人感到困惑：他们没有正确的知识框架，也没有提出正确的观点，更没有提供欧洲人所追求的那种信息。人们很容易忘记曾经的人们是多么的不同。但从根本上讲，这些文化有着截然不同的思维方式，而且至少在一开始，它们之间传递的每一条信息都必须跨越这个认识论的鸿沟。

126

一个重要的区别是，直到十九世纪，波利尼西亚人所知道的或者曾经知道的一切都只能口耳相传。这不仅适用于实践知识，如航海指南、造船技术或各种动植物的使用，而且适用于家族和部落历史、族谱、传说、民间故事和神话，所有这些信息都储存在特定人士的记忆中，他们的责任是保存这种知识，并将其代代相传。

127

今天几乎不可能想象还有这样一个世界：一个没有书籍、日历或账户的世界——更不用说互联网——在这个世界里，什么都不会被记录，所有能掌握的信息都储存在少数人的大脑中——识字只是在过去的五六千年里才出现，在人类历史的大部分时间里，知识就是这样被储存和交流的。写作的出现常常被视为人类历史上的分水岭之一，可以说，写作的存在与否从根本上塑造了文化，有些人甚至会说它塑造了意识本身。这是一个过于宏大的主张，但毫无疑问，记录已知事物的能力改变了知识的构建方式，包括可以传递的信息种类和信息的表现形态。

在口承文化中，一个最重要的考虑因素，便是重要知识的保存，而口头传统许多显著的特点，便是让其更容易被记住。口头传统经常被吟唱或朗诵，其展现出的独特节奏或修辞特点使之易于留存。它们通常包含公式化的元素，经典范例便是《荷马史诗》这一"英雄史诗韵体"中"足智多谋的奥德赛"以及"酒蓝色的海波"。这种修辞通常以高度的冗余和重复为特征，在涉及重要的概念和仪式行为时尤为明显，这就是为什么在《荷马史诗》中有如此多的"倒出醇酒"和"炙烤牛的腿件"了。同样，任何在文化上不重要的东西都很容易消失。虽然口头传统似乎常常侧重于过去，但实际上它们是以现在为中心的。在口承文化中，只有对当下生活有意义的东西才被保留下来。

历史上，当出身于读写文化的人与口承文化背景的人接触时，常常惊讶于后者居然能够回忆起如此之多的内容。在十九世纪的太平洋地区，这一切当然成立。欧洲人记载了在那里的波利尼西亚居民惊人的记忆壮举。据报告,一位来自新西兰的毛利人完全凭记忆口述了长达十一卷的传统史料,"而且他年纪很大";另一名毛利人能够背诵部落每一个成员的族谱,可向上追溯到三十四代;还有一位奇人则口述了由近两千个名字组成的族谱。然而,任何一个人能记住的东西都是有上限的,现代对非识字文化的研究表明,即使是最卓越的记忆也不精确。与写作不同的是,口头传统永远不能说是"存档的",因为口耳相传的方式不能将单词按特定顺序加以固定。口述史是流动而易变的,并且会随着时间的推移而发生变化。这种改变可能是偶然的——以任何被无数次重复的东西发生改变的方式——也可能是策略性的,以回应人们不断变化的经验和需要。

这就是说,对于宇宙的创造、火的起源、太阳的陷落和减速,没有经典的版本,即没有最真实或最正确的解释。相反,存在着许多不同的变体,不仅因群岛而异,而且因岛屿、部落甚至祭司而不同。因此,记录这些传统的努力(如欧洲人在十九世纪太平洋地区所做的努力),永远仅仅只能反映整体的一部分或一个横截面。从定义上讲,在特定时刻、特定地点,根据从特定的一个人或一群人那里获得的信息汇编的书面报告,既不是最权威的,也不是完整的。将口头传统简化为书面文本的一个结果是固定了特定的版本。随着时间的推移,这些版本往往会成为经典——这一点是许多波利尼西亚酋长和祭司所感念和欣赏的。

世界上的口承文化数量越来越少，但人们的兴趣却逐渐增长，最有趣的问题之一是，有没有一种口述观察的方式，即一种口承文化民族共同的世界观，可能以某种可归纳的方式不同于有读写文化背景的人的世界观。直觉上看起来正确的一个观点是，口承文化中的知识仍然"接近人类当下的生活世界"，也就是说，体现在经验和事物的世界中。

二十世纪三十年代的一项著名研究似乎支持这一观点，该研究要求来自乌兹别克斯坦和吉尔吉斯斯坦偏远地区不识字的受试者辨认一系列几何图形。他们没有使用"圆"或"正方形"这样的抽象术语，而是用熟悉的物体代指："圆被称为盘子、筛子、桶、手表或月亮；正方形被称为镜子、门、房子、晾杏干板。"在另一个实验中，被试者被要求将四个物体分组，其中三个属于同一类。他们所依据的分类标准，都不是研究人员心目中的标准，而是从实际情况出发，把这些物品在现实世界中的用途作为归类依据。一位受验者看了锤子、锯子、原木和斧头的照片后说："它们都一样。锯子能锯木头，斧头能把它劈成小块。如果其中一个必须离开，我会扔掉斧头。"虽然某人认为锤子、锯子和斧头都是工具而原木属于另一类，但此人回答："是的，但即使我们有工具，我们仍然需要木材，否则什么也造不成。"不仅知识是按照现实生活中的情景组织起来的，而且情景本身也意味着行动，因此整个思想群都嵌在了一种故事中。木材和工具不仅是东西，它们是有人要用的东西。它们之所以重要，是因为它们是人类生活的一部分；没有它们，就难以建造某人真正需要的东西。

当然，许多人在读到这些文字时，会立刻想到他们认识的一些务实的人，他们的回答会和那些乌兹别克斯坦木匠（我本人也嫁给了这样一个人）一模一样。问题在于，这样的思维模式并未随着写作的出现而消失，恰恰相反，我们与口头叙述相关的许多特征——戏剧传说、情景思维、具体细节——是识字社会中人们交流方式的核心（正如任何有创意的写作老师会告诉你的那样，这些特征对于出色的写作至关重要）。但是，还有一些我们认为理所当然的东西，在一个没有文字的世界里是不可能存在的，即信息的组织方式，因为其涉及太多彼此联系的环节，以至于无法完全被记在脑子里。

在一个没有文字的世界里，没有清单或统计；事实上，众所周知，书写的发明是为了准确地列出商品——如母羊、公牛和双耳细颈酒瓶。没有"对现象的抽象顺序、分类、解释性审查"，没有定义或全面的描述，没有抽象的分类或陈述的真理。整个思维体系，如几何、修辞学、代数、符号逻辑（总称高等数学），以及我们所谓的科学，在没有文字的世界里是不可能存在的。这并不是说口承文化民族不具备技术知识或抽象思维，也不是说他们不使用"类似科学的经验主义元素"来解决复杂的问题。简而言之，通过使从上下文中提取信息成为可能，进而让知情者与已知的文字保持距离，文字作品可能会创造一种有利于客观性的世界观的条件。

二十世纪二十年代，人类学家爱德华·汉迪（Edward S. C. Handy）曾在马克萨斯群岛居住，他认为他所说的"主观和客观反应"——幻象、梦境、占卜以及我们称之为"可证实的事实"的知识——在马克萨斯人的头脑中是"统一的"。从他们的观点来看，这些事物之间没有任何有用的区别。当然，汉迪有可能是从某种先入为主的意义上理解了他认为马克萨斯人应该是什么样的人。但是，1897年由语言学家爱德华·特雷格尔（Edward Tregear）从自己在新西兰的相关采风记录中发掘的一个有趣的传说，似乎证实了汉迪的观察。

特雷格尔出生在英国，于十九世纪六十年代移民到新西兰，在大英帝国的殖民地边境找到了一份测量员的工作，这份工作使他接触了许多毛利人。他早年接受过良好的教育，少年时期就学会了拉丁语和希腊语。他很快就可以流利地用毛利语与当地人交谈了。他最终成为欧洲研究波利尼西亚语言领域的权威人士，于1891年出版了内容丰富的"毛利语—波利尼西亚语"比较词典，并与他人共同创立了"波利尼西亚学会"这家二十世纪研究波利尼西亚文化的杰出学术团体。

特雷格尔写道，一天，他和一个相熟的毛利人在怀卡托河（Waikato River）岸边散步时，此人主动声称要向他展示一件"白人从未见过的东西"。这个佚名的毛利人指引特雷格尔离开河岸，沿着一条狭窄的山谷向上走，直至他们到达一块大约三十英尺高的圆锥形大石头面前。"那是我的祖先,'劳卡瓦'(Raukawa),"他说,"他是个巨人,曾经一步跨过怀卡托河。"

特雷格尔记录,他想弄清楚这位土著朋友到底是什么意思。"你想让我知道这块石头是为纪念你的祖先而建的,是因他而神圣吗?"他问道。"不,"毛利人说,"这是我的祖先本人。"但特雷格尔对这个回答并不满意。"你一定知道自己是在胡说八道,"他说,"你的意思是这块石头是以劳卡瓦命名的,或者,也许你的巨人祖先被众神变成了石头,石化的英雄就站在这里。""不,"毛利人说,"那是劳卡瓦,而这个'红印'(约二十英尺长的一块红赭石)是他受致命伤的地方。"特雷格尔形容自己无法遵循这位毛利人朋友的思维逻辑,但他也确信对方是在阐述心中的真相,而且此人似乎相信"这块石头具有人性这种奇怪的想法"。

在波利尼西亚的传统思维中有许多类似的例子,比如说,一个岛屿被描述成一条鱼,或者鱼也是一种石头。欧洲人普遍认为这种说法是隐喻性的,但波利尼西亚人经常坚持认为它们是真的。这些说法给欧洲人带来了一个问题,因为他们的真理观排除了石头是人或岛屿是鱼的可能性。但是波利尼西亚人认为欧洲人的分类及他们讲的传说也有问题。

一份来自塔希提岛的早期传教士报告,叙述了岛上居民对其中一位传教士撰写的对话的反应。这个传说是作为一个教学文本而创作的,涉及两个虚构的塔希提人——乌默拉(Oomera)和塔罗(Taro)——其中一个刚从英国访问回来,讲述了他在那里的经历。塔希提岛的读者对此很感兴趣,尽管他们对剧中人物的互动方式持批评态度——剧中人以一种被认为不合适的方式询问对方家庭事务的细节。不过,总的来说,他们对乌默拉和塔罗的传说信以为真,直到最后才得知这仅仅是一部虚构作品。传教士写道:"听众好奇的问题,总体来说集中于谁是乌默拉,谁是塔罗?他们住在哪里?"当塔希提人被告知对话是编造的,它是"一个用来表达真理的寓言",他们感到厌恶。"这是一本充斥谎言的书。"他们说。

传教士试图将《天路历程》(The Pilgrim's Progress)翻译成塔希提语,这同样令人困惑。塔希提人把它描述为"一本非常黑暗的书",不是因为它强调原罪的代价,而是因为它"与任何人无关,完全是'自说自话',牵强附会,是完全没有根据的传说"。对传教士而言,问题是塔希提人未能领会寓言的信息。"他们似乎完全没有这样的疑虑和恐惧,"其中一位写道,"他们看不到原罪的真谛,也感受不到原罪的重担。"但塔希提人完全把注意力放在了别的事物上;他们蔑视小说这一概念,所以无法欣赏寓言这种表达方式。

欧洲人和波利尼西亚人似乎对叙述的目的以及"谎言"和"真理"的相对含义有着截然不同的看法。对于波利尼西亚人来说,"编造"的传说是谎言,所以是不道德的,而且从实用角度看是无用的,因为不包含可信的信息。然而,欧洲人认为许多波利尼西亚传说要么是错误的,要么是不可理解的,因为它们不符合自然规律和物质世界。特雷格尔的毛利人朋友告诉他,这个人,即他的祖先劳卡瓦,和这块石头是同一个生命连续体的全部,这一"真相"无法与特雷格尔认为毛利人是活着的、祖先是死的、岩石是无生命的那种"真相"相一致。

从祈祷和奉献,到情歌和嘲弄,波利尼西亚人的口述传统多种多样。十九世纪早期记载的塔希提传统包括谜语、浪漫故事、政治演讲、夜间乞灵(在黑暗中传授)、战歌、摇篮曲、旅行指南、如何揭露窃贼和驱除混乱、摆脱对巫术的幻想以及祈求下雨。但是大多数欧洲人的出发点是宇宙起源论,或者关于世界是如何形成的理论,这被广泛理解为探索波利尼西亚人源头之谜的线索。

十九世纪,整个波利尼西亚都有关于创世神话的记载:塔希提岛和社会群岛、夏威夷、新西兰、查塔姆群岛、汤加、萨摩亚、土阿莫土群岛、马克萨斯群岛、复活节岛以及曼加伊亚岛(Mangaia)都有宇宙起源说。被写在香蕉叶上,由塔希提老祭司的使者交给莫伦豪特的,便是社会群岛宇宙形成论的一部分;与此类似的,还有好几个版本被记录下来。这些神话绝非一模一样:有的说创世神在时间之初就睡在贝壳里,有的讲述的是一位女性原始神,从自己的身体里拔出了第一代神;还有一些认为,神是从岩石联盟中诞生的。虽然没有单一的明确版本,但粗略而言,广义上,波利尼西亚宇宙观的特点在于两个密切相关的主题。

首先,所有形式的物质之间的关系都是亲属关系;在纯粹字面意义上,存在的每一个事物都与其他事物相关。劳卡瓦的石头本身也是一个祖先,是这个人和这个先辈英雄的同一造物连续体的一部分。其次,世界上所有事物的创造机制,不仅仅是人类、动物和神,甚至是我们所说的无机物,比如沙子和石头,都是有性生殖的一种形式。传统波利尼西亚神话中的创造,从根本上说,是生殖问题。

根据众多的波利尼西亚创世传说,宇宙起源于一种被称为太保(即类似于"混沌"状态)的存在,这通常被描述为一段混乱或黑暗的时期或一种夜晚,是在任何神、天、地、海、植物、动物或人类出现之前就存在的东西。它不仅与这个世界暗淡的开端有关,而且与生前时间、死后时间和精神世界的奥秘联系在一起。在波利尼西亚人的二元论哲学中,它与光的世界和普通人类的努力是对立的。我们生活在"Te Ao"(即宇宙世界)当中,但一切始于混沌状态,最终也将归于混沌状态。新西兰民族学家埃尔斯登·贝斯特将之描述为一个隐喻性黑暗的时间或地点。他讲述了一个毛利熟人的传说。当被问及一系列特殊事件时,这个毛利人回答:"我不知道这些事情,因为当时我还在混沌状态。"他是说他还没有出生。

在整个波利尼西亚的神话和吟唱中都提到太保,其中最著名的是一首两千行的夏威夷创世圣歌,被称为"库姆利泼"(Kumulipo),意思是"自暗黑深处开始"。这首歌写于十八世纪初,主要是为了纪念主神"罗诺卡玛卡锡基"(Lonoikamakahiki)的诞

生,根据利留卡拉尼女王(Queen Liliʻuokalani)的翻译,它的开头是:

那时,岩浆翻滚

那时,天翻地覆

那时,日月无光

是神,使一道光

划破冬夜

便有了泥浆,地球初创,

最深的黑暗之源

在暗黑深处,在暗黑深处,

在太阳背后,在夜的深处,

是夜,

于是,黑夜降临。

十九世纪在新西兰收集到的类似吟唱,描述了太保的许多阶段,以长段咒语,重复一系列的夜晚(或者也可能是一个漫长的夜晚),强烈地暗示了怀孕和分娩的时期:

太保-内(Te Po-nui)——伟大的夜

太保-拉(Te Po-roa)——漫长的夜

太保-维维(Te Po-uriuri)——深沉的夜

太保-克雷克雷(Te Po-kerekere)——浓密的夜

太保-提瓦提瓦(Te Po-tiwhatiwha)——漆黑的夜

太保-特-基提(Te Po-te-kitea)——伸手不见五指的夜

太保-汤哥汤哥(Te Po-tangotango)——如墨的夜

太保-瓦瓦(Te Po-whawha)——可用手触摸的夜

太保-纳姆纳姆-基-太奥(Te Po-namunamu-ki-taiao)——寻找转世通路之夜

太保-塔乌利-阿图(Te Po-tahuri-atu)——无限轮回之夜

太保-塔胡立-麦-太奥(Te Po-tahuri-mai-ki-taiao)——轮回至现世之夜

也就是说,这个世界,正是从黑暗中诞生的。

在某些土著传统中,太保与"特库里"(Te Kore)相关,后者一般表示否定,但在这里被升华为"虚空",意思是"无"。和太保一样,特库里也可以特定化,"库里内"(Kore-nui),意思是"极大的虚空";"库里洛"(Kore-roa),意思是"无边的虚空";"库里帕拉"(Kore-para),意思是"干涸的虚空";"库里拉维"(Kore-rawea),意思是"无法感触的虚空",这表明它不是一个真正的缺失或空虚的问题,而是存在与非存在之间的一种阈限空间,正如一位早期传教士所说的那样,是一个"潜在存在的王国"。上述两个概念似乎都是高度抽象的,而用于翻译它们的许多语言强化了这种印象。但这可能是一种误解。正如一位现代学者所说,"无限和永恒的观念意味着空间和时间的无限性,在我看来,这不是古代毛利思想的一个范畴;相反,总是强调'数目的丰富性'(Abundance of Multitude),是毛利思维具体化的特点"。

数目的丰富性是描述接下来发生的事情的好方法,因为宇宙起源的黑暗让位给了造物,通过对立元素的联合,世界上的一切都被创造出来了。在塔希提和波拉波拉的吟唱中,"最初的生成物"来自不同类型岩石的结合:

> 悬崖峭壁上的岩石和海洋中的礁石相遇并结合在一起,因为它们之间具有亲和力。
> 砂板岩和黏土岩相遇并结合,因为它们之间具有亲和力。
> 鹅卵石和碎石头相遇并结合,因为它们之间具有亲和力。
> 黑石头和白石头相遇并结合,因为它们之间具有亲和力。

137

在夏威夷,夜晚孕育出珊瑚虫,接着依次是蛴螬、蚯蚓、海星、海参、海胆、藤壶、珍珠母、贻贝、帽贝、玛瑙贝、海螺。在复活节岛的吟唱中:

> 树丛与树干的交合,诞下了木槿树。
> 大头金蝇与流水飞虫的交合,诞下了蜻蜓。
> 咬人的毒虻与无害的群虫交合,诞下了蚊蝇。

核心原则,便是通过雌雄元素的配对而孕育新生:神、观念、自然的拟人化,甚至像"美丽的增长"和"一切奔腾的土地"这种古怪的抽象概念。每一次配对都会产生新的元素,这些元素又会联合起来,产生更多的元素,因此通过一系列的"系谱"创造了整个宇宙:岩石和沙子、咸水和淡水、河流和山脉、森林和环礁、苔藓和树木、游泳的东西和爬行的东西、神和人。结果是形成了一种宇宙谱系,或族谱，其中任何一个特定的个体都可以追溯到他的祖先——不仅可以追溯到一对创始祖先，而且可以追溯到岩石、树木、珊瑚和鱼类，甚至一直穿过客观物质世界而追溯到宇宙本身的某粒微尘。

十九世纪的欧洲人对这个创世神话深感着迷，他们认为这是一种直接的证据，是关于波利尼西亚历史的最简单、最真实、最权威的信息来源：波利尼西亚人对自身过去的看法。他们设想了像莫伦豪特与塔希提岛老祭司的相遇这样的场景，这些社会中有学识的土著人泄露天机，从而掀开遮在岛民出身问题上的面纱。然而，在实践中，这一切要复杂得多。收集、记录和翻译既费时又困难。波利尼西亚人往往不愿意分享他们所知道的信息。收集者和线人的动机是复杂的：欧洲人经常压制那些使他们困惑或冒犯他们的信息；波利尼西亚人有时会因为部落或其他原因而改变他们不认同的信息；在某些情况下，信息提供者传授知识是为了获得报酬——这是一种标准的人种学实践，但这种做法显然有可能扭曲结果。对欧洲人来说，首要的问题是解释：如何从这些碎片中提取地图和历史；如何让波利尼西亚神话告诉他们那些想知道的事。为了得到帮助，他们转向了新兴的比较语言学和神话学领域，这些学科在十九世纪似乎正在打开世界历史的大门。然而，涉及波利尼西亚的历史时，这种对民间传说和语言的探索，启发性并没有那么明显。事实上，在接下来的几十年里，它让每个人都误入歧途。

雅利安毛利人
# 挑战不可能的理论

爱德华·特雷格尔所著《雅利安毛利人》(*The Aryan Maori*)一书封面（惠灵顿,1885年）。现藏于新西兰达尼丁公共图书馆"里德画廊"(Reed Gallery, Dunedin Public Library)。

如果今天再去看看上面的波利尼西亚神话，我们可能会被它的不同寻常之处或与众不同之处所震撼。我们可能最好奇的，似乎是反映了波利尼西亚世界独特之处的传统的那些面向。但是，十九世纪的欧洲人对这种材料采取了截然不同的处理方法。他们关注的，并非一系列关于蜻蜓、蚯蚓和交配的石头那类奇怪而深奥的传说，而是一系列熟悉的主题。例如，他们注意到，许多波利尼西亚神话中都有地球和天空的元素配对，在新西兰有关"兰吉"（Rangi，即"天空"）和"帕帕"（Papa，即"大地"）的传说中可以找到一个很好的例子。根据这个流传甚广的毛利人神话，在黎明时分，兰吉和帕帕紧紧地抱在一起，而他们的孩子——风、战争、海洋等诸神——则被困在二者之间的黑暗中。过了一段时间，孩子们对这种封闭感到厌倦，就密谋把他们的父母分开。每一个人都在尝试，但都失败了，最后，森林和树木之神塔尼背对帕帕——他的母亲——并用他的脚，把他的父亲兰吉推上天空。在社会群岛的一个相关神话中，塔尼用巨大的木头作为柱子把地与天分开。而在土阿莫土人的咏叹诗中,是最初的人类"用双臂举起了头上的天空,他们踩在彼此的肩膀上,层层叠加,直至高耸的树干能够直立"。

对于欧洲人而言,树木、支架、柱子或人力撑起天空的想法自然并不陌生,能够让人立即联想起希腊泰坦神族的阿特拉斯——用荷马的话来说,他的肩膀"撑顶着粗浑的长柱,隔连着天空和大地"。① 他们也完全熟悉天空为父和地球为母的观念,类似版本出现在许多欧洲传统中,其中就包括宙斯和德墨忒尔的古希腊神话。事实上,"天父"(梵语中的 Dyaus Pitā,希腊语中的 Zeus Pater,拉丁语中的 Jupiter)和"地母"在印欧语系中非常普遍,以至于这些术语可以追溯到五千多年前。

另一个给十九世纪学者敲响警钟的概念是太保,即时间之初的波利尼西亚所处的黑暗状态。对于欧洲人来说,一种东西从虚无中脱颖而出,从混乱中恢复秩序的观念,就像《创世记》中的类似表述:"地是空虚混沌,渊面黑暗,神的灵运行在水面上。"对于那些受过古典教育的人来说,它进一步让人想起奥维德的《变形记》(*Metamorphoses*)②:

> 在海、陆以及覆盖一切的苍天
> 尚不存在之前,
> 大自然的面貌是混元一片,

---

① 具体可参见[古希腊]荷马:《奥德赛》,陈中梅译,译林出版社 2003 年版。
② 译文参照了[古罗马]奥维德:《变形记》,杨周翰译,人民文学出版社 1984 年版。

到处相同,名为"混沌"。

其他学者则找到了其中与赫西俄德所著《神谱》(*Theogony*)、梵文写就的《梨俱吠陀》(*Rigveda*)乃至挪威语"萨迦"("Sagas")的联系,后者认为世界源自"金伦加鸿沟"(Great Abyss Ginungagap)——跟太保一样,都是无形无状的虚空状态。

即使到了现在,也很难说清楚这些神话为什么如此相似。当代研究的结论之一,便是这类主题属于典型问题,反映了所有人类共有的某种心理状态。另一个有趣的命题是,这种相似性是一个真正古老的神话基础的证据,即传说中可以上溯至二万年前的"劳亚大陆"(Laurasian)——它跨越欧亚大陆、北非、大洋洲和美洲的文化,远溯至波利尼西亚或印欧文化的起源。或者,有人可能会争辩说,事实上,这种明显的相似性只是一个选择相似性的过程之产物:欧洲人在波利尼西亚发现了龙和洪水的神话,因为他们对龙和洪水很感兴趣。然而,十九世纪的民俗学家却没有得出任何结论。他们主要关注的是族谱的证据。

面对看起来像是自身初始传统的某些迹象的事物,十九世纪的欧洲人得出结论,波利尼西亚神话和欧洲神话具有同源性,因此波利尼西亚人的祖先和他们自己的祖先一定是有联系的。在历史或地理上,这种联系究竟体现在哪里并不明显。一些人认为波利尼西亚人的起源可以追溯到古希腊,另一些人则主张在埃及法老身上及其坟墓中能够有所发现。早期传教士中流行的一个观点是波利尼西亚的居民是一个失落的犹太人部落的后裔。塞缪尔·马斯登（Samuel Marsden）牧师是新西兰第一个基督教传教团的创始人，也是这个想法的早期支持者。他发现了毛利人的闪米特人血统的证据，并称之为"具有迁徙交流的显著天性"，因为，正如他所说，"他们会买卖任何他们拥有的东西"。更浪漫的是，牧师理查德·泰勒（Richard Taylor）把波利尼西亚人想象成一个游牧部落，他们从地中海东部出发，穿越今天的伊拉克、伊朗、巴基斯坦、印度、孟加拉国、缅甸、泰国和马来西亚，"直到久而久之，他们到达了大海，在那里，他们仍然保持着游荡的特性，在风和洋流以及各种原因的驱使下从一个岛屿到另一个岛屿，最终到达了新西兰"。然而，最终在十九世纪欧洲人中引起广泛关注的想法，是波利尼西亚人既非闪米特人、埃及人，亦非古希腊人，而是雅利安人。

要知道，直至十九世纪中叶，雅利安人一词并不代表着今天它对我们的意义。彼时，雅利安人与条顿人或金发的北欧人没有任何关系，而主要是指讲梵语的游牧民族，他们被认为在公元前两千年从伊朗高原迁移到现在的北印度。这些人用梵语单词"阿瑞亚"（ārya）自称，意为"高贵"，于是，十九世纪的欧洲人称之为"印度雅利安人"，或者干脆简称为"雅利安人"。当时，梵语是印欧语系中已知的最古老的语言（后来发现还存在更古老的语言），说梵语的雅利安人被认为是所有其他印欧语系民族（希腊人、罗马人、凯尔特人、斯拉夫人等）的祖先。因此，雅利安人最初是对某个印度部落一个相当狭隘的称呼，而在十九世纪则变成了"现代文明之母"的同义词。

后来，由于纳粹盗用了这个词，且错误地宣称这些早期印欧人的家园位于北欧某处，严重扭曲其含义，以至于很难重塑其在十九世纪的意义。但在当时，它与对比较语言学领域的发现以及这些发现对整个人类历史研究的影响之兴奋感联系在一起。对十九世纪的学者来说，一系列相关语言可以追溯到几千年前，远远超出了有记载的历史的界限，甚至超越了《荷马史诗》和圣经，这种观点简直是一种启示。它直指他们最古老的祖先，那些生活在希腊和罗马之前几个世纪的人。在那之前，这基本上是不可想象的。随着语言学家们开始拼凑这个传说，并找出了越来越多的语言（也就是越来越多的民族）之间的关系，我们逐渐有可能设想一种假设的母语，即一种更古老的语言，也许有五六千年的历史，希腊语、拉丁语甚至梵语本身只是其中的一个分支。从这一重建过程中，我们可以推断出一些关于完全不同的民族（从伊朗到冰岛，他们分散在世界各地）具有共同祖先的信息。

例如，从这种原始语言可以推断出，这些人的技术包括轮子。他们用专门词汇来形容车轴、轭和某种手推车或轮式运输工具，还有一个动词表示"犁地"。他们有一个词表示田地，还有一个词表示"赶牛"；后面这个动词也是与婚姻有关的动词，比如"娶走"新娘。他们不仅有代指奶牛、开荒牛、公牛和阉牛的单词,还有表示绵羊、山羊、狗、猪尤其是马的词语。他们区分了动产和不动产,在前一类中,区分了四足动产(牲畜)和两足动产(奴隶)。他们奉行多神教,他们最为仰仗的神的名字与"天空"一词有关。另外,他们用来形容人类的词是从关于"大地"或"泥土"的词中衍生出来的。他们的诗歌围绕着生育、互惠、不朽和英雄事迹等主题展开;在《荷马史诗》中,我们最为熟知的一句名言,被注解为"良好的名声"。

关于这些古代雅利安人究竟生活在哪里,仍有争论,但同样可以从他们的词汇中推断出一些东西。他们有形容山脉、河流、湖泊、沼泽的词汇,以及描述森林动物的名称:熊、狼、狐狸、海狸、水獭和麋鹿。在一些派生语言中,表示"狼"的词经历了被称为"禁忌变形"的过程——当人们用并不冒犯的"可恶的"(darn)代替"见鬼的"(damn)这样一个极为不敬的词时,就会发生这种情况——这表明这种生物非常可怕。他们似乎只给两种鱼类起了名:鳟鱼和鲑鱼。同时,他们有多种鸟类的名称,包括渡鸦、鹰、隼、鹤、鸫、乌鸦、麻雀、雉鸡、猫头鹰和鹳。他们有形容蜜蜂和水蛭的词,也用专门的词来对应黄蜂、老鼠和跳蚤。他们用一个词来描绘雪,另一个词来形容浆果。他们有一个关于屠龙的传说和一个关于偷火的神话。

出乎意料的是,语言学虽然本质上是一个技术性很强的领域,涉及语音和字形的严格比较,却开辟了一个全新的历史视野,给了欧洲人一种关于雅利安人是谁的生动浪漫的全新感受。它还提供了一种从跨越半个世界的亲缘联系的视角思考他们与其他民族之间关系的全新方式。一个语言学的爱好者感慨:"许多民族,由于距离遥远,由于经年的冲突和杀戮,由于不同的宗教信仰,由于古老的风俗习惯,而被迫分离,但他们有着共同的起源。他们的祖先讲着同一种语言,坐在一个议事厅里。这对一个纯粹追求思辨的人来说,就像是对学历史的学生一样,极具价值。"

语言学比较方法的发展被认为是十九世纪最伟大的学术成就之一,对我们理解世界历史作出了巨大贡献。但它也造成了一些空白,其中一个与波利尼西亚起源问题直接相关。印欧语言学的发展是通过增加越来越多的语言进行比较来实现的,但是在欧亚大陆以外,世界上大多数语言的文献资料质量都很糟糕[在一些地区,包括美拉尼西亚的大部分地区,情况仍然如此]。但波利尼西亚是一个例外。在十七至十八世纪,探险家们收集了大量的语言资料。到了十九世纪中期,人们可以确定地证实,存在一个可以识别的海洋语言系统,即今天我们所称的"马来—波利尼西亚语系"。

然后,1841年,印欧语系研究的先驱、著名的德国语言学家弗兰兹·葆朴(Franz Bopp)提出了更令人吃惊的建议,即印欧语系和马来—波利尼西亚语系之间存在直接联系。具体而言,葆朴认为马来—波利尼西亚语是梵语的一种蜕化形式。第二个更激进的建议是:马来—波利尼西亚语实际上早于梵语,印欧语系的所有语言事实上都是从南太平洋语言的早期化身衍生而来的。根据这一理论,波利尼西亚人是"曾经统治亚洲广大地区的一个种族的残余",他们是在"极为遥远的古代"殖民太平洋的。

这一建议被一些非常有影响力的研究者采纳,包括牛津大学著名的梵语学者、《吠陀经》翻译家马克斯·穆勒(Max Muller)。他写道,"尽管这一观点——荷马的语言是桑威奇群岛语言的一个分支——听起来很奇怪,但就在不久前,欧洲所有的希腊语和拉丁语学者都对于将古典语言的根源追溯到梵语的想法予以否定"。没有人能够确切地证明马来—波利尼西亚语是梵语的一种形式,或者梵语是马来—波利尼西亚语的一种形式,但是到了十九世纪末,最有影响力的研究波利尼西亚历史的学者都相信,二者之中必有一个成立,欧洲的语言和遥远的太平洋地区语言有着共同的根源。

事实上,这是不正确的。但是在十九世纪后半叶,为了证明这个观点的可靠性,论者可谓着墨不少。新西兰人爱德华·特雷格尔就是其中一位着手实施这项计划的人。特雷格尔既是波利尼西亚语的学生,也是穆勒的信徒。1885年,他在一本名为《雅利安毛利人》的小册子中阐述了自己的主张。他在书中称,毛利人是"游牧民族的后代,后来因为好战而迁徙",这一点只需要用毛利人的语言和神话就可以证明。特雷格尔写道,毛利人的语言"以一种几乎无法想象的纯净"保存了雅利安人生活各个方面的记忆——"豢养的动物、使用工具等"——而"几个世纪以来,毛利人已经失去了这些记忆"。

特雷格尔的目标是证明所谓的语言"幸存者"的存在，它们是丢失的知识或被遗忘的经验的回声，而且在现代词汇中仍然模糊不清（英语中的一个例子是"footman"一词，通俗地说是指男性家庭佣人，但它曾经指的是在主人马车旁边步行的仆人）。注意到古代雅利安人曾是游牧民族，而且大多数印欧语系的语言都有形容牛、马、羊等动物的词汇，特雷格尔认为，这些重要动物的词汇痕迹应该可以在毛利语中发现。当然，他知道，在欧洲船只把牛、马、山羊、绵羊或猪运到新西兰之前，它们从来没有踏足新西兰，但这只不过是强化了这一论点。"我知道毛利人对某些动物并不熟悉，"他写道，"于是决定试着在单词结构中找到任何证据，以此来追踪他们是否曾经对它们熟知。"

通过梳理毛利人词汇，以寻找拉丁语的"马"（equus）、希腊语"绵羊"（ois）以及梵语中的"牛"（gaus）的踪迹，特雷格尔发现了他所谓的许多例子。他写道："我发现土著语中存在的'kaupare'一词，意思是转至另一个方向，并被它与牧民的梵语"go-pala"的相似之处震惊。"他发现了毛利语中的"kahu"意思是"天空"），以及"kahu o te rangi"（天堂的斗篷）和"cow of heaven"（天牛），而最后这个概念，在研究雅利安的文献中随处可见。在毛利语"kahurangi"（意思是"游荡"或"居无定所"），他发现了"天牛"，而其在雅利安语中经常被用来作为云朵的隐喻。在毛利语"kahupapa"（意思是

"桥")中,他发现了"矮牛"(flat cow),古代雅利安人坐在上面过河。在毛利语"kauruki"(意思是"烟")中,他发现了"牛粪",全世界的牧民都把它当成燃料。意思是"杂物"或"担架"的毛利语"kauhoa"一词中,他发现了"牛虻";在意思是"钻木取火"的毛利语"mata kautete"(马塔·考特特)中,他发现了"奶牛乳头"——大概是指工具的形状——这让读者大吃一惊。

一个人不必成为语言学家就可以认识到《雅利安毛利人》展现了一些相当奇特的词源推理。这是《新西兰研究所学报和会报》(*Transactions and Proceedings of the New Zealand Institute*)一篇极棒的讽刺作品的主题,作者是一位精通比较语言学原理和毛利语的"性情乖僻但非常聪明"的律师。他用自己编造的"公鸡和公牛的传说"[这是一个荒谬的传说,讲述一群雅利安人访问新西兰,发现了一只被称为"kakapo"的"发出咕噜咕噜叫声的满地奔走的大鹦鹉"。当他们回到故乡时,他们对这种生物的描述"被那些留在家里的雅利安人报以'怀疑和嘲笑',因此第一个公鸡和公牛的传说诞生了"]的伪派生词演绎了特雷格尔的方法。

尽管受到了这种批评的刺痛,但特雷格尔拒绝承认他的方法有任何错误。事实的确是他运用得不对。语言学的比较方法是有效的,但前提是要遵循最严格的规则。为了证明不同语言中的单词是相关的,它们之间的对应必须是一致的和可预测的。如果在某种情况下,一种语言中的 p 在另一种语言中变成 f,那么在所有可比较的情况下都必须这样。这种发音变化规律的原理被认为是该方法的基础和不可打破的规则。完全自学成才的特雷格尔并没有充分掌握这一点，但他并不是孤例。在十九世纪后半叶，即使是许多本可更好地了解这一问题的人，也被追溯每个人（英国人、波罗的海人、凯尔特人、希腊人、罗马人、波斯人和波利尼西亚人）的起源到"中亚摇篮"的"狂热"所席卷。

今天，很难想象，为什么有人会认为太平洋上的远洋民族是欧亚大草原上古老的牧民和骑手的后裔。前者对舷外托架、鱼钩和珍珠母这些词语如数家珍，而后者害怕狼，大男子主义，喜喝牛奶，并且对车轴、动产，以及良好的名声等词语耳熟能详。但是，关于波利尼西亚起源的雅利安理论对十九世纪的欧洲人的意义，不同于对我们的意义。这与他们对民俗学和历史的热情相吻合，比较语言学家的新方法正在以令人着迷的新方式对之加以扩展。它也符合那个时代浪漫主义的时代精神，当时的人们有着对异国他乡题材的热爱以及对任何古老、原始或遥远事物的迷恋。

对于欧洲的研究者和思想家来说，关于波利尼西亚起源的雅利安理论是一个关于语言和历史的更大论点的组成部分，即一个巨大的智力谜团中的一小部分，但却很有趣。对于那些在遥远的太平洋岛屿上寻找自己家园的欧洲人来说，像历史学家凯利·豪（K. R. Howe）所说的那样，这也可能代表了一种驯服陌生新世界的方法。

一旦被带入印欧阵营,波利尼西亚人就不再是原始的外来人口,而是有着历史、神话和文化的民族,欧洲人能够对这些传统加以理解,寻求关联,并愿意对之予以接受。这可以被视为一种夺取行为:欧洲人侵吞了波利尼西亚人的历史,"进行了知识上的占领、攫取和控制"。但这也是一种亲属关系的主张。在把波利尼西亚文化的源头追溯到印欧谱系这棵大树最古老的枝杈(如果不是的话,那就是印欧谱系的主干)的过程中,雅利安理论反映了十九世纪对共同起源[这是一种类似达尔文《人类的由来》(Descent of Man)的民间传说]的渴望,它将把世界所有民族团结在一种宏大的统一谱系中。特雷格尔喜欢把欧洲人和波利尼西亚人看成一个大家庭的两个分支——东方的雅利安人和西方的雅利安人——他们在广阔的太平洋再次相遇,都是作为航海者和殖民者来到这里,"在奇怪的星图下寻找新的家园"。

热带维京
# 亚伯拉罕·方南德

亚伯拉罕·方南德(Abraham Fornander),摄于约1878年。现藏于瑞典国家图书馆。

关于波利尼西亚人起源的雅利安族裔理论,在涉及这些偏居遥远太平洋一隅的岛民究竟是谁的争论史上,只不过是一条支离破碎的迂回路线而已。但这种学说最坚定的支持者,恰恰也是十九世纪最著名的波利尼西亚语言研究者、波利尼西亚传统最忠实的记录者,以及一个波利尼西亚英雄故事——这个传说将波利尼西亚人描述为人类历史上最伟大的航海民族——最坚定的捍卫者和拥护者。传说情节的主要设计者,是一个名叫亚伯拉罕·方南德的瑞典人。他于十九世纪中叶来到夏威夷群岛,去世时,已是夏威夷方志传说领域最重要的收集者之一。

方南德是这一时期在太平洋上游荡的典型的欧洲人。1812年,他出生于瑞典某离岛的一个中产阶级家庭,十六岁时被家人送进大学深造。在那里,他陷入了瑞典浪漫主义诗人的魔咒之中。那些风行一时的民谣史诗,把古代斯堪的纳维亚人(当时刚刚被命名为"维京人")描绘成粗犷勇敢的冒险部族,对海洋有着异常躁动的热爱之情。1831年,可能因为遭遇一段失败的爱情,方南德放弃了大学学业,转而出海。在接下来的十年里,他过着流浪者一般的生活,在欧洲、北美和西印度群岛的港口当水手谋生,曾搭船抵达亚速尔群岛、圣赫勒拿岛、好望角,也曾沿南美洲海岸来回穿梭。他三次往返的航程都绕过合恩角,甚至有一次从加利福尼亚州横渡太平洋,抵达堪察加半岛。关于这段人生,他后来写道:"我从来不会提及自己所经历的艰难困苦、九死一生或起起伏伏……我不止一次一只脚迈进鬼门关,无论是在岸上,还是在海上。"

1841年,时年二十九岁的方南德与来自马萨诸塞州新贝德福德的捕鲸船"安·亚历山大号"(Ann Alexander)签约。这艘船经合恩角开往南太平洋渔场,而方南德担任鱼叉手。在十九世纪的捕鲸传说中,鱼叉手往往力量非凡、胆量过人,因为工作性质的危险和困难程度而与其他船员区分开来,通常被描绘成某种意义上的"局外人"。《白鲸》中的四个异教徒鱼叉手便是典型:大个子黑人达戈、纯种印第安人塔斯蒂哥、琐罗亚斯德教信徒费达拉,以及文身的南太平洋岛民魁魁格。方南德身材高大,肩宽背厚,本可成为梅尔维尔笔下的原型——这两个人事实上曾在1843年春天缘悭一面,前者在后者到达时恰好离开了拉海纳港(Port of Lahaina)。

出海十余载,在檀香山下船后,他为自己找到了自此再未离开的家园之所。1847年,他迈出了非比寻常的一步,宣誓效忠当时在位的夏威夷国王卡米哈米哈三世(Kamehameha III),并归化为夏威夷王国公民。当时,很少有欧洲人愿意这样做;在檀香山居住的外国人中，只有不到三分之一的人选择了夏威夷国籍。但是，任何想为政府工作或嫁娶夏威夷人者，都必须入籍，而时年三十五岁的方南德爱上了芳龄二十三岁的夏威夷女孩阿拉纳卡普·考阿皮诺（Alanakapu Kauapinao）。

考阿皮诺是摩洛凯岛（Island of Molokaʻi）前总督的女儿，可谓家世显赫，父母双方家族都与当时执政的卡米哈米哈王朝关系密切。她是方南德首位夏威夷语老师，而后者所学的第一首吟唱，见到的第一份族谱，都源自考阿皮诺家族。但这位女孩的影响显然超出了她所能传授的历史和语言知识。方南德此后的政治态度，一直偏向波利尼西亚，跟外来的福音教派保持距离。和梅尔维尔一样，他也不喜欢来自新英格兰的传教士把"加尔文主义"（Calvinism）毫无幽默感的宗教理念引入夏威夷，反而成为夏威夷君主制的坚定支持者。在文化和气质上，他倾向于看齐夏威夷精英阶层，这当然也受到了恋人考阿皮诺的影响。"我有一个在这里土生土长的妻子和家庭，"他写道，"因此本土利益就是我的旨趣所在。"

1849年，方南德夫妇的第一个孩子呱呱坠地，女婴名叫凯瑟琳·考诺希乌拉奥卡兰尼（Catherine Kaonohiulaokalani）。1851年，他们的第二个女儿约翰娜·玛格丽塔·娜奥卡兰尼·卡兰尼波奥（Johanna Margaretha Naokalani Kalanipoʻo）出生，但不到两岁便不幸夭折。1853年，两人的第三个女儿安娜·玛莎·阿莱考科科（Anna Martha Alaikaokoko）生下来便是死胎。1855年，名叫亚伯拉罕·卡韦洛拉尼·卡尼帕胡(Abraham Kawelolani Kanipahu)的男孩也未能幸免,可能死于早产。1857 年,在结婚十周年纪念日前两个月,考阿皮诺生下了她的第五个孩子,一个名叫查尔斯·西奥多·卡利利亚尼·卡兰尼马努亚(Charles Theodore Kalililani Kalanimanuia)的男孩。四天后,她死于分娩并发症;一周半后,这个男孩也随她而去。时年四十五岁的方南德精神几近崩溃。虽然他一直活到快七十五岁,但并未再娶,还写下了"最神圣的记忆,长眠在夏威夷的坟墓里"这样感人肺腑的名言。五个孩子中,唯一幸存下来的只有凯瑟琳,一个长相严肃的孩子,继承了母亲的那头黑发以及一双乌黑的眼眸。

在十九世纪,这种令人震惊的婴儿和产妇接连死亡事件,绝非前所未闻,但重要的是,应在夏威夷的背景下对此加以审视。与外界鲜少接触的偏远地区的居民,通常被描述为处于"流行病学意义上的蒙昧状态"(Epidemiologically naive)。这意味着这些地域的原住民对世界其他地方盛行的流感、麻疹等疾病的免疫力有限,一旦感染,致死率极高。最著名的例子来自 1918 年的疫病大流行,某些人群,特别是阿拉斯加土著人和太平洋岛民,死亡率约为其他族群的四至五倍,有时高达十倍。研究认为,这场大流行导致全球百分之三至百分之六的人口死亡;而在西萨摩亚,百分之二十的土著因此丧命。

在十九世纪的太平洋地区,这种情况反复上演。早在十九世纪三十年代，社会群岛的传教士就已经开始谈论人口减少的问题。塔希提人曾被多种流行病折磨：1841年天花肆虐，1843年痢疾流行，1847年猩红热爆发，1854年麻疹成灾。同样的事情也发生在夏威夷，那里的人也遭受着一波又一波的输入性疾病。1848年岁末至次年伊始，当考阿皮诺怀上第一个孩子时，一系列毁灭性的流行病袭击了夏威夷群岛。从墨西哥通过一艘美国护卫舰传入而侵袭夏威夷的麻疹，以及从加利福尼亚州乘船而来的百日咳同时发生，估计造成10 000人死亡。一位观察家写道，一个接一个村庄的居民病倒，甚至"没有足够多的健康村民能为病人准备食物"，而"1848年岛上出生的婴儿中有很大一部分，甚至在某些地方多达十之八九，都应该已经躺在了坟墓里"。毫无疑问，还有其他疾病一同来凑热闹——几年前在岛上爆发的流行性腮腺炎再次出现，以及胸膜炎、胆汁热，外加或许是痢疾的流行病。疫病并发，对孩子和老人来说尤其致命。有观察者说："我们中间的年长者几乎消失殆尽。"

尽管与欧洲人接触前的波利尼西亚群岛绝对人口规模备受争议，但对于其总体发展脉络，大致看法相同。夏威夷群岛的人口，从十九世纪初250 000左右的高峰，降至十九世纪末不到40 000人。在新西兰，毛利人的数量同期减少了近三分之二。而在马克萨斯群岛，据估计，与欧洲人接触前，居民人数约为50 000，此后人口急剧下降，到1926年，只剩下2 255名马克萨斯人。十九世纪末，到访马克萨斯的罗伯特·路易斯·史蒂文森悲叹,传统歌舞业已失传,因为没有人知晓歌词和动作,而刚刚引入岛上的棺椁,却成了众人追捧的对象。

正如史蒂文森所说,在人口骤减,"死亡大潮奔涌袭来"的背景下,方南德开始书写毕生之作——《波利尼西亚种族的起源和迁徙,以及夏威夷民族直至卡米哈米哈一世时代的古代历史》(*An Account of the Polynesian Race: Its Origins and Migrations and the Ancient Historg of the Hawaiian People to the Times of Kamehameha I*)。他把这部沥血之作献给了幸存的女儿凯瑟琳,"作为对她母亲祖先的纪念,也是父爱的象征"。当时,方南德已经在夏威夷生活了几十年,先是担任种植园经理,然后是记者和公务员,最后是法官。多年来,他以学督的身份,每年都要在两三个夏威夷人的陪同下周游群岛,最为偏远的角落也没有放过。所到之处,一行人收集传说、吟唱、祷词和族谱,正如方南德所说,收集任何带有"与古代历史、宗教和民间风俗有关"的东西。除了对收集上来的资料加以翻译,方南德还与塞缪尔·卡马库(Samuel Kamakau)、凯佩里诺(Kepelino)等夏威夷学界人士以及国王卡拉卡瓦(Kalakaua)交换意见。这就是他终其一生致力于完成的伟大事业——"解开波利尼西亚历史的谜团"。

他注意到,夏威夷人通常不愿意分享自己所知道的一切,在涉及更为深奥的传统历史时,尤为如此。他写道,长者"在这些问题上有着最大程度的保留,即使是面对自己的同胞时也不例外;对于外国人,除非与其关系最为亲密,否则根本不可能让对方获得与此相关的任何开示"。在波利尼西亚的其他地方,情况大同小异。在新西兰,一般认为有些禁忌因为过于神圣或极其危险,无法与外族分享。一位毛利通灵者虽然被说服向某位欧洲采风者透露一个创世神话,但只同意在黑暗的掩护下,背着族人的耳目才这样做。另一位因告知了欧洲民俗采风者祭祀仪式细节和某些草木的神圣用途,被其祖父斥责将秘密"透露给了一个'凡人'"。这个线人和他的儿子不久后离奇辞世,而他们的死被广泛归咎于这次所谓的"背叛"。

部族聚落一直小心翼翼地保护着他们更强大、更秘密的知识,但将其移交给欧洲人的前景引发了一系列新的担忧。为什么欧洲人要记录这些传统呢?他们会和谁分享?把它写下来,打印出来,公之于众,会对知识的力量产生什么影响呢?土著人担心这个过程会导致亵渎。正如一位毛利长老所说,"在古代,'karakia'(即祈祷或咒语)永远都会向外人以及那些被认为对祖宗不敬者关闭大门;现在,因为会被记录下来,神圣的密室将会永远敞开大门"。

与此同时,对波利尼西亚传统知识基础的威胁显然正在成倍增加:外国人及其输入思想的泛滥;当地政治结构的破坏以及随之而来的战争、争斗和吞并;广泛皈依基督教,以及此前习以为常的每一个定论土崩瓦解;最重要的是,反复发作的疾病和不断上升的死亡潮。一位欧洲采风者在书中写道,面对一个可能消亡的思想体系,有必要在为时已晚之前对本土传统加以"防腐"处理,欧洲人和波利尼西亚人都感到迫切需要"拯救"波利尼西亚知识,使之脱离方南德所说的"正在迅速趋近的孤立和遗忘"。

没有哪位欧洲人尝试过像方南德这样追溯波利尼西亚人的历史,他基于对夏威夷、社会群岛、马克萨斯、汤加、萨摩亚、斐济和新西兰两千多年间的族谱、习俗、传说、地名、数字和神话传统的分析,完成了相关著作。方南德极力支持雅利安人说的论断,花了大量精力证明波利尼西亚人的祖先是"印度人、伊朗人和印欧家族的祖先所在的同一块石头上的些许碎片"。他在波利尼西亚传说中找到了古代"扎拜斯主义"(Zabaism,即太阳崇拜)的证据,并发现了其与以波利尼西亚诸神的名义存在的拉丁、威尔士和古巴比伦神的联系。他在当地关于蜥蜴的传说中看到了蛇崇拜的元素[一种"'库什特人'(Cushite)宗教思想的独特产物"],并在使用石头祭祀的仪式中发现了"湿婆"(Shiva)崇拜的迹象。但这仅仅是更宏大的目标的一部分,此项伟业,便是挖掘从最古老的族群起源,到1795年在卡米哈米哈一世统治下夏威夷群岛整部统一的历史。

方南德的这种努力值得总结,是因为其代表了展示波利尼西亚人完整迁徙路径的首次真正系统的尝试。这个族群在基督诞生前的几个世纪起源于印度。波利尼西亚人的祖先在兴都库什山一带居住了多长时间,以及"离开的方式或原因"是什么,方南德也说不清。但在某些时候,他们开始向东,向附属于亚洲的群岛迁徙,最终定居在我们现在所知的印度尼西亚和菲律宾。然后,大约在公元一、二世纪,他们开始了第二次迁徙,目的地是太平洋腹地。到达斐济群岛后,他们停了下来。"经过几代逗留之后,"他们继续前进,在越来越遥远的汤加群岛、萨摩亚群岛、社会群岛和马克萨斯群岛安家,并在公元五、六世纪抵达了偏远的夏威夷。

据方南德的考察,此后的几百年,波利尼西亚的历史出奇地沉默。但是,突然之间,在公元1000年左右,这个族群的神话传说出现了井喷的现象。"波利尼西亚所有主要群体的民间传说都充斥着传奇和歌曲,其主题包括杰出人物、大胆的探险和激动人心的远航。一个国家动荡和部落骚乱的时代似乎已经开始,原因不为人知,也未在传说中提及。"方南德认为,在接下来的三四百年(大约公元1000年至1400年),一股巨大的"迁徙浪潮席卷了太平洋的岛屿世界",这不仅是向外迁徙,而且是在群岛间反复往返。如方南德所言,夏威夷群岛"出现了来自萨摩亚、社会群岛和马克萨斯群岛的探险者,而夏威夷探险者反过来也访问了上述岛屿"。

方南德指出,这次活动爆发的原因可能是人口过剩和自然灾害,包括火山喷发和海岸沉降(方南德最喜欢的理论之一,即过去太平洋上的岛屿比现在多,这是大陆沉没理论的一种呼应)。但这个动荡和探索的伟大时代只持续了几个世纪,最终,在公元十三、十四世纪,最后一波波利尼西亚定居者到达了新西兰。方南德认为,此后,主要的波利尼西亚岛屿彼此孤立,直到它们被欧洲船只的到来重新连接。

158  这是一个非常完美的传说,它最终将被证明在某些地方是非常正确的,而在另一些地方却是错误的。问题的很大一部分在于翻译的固有困难——不仅仅是从一种语言转换到另一种语言,或者从一种文化变化到另一种文化,而是从一种思维方式切换到另一种思维方式。在风格、基调、逻辑等一切方面,方南德所追求的顺序历史叙述类型和他试图从中提取信息的"几乎无法穿越的传统、传说、谱系和吟唱丛林"之间,确实存在着巨大的差异。正如方南德所理解的,历史需要"顺序、精确和清晰",这些都不是波利尼西亚口头传统的内在特征——这些传统充满诗意和留白,令人回味,有时甚至连能背诵的人也不理解。把口述传统翻译成编年体通史,需要对前者有深刻的理解,方南德面临的第一个困难是缺乏明确的时间顺序。

方南德撰写的历史著作要求日期,但波利尼西亚的传统没有日期。后者没有绝对的时间系统,而是从某个特定的时刻开始,以固定的间隔推进。虽然这个族群具有与季节和月相相关的周期性日历,但缺乏"1850年"这样的词,亦未能产生这类时间术语的概念体系。不过,方南德找到了一个巧妙的解决办法:在漫长而详细的族谱中计算世代数——这些族谱是波利尼西亚传统中非常重要的一部分。他不是首位想到这一点的人,但是他首次使用族谱来建立波利尼西亚事件的时间线,试图追溯更遥远的过去。

到了二十世纪中叶,使用放射性碳同位素确定年代的科学方法被开发出来后,这种族谱测年方法便被视为无可救药的奇葩。但是波利尼西亚人非常关心他们的世系,并且严格保存关于谁是谁的后裔的信息,这使他们的族谱成了极为珍贵的史料。唯一的问题是,随着向过去追溯,波利尼西亚的族谱从我们认为的"历史"变成"传奇",最终无缝过渡到"神话"。方南德使用的一些族谱多达九十九代,这意味着跨度将近三千年。即使是更常见的二三十代谱系,即通常被用来确定波利尼西亚事件之年代的族谱,跨度也在六百年到九百年之间,是传统公认的准确传递口头信息的时间框架的三至四倍。

尽管波利尼西亚族谱无疑是用来标记时间流逝的,但其从未被设计用来建立准确的年表。其目的是社会的、政治的甚至形而上学的——把一个人通过其祖先"连接到过去的岩石、树木、溪流,甚至天空中的星星"。一个重要的谱系可以从创世传说开始,历代延续,伴随着神的配对、人类的出现、土地分裂等,最终停止于个人的直系后代。因此,虽然族谱的现代终端可能非常准确,但"在黑暗中"开始,从定义上来说属于神话,而欧洲人碰到的问题便是两者之间界限何在。

方南德并非不知道这个问题。但他同时也将波利尼西亚人对传统绝对真实性的看法,跟欧洲人对历史事实的看法相结合。结果便导致一个异常扭曲的理论。在这个理论中,我们发现他断言,例如公元一世纪,名叫瓦基(Wakea,古代波利尼西亚人对原始天空之父的称呼)的酋长和他的妻子帕帕(即地球母亲)生活在摩鹿加群岛(Moluccas)的吉洛洛岛(Gilolo)上。尽管这种极端的文学性给方南德的历史观点带来了某些荒谬之处,但它也反映了其理论的一个重要方面。

由于方南德的个人经历和学识背景——妻子和女儿都有夏威夷血统,并且他年轻时钟爱浪漫古典主义——他强烈支持波利尼西亚人。与他之前和之后的许多欧洲人不同,方南德理所当然地认为波利尼西亚人的祖先在整个太平洋上进行了探索和殖民:他们在公海上航行了数百甚至数千海里,而且至少在三四百年的时段之内,他们在群岛之间往返(这是"有目的地进行的,而且全都安全地实现了")。他相信这些海上民族拥有完成这些伟大旅程所需的一切:"缝合在一起"的船只;"足以容纳人、动物和物资"的船舱;对"一年中任何时候在南半球和北半球的夜空"变化不定的星相的认知;承受长途航行的能力;"通过飞鸟和其他迹象识别陆地远近"的能力;最重要的是若干必备的个人特质,"勇气、毅力以及在关键时刻从未缺席的坚持不懈"。

对方南德来说,这一切毋庸置疑,问题仅仅在于是否有据可查。

他问道，如果人们相信"冰岛民间传说描述的英雄事迹和远航"是真的，那么为什么不相信"讲述了不同群体之间通航的波利尼西亚民间传说"？他认为，问题直截了当，答案也同样清楚。要了解波利尼西亚人的起源和迁徙的故事，只需看看他们的传说。但是，正如方南德及其后继者的努力所揭示的那样，将波利尼西亚航海英雄的传说翻译成按时间顺序排列的历史记录，与其说是科学问题，不如说是艺术问题。

航海传说
# 历史与神话

"六艘独木舟从拉罗汤加(Rarotonga)出发前往新西兰",
肯尼特·沃特金斯(Kennett Watkins)1906年绘制。
现藏于奥克兰美术馆(Auckland Art Gallery)。

波利尼西亚神话中的各个分支，皆有航海传说，讲述了英雄儿女踏上征程去探访新大陆，或重游故土，或寻求冒险，或购买贵重物品的故事。在方南德的毕生之作面世之后，这些传说成为关于波利尼西亚移民历史之争论的中心。这些传说，即一个海洋民族的航海传说，范围涵盖极广，从明显的神话到似是而非的史实。在谱系的一端，是造化天地的导航之神；在另一端，是至今仍被人们所称颂的发现者、定居者和宗谱创立者。事实上，所有这些都可以被描述为"历史的神韵"抑或"神话的肌理"。

传说中的人物经常被描述为仰仗魔力——有魔法的船、骨头、木桨、钓钩、渔网、篮子、葫芦——展开航行。借此，可以将风装进魔法袋中，由流星或会说话的星辰导引航途。有时，还会得到一些神秘生物的帮助——迎风遨游以保护航船免受海浪侵袭的旗鱼，甚至营救遇难者或是把倾覆的独木舟拖到陆地上的善心鲨鱼。除此之外，远航者可能会被来自深海的怪物（巨大的章鱼、凶残的枪鱼、壮硕的砗磲）团团包围。海洋本身就遍布超自然灾害，到处都是漩涡、海龙卷、浓雾、风暴、巨浪和暗礁。就连岛屿本身,间或也会神秘莫测,飘忽不定,若隐若现,动辄便消失在稀薄的雾霭中。

同时,这些传说中最精彩的部分,也包含了一些极其具体的细节:用什么工具建造一艘适航的船只;航行时需要携带什么样的食物,以及如何储存它们;如何防止独木舟沉没;如何在甲板上用沙子砌筑一个烹饪灶台。传说充满了关于如何进行航行的实际建议:"首先要为独木舟建造者购买佳肴";选择"最勇敢和最有经验的勇士,但他们必须是自愿的";"让航向保持在夕阳、月亮,或二月份时金星位置的右边"。其中,也包含了一些历史学家难以理解的理性和动机。旅行是为了取回贵重物品(如鸟蛋、羽毛、龟壳或珍珠壳、特殊种类的岩石),或者寻找失踪的家庭成员,或者迎娶理想的新娘。有时,它们明确讲述了岛民对新领地的需求:年轻的男性往往是在与年长的亲戚吵架或犯下某种违法行为(比如拐走了别人的妻子)后出发的。偶尔会有饥荒或其他的麻烦,但通常主要是野心或骄傲。所有这些听起来都是真实的,或者至少似是而非,因此,虽然它们不是纪录片,但无法避免这样一种印象:这些传说背后存在真实的经历。

甚至宇宙起源的神话,也与只能来自实际航行的知识交织在一起。以塔希提岛的神"汝"(Ru)为例,他和妹妹"希娜"(Hina),乘坐一艘名为"赫尔"(The Hull)的独木舟出发,去发现和命名世界上所有的岛屿。《汝的独木舟之歌》(The Canoe Song of

Ru)既是一个人类起源的传说,也是一堂生动的地理课。在动身之前,汝环顾四周,说出了方向:日出之地为"Te hitia-o-Te-ra",即东方;日落之地为"Te-tooa-o-Te-ra",即西方。他给南方取名为奥帕托娅,北方取名为奥帕特劳——我们以前在图帕伊亚图表的空白处遇到过这些术语。然后,从西面驶向社会群岛,汝和希娜划着他们的独木舟依次到达每一个岛屿,按照地理顺序对之加以命名:首先是莫皮蒂岛(Maupiti),接下来是波拉波拉岛,然后是塔哈岛(Taha'a),最后是赖阿特阿岛。夏威夷著名的火山女神贝利(Pele)的传说中也出现了类似的场景。她乘坐哥哥旋风(Whirlwind)的独木舟从卡西基的家中出发,潮汐和水流都是划桨者。她从西北方向靠近夏威夷群岛,首先抵达尼豪岛,然后是考艾岛,接着是瓦胡岛,再按照正确的地理顺序依次到达其他岛屿。最后,她在夏威夷岛的一个火山口定居下来。

拉塔(Rata)是波利尼西亚众神中最伟大的寻路者之一,也是一位在波利尼西亚三角都广为人知的英雄人物。关于他的传说,涉及建造独木舟和新船下水的正确仪式,以及长途旅行中可能遇到的一些危险。踏上为亡父报仇的航程,拉塔面临着一系列的海洋危险,饶有趣味的是,每一回他都误认为是碰到了陆地:险些掀翻独木舟的巨大鱼群;差点刺穿船体的箭鱼;强大的食肉巨鲐;试图通过它可怕的阀门把独木舟吞下的巨大蛤蜊。在其他版本中,拉塔面临的挑战包括鲸鱼、潮汐和意想不到的珊瑚礁。

大多数的航海传说都详细描述了成功的旅程(尽管有些是为了寻找另一个迷路的人)。但是,人类航行的代价,在马克萨斯人代代流传的一个有趣传说中被予以铭记。在这个传说中,主人公阿卡(Aka),决定航行到奥托纳(Aotona)去获取珍贵的红色羽毛[在波利尼西亚大部分地区被称为库拉(kula)]。阿卡不知道怎么去奥托纳,所以派他的女婿们去问亲家,"我们是来打听与库拉有关的传说。"他们被告知,"你们两个肯定不行。需要准备大量的食物;大量的熟'玛'(ma,即发酵的面包果)、生'玛'、椰子、生芋头、熟芋头、生'卡帕'(kape,另一种芋头)和熟'卡帕'。你们必须到很远的深海里去,那里没有什么食物,而且要花很长时间才能找到陆地。"尽管如此,阿卡等人还是决定一试。他们建造了两艘船,绑在一起,然后收集帆垫和食物,并招募"二十的七倍"那么多的人加入船员队伍。

在传说的一个版本中,对于这次航行的叙述,就像在贝利和汝的传说中一样,阿卡一行在马克萨斯群岛内部的一系列岛屿挨个驻足。但在另一个版本中,这次航行被描述为一系列小段旅程,每一段都由天空中出现的一颗恒星来定义,而恒星会质问航海者的身份。他们只有给出正确的答案——"我们是马海蒂维(Mahaitivi)的儿子佩佩乌(Pepeu)和乌图努伊(Utunui),像风一样,我们在天空下滑行,我们的头发飞向空中,我们要去的地方,是奥托纳"——恒星才允许他们继续前进。这种在一系列恒星下航行的想法完全符合恒星路径的概念——一系列恒星在地平线上大致相同的点上升起,每一颗星星依次用来保持恒定的航向——这一般被认为是古代波利尼西亚航海的一种技术。

然而,到奥托纳还有很长的路要走。食物耗尽,淡水枯竭,船员倒毙。"死了二十个人。死了二十人的二倍,死了二十人的三倍,死了二十人的四倍,死了二十人的五倍。阿卡的身边,只剩下了二十人的两倍。"他们终于到了目的地,把篮子装满了红色的羽毛,然后启程回家。但返航之路同样艰难,在"在海上航行的时间和等待收获面包果一样漫长"。当他们最终到家时,一直等待独木舟返航的女人们从悬崖上俯视着返航的航海者。在前往奥托纳的"二十的七倍"的人中,活着回来的不到三分之一。

远航传说,是十九世纪末二十世纪初试图将波利尼西亚人的迁徙建立在坚实的历史基础上的主要内容。1887年方南德去世后,这类工作的重心转移到了新西兰,在那里,一个名叫珀西·史密斯(S. Percy Smith)的人找到了线索。跟后来与他合作的特雷格尔一样,史密斯于十九世纪五六十年代在新西兰偏远地区担任测量员时首次与毛利人持续接触。二十岁时,他已经流利地掌握了毛利人的语言,很快就开始收集传说和吟唱。1892年,他和特雷格尔共同创立了波利尼西亚学会,目的是促进"波利尼西亚种族的人类学、民族学、语言学和文物学的研究",并创办了《波利尼西亚学会杂志》,作为发表文章、评论以及记录传统知识的平台。

与他极为钦佩的方南德一样,史密斯对波利尼西亚口头传统的真实性深信不疑,认为"所有传统都是以事实为基础,虽然细节可能是错误的,但主干一般是正确的"是不言自明的。在1898年至1921年间出版的一系列有影响力的书籍和文章中,他阐述了自己对于波利尼西亚历史的观点,基本承袭了方南德所确立的大致话语。包括遥远而古老的印度起源说;公元前65年左右开始移民到印度尼西亚;公元450年前后到达斐济/汤加/萨摩亚地区;以及一个大航海意义上的"英雄时期",在此期间,波利尼西亚人开始在太平洋的主要岛屿群定居下来。然后,史密斯把注意力转向了本人所在地的波利尼西亚族群分支的迁徙过程,而他最重要的贡献,涉及他喜欢称为"毛利人从何处来"的问题。"从何处来",基本上是在追问什么时候和在什么地方,口述史在这两个方面表现得尤为差劲(相比之下,它们非常擅长于描述"谁"和"为什么")。史密斯同意方南德的观点(即没有日期和地点,就没有历史),因此他着手为新西兰的拓殖建立一条迁徙路线和相应的年表。

波利尼西亚航海历史的欧洲解读者面临的一个中心问题,便是传说中哈瓦基的位置。在中太平洋和东太平洋的民间传说中,哈瓦基——或其同源的"哈维基"(Havaiki)、"哈瓦伊"(Havai'i)、"阿维基"(Avaiki)——是伟大航海者所离开的土地的名称。这里通常被描述为祖先的家园,但在许多情况下,意义还远远不止于此。在社会群岛的宇宙起源论中,这里是第一块被创造的土地:"哈瓦伊,土地的诞生地;哈瓦伊,众神的诞生地;哈瓦伊,国王的出生地;哈瓦伊,人类的出生地。"在芒阿雷瓦群岛(Mangareva Islands)流传的一个神话中,它是一种世界树,"根在祖先居住的圣地,即太保,最顶端的树枝触碰着神圣的天空,即兰吉"。好东西,如猪豚、甘薯、山药,以及像绿宝石和红羽毛这样的奇珍异宝,还有像毛利人如何文身这类专门知识体系,都来自哈瓦基。在马尼希基环礁(Manihiki)流传的一个传说中,主人公毛伊(Maui)从哈维基带回了火;在马克萨斯群岛的传说中,男人跟随死去妻子的亡灵来到哈瓦基,或者到那里寻找失踪的儿子。作为家园和源泉,这里既是天堂般的丰饶之地,又像太保一样,是灵魂寄居之所,世代轮回之地。

在大多数传说中,哈瓦基被描述为地处西部某处——在波利尼西亚,这个方向与死者最后安息地的通道有关——尽管有时据说是在东方或天空中,甚至在地下。但在太平洋上也的确有一些岛屿以哈瓦基(或其同源词之一)的名字命名,最明显的是夏威夷大岛、萨摩亚的萨瓦伊岛(Savai'i),以及社会群岛中的赖阿特阿岛(它以前被称为哈瓦伊岛)。

第一个把这个传说中的地点拉回现实的欧洲人,便是霍雷肖·黑尔——1838年至1842年美国探险队里那位卓有见识的语言学家,且对图帕伊亚的海图也存在有趣的想法。在环游太平洋的过程中,黑尔从库克群岛的"艾图塔基"(Aitutaki)居民那里得知他们的

167 祖先来自阿维基。在马克萨斯群岛,他被告知哈维基是幽冥世界的代称。作为美国人,黑尔对夏威夷岛很熟悉,作为语言学家,他认识到这些都是同一名称的变体。然而,直到他抵达萨摩亚的萨瓦伊岛时,才突然意识到夏威夷可能是解开"波利尼西亚人迁徙之谜"的"关键词"。根据人们往往会利用自己路过地区的名称作为新晋探索发现土地的名称之命名规则——普利茅斯、威尼斯、新阿姆斯特丹、新墨西哥——只需沿着哈瓦基人的足迹,就可以按图索骥,一路追踪波利尼西亚家族的不同分支,"回到他们原来的位置"。

黑尔相信,他在萨摩亚群岛中面积最大、最西面的萨瓦伊岛找到了这个"原始坐标"。尽管这似乎是合理的,却并不能满足史密斯和方南德的要求,他们创制的雅利安族裔理论,需要一个更古老、更遥远的波利尼西亚人起源地,一个更远离西方世界的哈瓦基——即便不是位于印度本土的话,也至少是在印度尼西亚。方南德将爪哇作为最初的起源地,通过一系列语音转换来追踪这个地名——爪哇、贾瓦(Jawa)、哈瓦(Hawa)、哈瓦伊提(Hawa-iti)、哈瓦基。史密斯跟随他的足迹,将波利尼西亚人先祖的家园追溯到印度尼西亚的苏门答腊岛和塞拉姆岛(Seram)。但是,当谈到航海传说时,史密斯还认为,任何一个英雄离开的哈瓦基,可能都不是作为起源地的哈瓦基,而是古代航海者沿途命名的其他许多哈瓦基之一。因此,一个自称来自哈瓦基的毛利人,实际上可能被认为来自社会群岛的哈瓦伊(即赖阿特阿岛)。这样一来,史密斯就可以较为便宜地规避日期和地点等难题,这样的思路也被适用于谱系证据之间存在矛盾的情况(即当他认定不止一个传奇人物使用了相同的名字时)。这也是方南德一直在努力解决的问题。史密斯越是严格坚持传统的历史真实性,做出的解释就越扭曲。

有趣的是,尽管方南德的作品为记录波利尼西亚的过去奠定了基础,但他本人也多少迷失在历史中,而且随着时间的流逝,他的相关叙述基本上不再为人所知。另外,在新西兰,史密斯对新西兰拓殖的描述则被广泛接受,甚至被奉为毛利人历史的正统版本。其观点被灌输给学童,在历史书中不断重复,甚至被刻上石碑,在整个二十世纪的大部分时间里成为一个民族起源的神话。

史密斯创作的传说,基于他在1865年采集的两位东海岸著名通灵者的教义。历史始于公元925年,在古老的故乡哈瓦基,一个名叫库佩(Kupe)的人卷入了一场与章鱼有关的纠纷。这只章鱼——眼睛大如鲍鱼壳,盘足长达"五英寻"的巨大怪物——侵入库佩的渔场,库佩决定除掉这个祸害。于是,他准备了一艘大独木舟,交代手下收集大量的粮食。一切准备就绪后,他和妻子,以及朋友拿哥休(Ngahue)一起扬帆出海。在海上,库佩发现了那条章鱼。他通过水面上泛红的涟漪来识别,但独木舟一靠近,怪物就笔直而快速地游走了。库佩知道,这个家伙正把自己引领到一个陌生的国家。最终,在海上待了很长一段时间后,库佩的妻子看到了陆地,

"就像地平线上的一朵云"。因此,奥特亚罗瓦这个名字被史密斯解释为"绵绵白云"(其他解释包括"在长途旅行结束时发现的一片陆地上空的云彩"和"遥远的迎风之地")。

史密斯后来承认,这个传说"令人惊异",并试图通过主张库佩向南探索的真正原因是他观察到"科霍普洛亚或长尾杜鹃"从西南方向飞来,从而为其寻求更多的现实合理性。他认为,熟知这种鸟习性的库佩,肯定会意识到这意味着西南某处一定存在陆地。无论如何,在到达奥特亚罗瓦后,库佩发现这里无人居住,或者说,只有鸟类栖息。他对这些岛屿进行了一次全面探索,完成之后返回哈瓦基,并报告了上述发现。他随后在家乡终老一生,因为根据传说,库佩再也没有回到奥特亚罗瓦。因此,反问句"E hoki Kupe?"(意思是"库佩难道会回来吗?")是一句不无讽刺的谚语,表示人们无意故地重游。

根据史密斯的说法,库佩发现新西兰之后,哈瓦基又出现了两次不同的移民行动:一次在 1150 年,当时一位名叫托伊(Toi)的探路者启航寻找在风暴中被卷走的孙子;另一次是在 1350 年,"大船队"(Great Fleet)从哈瓦基出发。在史密斯的作品中,托伊的传说似乎有狗尾续貂的嫌疑,但大型船队的部分,却成为新西兰当代神话中的珍贵章节。它描写了一支由七艘大型独木舟组成的船队,载着多达七十名男女老少以及他们所有的神灵、植物、动物、食物、淡水和工具,从家乡启航。这些独木舟或多或少是一起到达奥特亚罗瓦的,随后各自分开,前往海岸的不同部分。在那里,远航者下船定居,从而确立了土著居民的土地权利和宗族世系,他们的后代需要从这些先辈那里追溯他们的血缘关系。在二十世纪的大部分时间里,大船队的到来被认为是"毛利人历史上最著名的事件,因为",正如一位杰出的毛利人学者所说,"所有部落的贵族血统都可以追溯到远航独木舟的首领们"。这也是波利尼西亚移民传说的顶峰以及伟大航海时代的结束。新西兰是波利尼西亚群岛中最后一个被人定居的岛屿;在大船队到达之后,用毛利人的一句谚语来说,"通往哈瓦基的禁忌之海被彻底切断"。

长久以来,库佩和大船队的传说被认为是毛利人历史真切而忠实的记录。但也有理由对此表示怀疑。后来的学者们研究了十九世纪和二十世纪初由方南德和史密斯等人编撰的"传统"记述,并一一列举出了相关叙事的改动痕迹。名字、概念、段落、标点和语法都被篡改;传说被重新排序,所有段落都被扭曲。古典主义者阿加特·桑顿(Agathe Thornton)认为,其中一些可能是将口头叙述转换为书面文本的自然结果。口头叙述——这里可以想到《伊利亚特》或《奥德赛》——以非按时间顺序著称,从一个动作的中间开始,以曲折的方式展开,常常绕开主要事件来填充背景或解释重要信息。传统的毛利人叙述是相似的,当这种叙事被欧洲人(考虑到欧洲观众)加以编辑时,许多结构上的问题都被解决了。其效果是

170

将"简洁、隐晦、以观众为中心的原作"变成流畅的注释性叙述,使它们更像历史而不像神话。

这些欧洲化的波利尼西亚历史的另一个问题是,相关叙事通常是复合的。在二十世纪七十年代的一份颇为严密的文本研究中,西蒙斯博士(D. R. Simmons)认为,发现者库佩和大船队的传说虽深受喜爱,但实际上并不代表毛利任何族群的独特传统。相反,它们是由许多不同的来源拼凑而成的,通常是编译者剪辑粘贴并添油加醋的成果。西蒙斯还否认了史密斯给这些事件指定的日期,他指出,史密斯为库佩设定的公元925年的日期是根据从他所谓的十二世纪定居事件往回推算得出的,确定这个时间的部分原因是,他认为库佩发现这些岛屿无人居住,因此必须先于其他人到达。至于大型船队,史密斯用大量族谱——其中一些仅有十四代,而另一些则多达二十七代——确定了1350年的日期,在西蒙斯看来,这一计算过程"仅作为数学练习"而已。

西蒙斯谨慎地说,他的结论并不意味着毛利人没有拓殖的传统,也不意味着他们没有纪念英雄或特定独木舟的航行。但他坚持认为,库佩和大船队的正统传说是现代神话,因为"欧洲学者希望提供一个连贯的框架来解释新西兰的史前史",所以它产生了,并且随着时间的推移,它"越来越被接受为'事实'和'历史'"。

因此,在二十世纪,以波利尼西亚口头传统为基础的历史的地位与口碑风光不再。对波利尼西亚传统不加批判地接受是特雷格尔、方南德和史密斯等人研究工作的特点,但这样做是不对的。同时,这一过程的混乱——文本的零碎性、翻译的层次性、族谱年代测定价值的不确定性——导致二十世纪更具科学头脑的学者贬低以口述传统为基础的拓殖史叙述。渐渐地,关于勇敢的波利尼西亚人和他们伟大远航的故事逐渐消失,一种持更多怀疑的新立场出现了;相较而言,后者偏爱"事实"而不是"传言"。

# 第四部分

# 科技兴起

# (1920—1959)

人类学家紧随波利尼西亚先人的足迹,运用定量分析的全新手段,条分缕析,深入揭秘。

# 人体之学

## 体质人类学的评估测量

"马克萨斯的波利尼西亚妇女(I型)",

汉迪(E. S. C. Handy)和拉尔夫·林登(Ralph Linton)拍摄,

载于路易斯·沙利文(Louis R. Sullivan)所著《马克萨斯特质人类学》,

(*Marquesan Somatology*,1923年,檀香山)。

现藏于哈佛大学托泽图书馆(Tozzer Library)。

在整个十九世纪,波利尼西亚人究竟是谁的问题,一直在由业余人士——传教士、商人、殖民地官员来加以解决。他们与主流知识分子隔绝,却沉浸在波利尼西亚文化之中,凭借极大的热情追寻这个问题的答案,固执地坚持一些另类的想法。在二十世纪前几十年,随着人类学发展为一个学科,这一切发生了改变。突然间,掌握全新科学研究方法的人类学家,如过江之鲫般涌入太平洋地区,这里其和非洲及美洲一样,是早期民族学家关注的焦点地区。问题与此前如出一辙:波利尼西亚人究竟是谁?他们来自何方?他们是如何以及何时在太平洋群岛定居下来的?不同的是解决上述问题的研究方法。

1922年,位于檀香山的"伯尼斯·帕瓦希·比绍普博物馆"馆长赫伯特·欧内斯特·格雷戈里(Herbert Ernest Gregory)写道,波利尼西亚的历史"从根本上说是一个田野问题",只有通过"积累事实"才能解决。一种流行的方法是派遣来自不同分支学科的研究小组到实地收集信息。二十世纪早期,几十名英国和美国科学家奔赴世界偏远角落,开展大规模的人类学考察,其中许多活动被冠以富有的捐赠者之名。这些调查由银行家、实业家和百货公司老板资助,反映了三股"十九世纪末"典型潮流的汇合:镀金时代积累了巨额财富,对所谓原始派艺术的兴趣日益增长(大博物馆中许多来自非洲、大洋洲和美洲的伟大收藏,都是在这段时间征集的),以及像人类学和社会学这样的社会科学的专业化,使自然科学对人类的研究更加严谨。对于志同道合的赞助者来说,这是一种极具吸引力的慈善事业,将时尚的知识探索与异国他乡的崎岖冒险完美结合。

格雷戈里很幸运找到了这样一位金主:小巴亚德·多米尼克(Bayard Dominick Jr.)。这位纽约传统上流社会的后裔,是他父亲和叔叔创办的著名经纪公司"多米尼克和多米尼克"(Dominick and Dominick)的合伙人,还是纽约证券交易所会员、慈善家、狩猎高手。1920年,多米尼克向耶鲁大学捐赠了四万美元(折合现价约五十万美元),用于资助一次大型的人类学研究,主要考察南太平洋地区。这笔钱将由比绍普博物馆管理,用于支持"巴亚德·多米尼克探险"(Bayard Dominick Expedition)。这是"对波利尼西亚起源问题的第一次大规模全面进攻",以及对波利尼西亚人的身体、文化和环境特征的"系统调查"。

当然,对于波利尼西亚的林林总总,人们已经了解颇多。从塔希提岛的饮食习惯到复活节岛的巨石雕塑,都可以从数不清的探险家、传教士以及旅行者的回忆录和游记中挑选出来。但这一切都是相当分散和零碎的,最关键的是缺乏科学性。现在需要的是详细而系统的研究,以便于以分类和比较的方式汇集大量信息。巴亚德·多米尼克探险(实际上是一系列探险)这一计划的目的是尽可能完整地描述波利尼西亚文化。四个科学家团队,包括民族学家、考古学家和植物学家,被派往波利尼西亚三角的四个不同部分:西部的汤加群岛,东部的马克萨斯群岛,南部的南方群岛,北部的夏威夷群岛。大多数参与者当时都只有二十多岁或三十出头,有些人还是研究生,有些人是在妻子的陪同下——他们被正式列为"志愿者"。每个小组至少要在那里待上九个月,在这段时间里,他们得尽可能多地收集信息。如果巴亚德·多米尼克探险有什么意义的话,那就是数据收集的训练。

实际上,对于探险队的要求非常简洁宽泛,成员们有机会调查他们想知道的任何事情。人类学家爱德华·吉福德(Edward W. Gifford)对汤加的社会结构和习俗进行了广泛的研究,涉及法律、财产、宗教和战争。马克萨斯团队的考古学家拉尔夫·林登研究了石墙、露台、平台、雕塑、岩画和防御工事。澳大利亚的罗伯特·艾特肯(Robert Aitken)研究了神话,而植物学家弗雷斯特·布朗(Forest B. H. Brown)和他的妻子对波利尼西亚东南部的植物区系进行了调查(着重关注的是当地的植物学知识和命名法)。

巴亚德·多米尼克探险队的一名成员,便是民族学家爱德华·汉迪,他和妻子威洛迪安(Willowdean)在马克萨斯群岛度过了九个月。这对伉俪是一对令人敬畏的研究组合,丈夫把大部分注意力集中在马克萨斯群岛的神话和宗教实践上,而妻子则详细研究当地的"翻花绳"(String Figures)和文身。尽管在十九世纪末文身的做法被法国政府宣布为非法,但威洛迪安还是设法找到了一百多个有明显文身的马克萨斯人。她说服这些土著让自己记录这些非凡的图案设计。当意识到蓝黑色的标记在照片中表现得不太明显时,她小心翼翼地将这些图案誊到纸上。若干年后,回忆起1920年,她称自己好像一枚水滴,落入波利尼西亚社会的汪洋大海。她写道,自己把大部分精力都花在试图弄清楚当地的社会行为上——什么被认为是礼貌的,什么是具有冒犯性的,人们所说所做的事情的真正含义是什么。但她认为这种认知过程的起起伏伏在相当程度上与她自己的视角转变有关。她来到这个岛上时,把岛上的居民视为"信息宝库";九个月后离开时,她把他们当成朋友。

尽管如此,这次探险的目的是收集信息,汉迪一家尽职尽责地完成了这项任务,探访考察当地的舞蹈和服饰风格、巫术、毒鱼、拳击、捕鸟、时间观念……任何能想到的东西。他们对马克萨斯人的传说特别感兴趣。在威洛迪安看来,这与她所遇到的任何事情都不一样,带有一种放荡、随意的暴力和非常明显的性内容,以至于有些传说在英语中是"不可出版"的。马克萨斯人的神话传说,在二十世纪二十年代以与文身相似的方式成为一种私下传播的亚文化。汉迪在这一时期收集的许多传说都来自一个被当地人称为"大骗子"的土著,意思是"他讲的是古代人的传说,传教士则称之为'谎言'"。

巴亚德·多米尼克探险的每个调查小组,都被要求完成对岛民的"身体调查",并为此特地装备了一套特殊的仪器:测量脸部和头部的卡尺、确定身高的立杆、用于皮肤颜色分类的分色板,还有专门用来记录上述数据的"人体测量卡片"。这些数据(包括发型和肤色等属性的数字代码,以及一套标准的人体测量数据)将被收集起来,并与头发样本和照片一起提交给探险队中的"人类躯体学家"——来自"美国自然历史博物馆"(American Museum of Natural History)的路易斯·沙利文——由他负责编辑和发布研究结果。

汉迪夫妇很快意识到,如果想达到三百个"样本"的配额,他们需要测量自己遇到的每一个纯种马克萨斯人。爱德华忙着用卡尺和立杆测量,而威洛迪安则在图表上记下数字——正如她后来所说,"它覆盖了从头顶到脚底的每一个人体特征"。然后她会剪下被测量者的些许头发(她很惊讶马克萨斯人竟允许她这么做,因为众所周知,巫师会用头发"迷惑人的灵魂"),粘到卡片上,并试着将受试者的肤色与分色板相匹配。最后,结果证明,这是工作中最困难的部分之一。

对于肤色的分色数值,存在几种不同的认定系统,其中包括皮埃尔·保罗·布罗卡(Pierre Paul Broca)于1879年在巴黎出版的《皮肤和体毛的颜色》(*Couleurs de la Peau et du Système Pileux*);德国解剖学家和生理学家古斯塔夫·弗里奇(Gustav Fritsch)设计的由用油涂在特制纸上的四十八种颜色组成的色板,可以放在口袋大小的盒子里,十分便携;还有费利克斯·冯·卢尚设计的皮肤颜色图板——一块七乘三英寸大小的黄铜托盘,里面嵌有三十六块玻璃马赛克,颜色从象牙白色到近乎黑色——它还可以被制成小巧的双面板,配有滑动黄铜套。冯·卢尚的皮肤颜色图板被认为是测量判断的黄金标准,但巴亚德·多米尼克探险队却求之未得,只好使用了弗里奇的测量套装。

威洛迪安经常被自己所面临的工作搞得不知所措。起初,她认为借助色素沉着分色图板会很容易解决问题,但事实上她经常无法判读被测量者肤色的正确数值。"每个人都抱怨无法将波利尼西亚人的肤色与标准图表相匹配,"她的丈夫告诉她,"那就记下最接近的色号。"有时她会记下两个号码,并在二者之间添一个加号。"不止一次,"她写道,"我甚至都想写一个分数。"需要把分色板放在被测量者的脸颊上或是上臂内侧,这是用来测量"暴露"和"未暴露"皮肤的两个首选位置。但这些小纸卡上的颜色过于单调,种类较少,难以对应所有肤色。威洛迪安写道,大多数马克萨斯人的"皮肤富有光泽,或是金色的、浅黄色的、棕色的,怎么记录呢?阳光下的铜色?"她想知道艺术家会如何处理这种情况:"一个画家把铬黄色和棕褐色混在一起,会有点像玫瑰红吗?"脑海中浮现的形容词都是诗意的,"但我们所处理的是科学数据。我不得不记下大概的数字"。

十九世纪末、二十世纪初的人类躯体学研究——如巴亚德·多米尼克探险队中的人类学家在波利尼西亚进行的调查——往往以不同类型的人群为对象。典型的研究对象包括妇女、儿童、运动员、智障人士，还有斯堪的纳维亚人和因纽特人等种族子群、双胞胎、尼安德特人和精神病犯罪人。研究人员对手掌、脚掌、牙齿、耳朵等独特的身体特征进行研究，并对各种类型者（其中包括艺术家、学者、科学家和"受过教育的杰出人士"）的头骨、颅骨和脑容量产生了极大的兴趣。所有这些活动的目的显然是分类，确定变异范围，以及探索变异发生的机理。

一些人类躯体学研究纯粹是关于肘部角度，或者女孩和男孩的比较生长率的描述性研究。不过，许多调查者是受社会学问题的驱使。例如，试图在身体特征（如身高或头形）与精神状态（如精神错乱）或社会状况（如贫穷或长子）或文化习俗（如游牧）之间建立联系。关于人类状况的复杂问题可以通过测量人体来回答，这种想法并不新鲜。十八世纪，约翰·布鲁门巴赫（Johann Blumenbach）将人类划分为五种不同的经典类型（高加索人种、蒙古人种、马来人种、埃塞俄比亚人种和美洲人种），这种划分显然是基于他自己广泛收集的头骨数据。但是在十九世纪后半叶，关于进化和遗传的争论激起了人们对一种观念的兴趣，即当涉及人类群体时，可遗传的身体特征或许是决定性的。证明这一点所需的是数据,因而许多大规模的调查研究如火如荼地陆续展开(包括对六百万德国学童的眼睛和头发颜色的普查,这还掀起了谣言:普鲁士国王与土耳其苏丹打牌,一次就输掉了四万名金发儿童)。

此类研究中有害的方面之一,便是被用来对人类进行"种族"分类的方式。在生物学和人类学中,种族一直被当成一个有意义的范畴而被抛弃;事实上,尽管从十七世纪开始就已使用,但这个术语从来没有被精确地定义过。对于人类种族的数量,或者一个种族的决定性特征是什么——肤色、发型、颅型等——从来没有达成任何一致意见。二十世纪的基因研究表明,没有与种族类型相对应的基因,而所谓种族内的变异范围大于它们之间的差异。但是在二十世纪二十年代初,科学家们正在研究一种本质主义种族模型,认为它是以生物现实为基础的固定确凿的存在。

巴亚德·多米尼克探险队众多人类学家的工作框架是,他们推定存在一定数量"血统纯正"的人类种族。一般被认为至少包括三类:高加索人种、蒙古人种和黑人人种。然而,世界上许多民族并不属于上述任何一种类型,于是科学家经常创造更多的种族类型——马来人、印度尼西亚人、南太平洋群岛人、尼格利陀人(Negrito)——或认为,这些不可分类的人代表了"种族混合"的人口。波利尼西亚人(以及美洲土著人、美拉尼西亚人和澳大利亚土著人)是模棱两可的种族群体,而巴亚德·多米尼克探险队的目标之一,便是利用人体测量数据确定是现存种族的何种独特混合"形成了波利尼西亚人的生理类型"。

人们早就注意到——实际上,这是对波利尼西亚人早期描述中的陈词滥调——遥远的太平洋岛民看起来都非常相似。然而,除了身材高大、体格健壮、黑发、普遍英俊,欧洲人对如何描述他们几乎没有共识,尤其是在肤色方面。欧洲人也无法就波利尼西亚人与世界上其他区域的哪种人最为相似达成一致,有人说他们长得像美洲印第安人,也有人说他们更像印度尼西亚人或菲律宾人。关于波利尼西亚人种族构成的想法同样混乱。许多科学家受仍然盛行的雅利安理论影响,认为他们是白种人;另一些人把他们描述为蒙古人种(即亚洲人);还有一种观点则认为他们与美洲土著民族属于同一个族群。但由于没有人清楚他们属于哪一个种族,这几乎不是一个有用的想法。然而,大多数人的结论是,波利尼西亚人是"一个混合民族",是白种人、蒙古人和黑人元素的某种组合,或者正如一位理论家所想象的那样,是一种分层。

沙利文的工作是对巴亚德·多米尼克探险中的田野小组提供的数据进行分析,力图使局势变得更加明朗。这是一项艰巨的任务。统计数据包括成千上万的数字——根据几十个特征对数百名受试者进行测绘的结果。首先,身体测量:身高、肩高、臂长、坐高、头长、脸宽、鼻高、耳宽,以及"下颌角的双肌直径"。然后是所有非定量特征——肤色、发型、眼睛颜色、齿形——均被赋予了数值。他

183　还计算了一系列名字听起来有些奇怪的比率（如"横额顶骨指数"和"颧下颌指数"），尝试以各种不同的方式对数据子集进行分组，记录手臂最长男性的发型和颅骨指数或个子最矮女性的身高和肤色，并寻找出重要的集群或关联，但这被证明是妄想。

一系列基于萨摩亚、汤加和马克萨斯群岛居民的人体测量数据的研究成果，由比绍普博物馆于1921年至1923年间发表（1925年，沙利文过早去世时，第四项关于夏威夷数据的研究正在准备之中）。结论复杂难懂，尽管如此，追踪沙利文在处理大量统计信息时的思维演变是很有趣的。

从波利尼西亚人通常被认为"与欧洲种族具有亲缘关系"的观察开始，沙利文首先得出结论，来自巴亚德·多米尼克探险队的证据与此相矛盾。根据他对萨摩亚和汤加数据的分析，沙利文发现，恰恰相反，他们"与蒙古人种关系最密切"；换句话说，波利尼西亚人基本上就是亚洲人。在萨摩亚人的例子中，沙利文发现，在这一族群偏离亚洲人种的意义上，他们反而偏向欧洲人种。然而，当谈到汤加人时，这种变化是朝着美拉尼西亚人的方向倾斜的，这意味着汤加人更黑一些（值得注意的是，汤加人被认为是"最纯粹"的波利尼西亚族群之一。汤加是太平洋上唯一从未被外来者统治过的岛国，1920年汤加人口超过二万三千人，而彼时当地的欧洲人只有三百四十七人。对比1920年的夏威夷人口普查，数据显示该地有四万一千名夏威夷人、五万四千名欧洲人以及超过十五万名菲律宾人、日本人和中国人）。

　　沙利文接着把注意力转向马克萨斯人，那里的情况，由于十九世纪灾难性的人口崩溃，以及马克萨斯人与欧洲人和中国人之间的通婚率越来越高而变得复杂。在这里，也许是在爱德华·汉迪的影响下，沙利文引入了一种全新的模式。他认为，马克萨斯人可以分为两种类型：一种人高个子，长脑袋，窄鼻子，头发更直，体毛更多，肤色更浅（都是典型的"白种人"标志）；另一种人身材矮小，头更宽，鼻子更宽，头发更卷，体毛更少，皮肤颜色较深（都是典型的"非白种人"特征）。他给第一种人起名叫"波利尼西亚人"；给第二种人起名叫"印度尼西亚人"。这使沙利文重新考虑他早先对萨摩亚和汤加数据的分析，并且，在事后的帮助下，他现在意识到这两种类型——高/白和矮/黑——一直存在于其他所有这些人口中。所有这一切的结果是，将波利尼西亚人的主要种族类型从蒙古人种转变为高加索人种。这使他们再次成为"白人"和印欧人，而不是亚洲人，同时仍然允许"黑色"成分或种族合理存在。

　　沙利文试图将所有这些人体测量数据合理化——如此之多的数字，如此辛苦地收集，如此不知疲倦地分组和重组——但很显然，这只是徒劳。事实上，对头形、鼻宽或头颅指数的任何分析，都只能得出模糊的结果。跟沙利文所希望的不同，没有任何一种肤色与臂长或耳高相关，因为即使他正在寻找的分析结果存在，在二十世纪二十年代,可供使用的分析工具也无法对其加以揭示。沙利文的所有计算都必须手工完成,无论是统计方法还是计算能力,均致使他无法从这些数据中提取有意义的结果。因此,我们看到的结果杂乱无章,反映的不是数据的某些真实性,而是对于研究对象自身的一系列前提假设。

在研究马克萨斯人的著作中,沙利文指导读者看了一组置于书末的照片,这些照片被分类为他所谓的"波利尼西亚人"和"印度尼西亚人"。这些照片由男女头像组成,包括正面和侧面,与面部照片或护照照片没有什么相似之处。受试者以严肃的表情凝视着摄像机,有些人看起来稍显担心或恼火,有些人则带着一丝微笑。尽管看起来很多人都为这次拍照打扮得漂漂亮亮,但你绝对不能把这些照片误认为是肖像照。它们显然是研究样本,为了便于统一分类和比较,设计的样本应尽可能一致。沙利文的人类躯体学研究发表在大四开本上,每页可以容纳十二张、十五张甚至十六张头像,这种版式鼓励读者自己判断沙利文所说的——"毫无疑问,这至少展现了两个完全不同的独立群体"——是否得到了照片的证明。

事实是当你看到这些波利尼西亚人的面庞时,真的不理解沙利文在说什么。所有这些人看起来都有些相似,然而,正如人们所料,他们也都是不同的。一个人的鼻子更长,另一个人的鼻子更宽;一个人的头发卷曲,略为凌乱,另一个人的头发更直,也许梳得更仔细。看着这些照片,人们不禁想知道镜头背后的人的感觉。这些男人和女人是谁?他们在想什么?威洛迪安·汉迪写道,马克萨斯人非常喜欢拍照,而且每个人都收到了自己的一张照片(看来,马克萨斯人确实只把这些照片看成肖像照)。其他人类学家也把这些测量和拍照活动描述为流行的社会活动,聚集在一起的人互相打趣逗乐。然而,这些都没有在照片中体现出来,这不禁让人们好奇地猜测,为了实现严格标准化,公之于众的研究成果还消除了什么内容。但是,即使抛开人类天生的同情心,把这些图像看成典型的标本,也不可能在其中看到沙利文所描述的任何分类系统。

巴亚德·多米尼克探险队的人类躯体学研究,是将波利尼西亚起源研究置于科学基础上的计划的一个关键部分。作为基于大量数据的定量研究,它们承诺提出对波利尼西亚人历史的客观且可复制的见解,承诺证实(或者证伪)波利尼西亚的雅利安起源理论,并揭示波利尼西亚人与美拉尼西亚及东南亚邻国之间关系的确切性质。读了这部作品,人们会感到上述努力的程度,对方法的执着,对科学理念的坚持。正如当时一位人类学家所说,"只有一种方法可以让我们获得最终的理解,那便是测量、测量、更多的测量"。但是,很明显,这些研究并没有取得成功。

很多问题都是简单的方法论问题,但问题的一部分是他们提出问题的方式。科学家试图将波利尼西亚人分成的类别或群体,并不是它们表面上呈现的客观类别;它们是流动的、受社会制约的、具有历史意义且极易捏造的——这在某种程度上有助于解释沙利文那些不精确和不断变化的术语。

从二十一世纪的角度来看,有充分理由认为这部作品中的大部分内容很怪异。二十世纪早期的人类躯体学与优生学跟试图用科学方法使种族主义主张合理化的努力密切相关。但这并不是说整个项目都有无法挽回的缺陷。后来的科学家利用更好的工具和更大的数据库成功地从生物特征信息中获得有统计意义的信息,而且随着人类基因组的测序,生物证据在寻找人类历史答案方面的作用将跃居首位。尽管用生物学来回答有关起源、祖先和遗传问题的这些努力是笨拙的,但他们试图回答的问题并没有消失。

## 毛利学人

## 彼得·巴克

彼得·巴克（Peter H. Buck）向帕拉特·纳各塔（Paratene Ngata）学习制作"Hinaki"（即诱捕鳗鱼的柳条编织篓）匿名者摄于约 1922 年。现藏于新西兰国家图书馆"亚历山大·特恩布尔文库"（Alexander Turnbull Library）。

波利尼西亚人在生物学意义上是谁的问题,让当时一位主要人类学家产生了特别的兴趣,这个人名叫彼得·巴克[他的另一个名字叫特·朗吉·希罗亚(Te Rangi Hiroa)]。他出生于新西兰,父亲是盎格鲁-爱尔兰人,母亲是毛利人,是二十世纪早期唯一可以宣称具有波利尼西亚血统的人类学家,因此也是唯一与波利尼西亚起源问题有私人利害关系的研究者。

彼得·巴克的人生可谓超凡脱俗——无名之辈,凭着能力攀上了职业生涯的顶峰。他的父亲是一名盲流,跟随淘金热来到澳大利亚,由于未能一夜暴富,遂越界来到新西兰,并在那里与一名来自塔拉纳基(Taranaki)地区的毛利妇女过起了小日子。孩提时代,彼得·巴克深深地依恋着母亲和外婆,而她们是他的第一批毛利族语言和习俗的老师。1892年母亲去世后,他上了一所专门招收欧洲孩子的小学,而当时他大概十四五岁(他的实际出生日期从未被记录下来)。后来,他随父前往新西兰的另一个地方寻找工作。几年后,他认定剪羊毛的生活并不适合自己,于是申请进入特奥特公学

(Te Aute College),这是一所著名的男子中学,培养出了二十世纪初许多杰出的毛利人领袖。借此,他进入奥塔哥大学(University of Otago)学习医学,并于 1904 年获得学士学位,1910 年获得博士学位。

他形容自己的内心经常"天人交战"。他写道:"有时我心中的爱尔兰身份批评毛利人身份,有时两个身份意见相左。"但这种两个世界的归属感是他身份的核心,也是他后来作为人类学权威的关键。他相信这种双文化背景能够让自己获得一种独特的优势——正如他曾经说的那样,"内在视角"——他可以看到欧洲研究者错过的东西。当然,这偶尔也会导致一些奇怪的情况,比如在他第一次进入奥塔哥医学院的"禁足区"那天,在楼梯顶上看到了一张告示,上面写着"毛利人头骨、骨盆和完整骨骼的各种价格"。他读到这个广告时"惊恐万分",在那一时刻,他几乎放弃了对西方医学知识的追求。

然而,彼得·巴克最终并没有放弃追求,而是成了一名医生,后来还进入新西兰卫生部担任公职。他始终对文化问题颇感兴趣:他的博士论文大部分篇幅都是关于传统毛利医学的历史,甚至在作为医生执业的时候,他发表了关于文身图案和房屋盖板、篮子和编织的描述,以及关于小型支腿独木舟的注释。他还主动进行了这一时期最大规模的波利尼西亚人的人类躯体学研究。他曾在第一次世界大战中担任"毛利先锋营"(Maori Pioneer Battalion)的医务官。

1919年战争结束时,他突然想到,在返回新西兰的军舰上,存在大量的样本人口。他借助威廉·亨利·弗洛尔(William Henry Flower)发明的颅骨测量仪以及冯·卢尚设计的肤色分色板,对不少于814名毛利士兵进行了测量,收集了迄今为止最大的波利尼西亚人生物特征信息样本(当然,他的研究整理结果,和沙利文的结论一样模糊)。

1923年,在墨尔本的泛太平洋科学大会上,彼得·巴克引起了比绍普博物馆负责人赫伯特·格雷戈里的注意。第二年,他被邀请参加作为巴亚德·多米尼克探险后续的库克群岛探险活动。几年后,格雷戈里邀请他作为研究人员加入位于檀香山的比绍普博物馆。这标志着巴克职业生涯的一个转折点;他离开了新西兰和医学界,把注意力完全转向人类学。在接下来的几年里,他四处游历,撰写有关萨摩亚、艾图塔基、汤加列瓦(Tongareva)、马尼希基、拉卡杭阿(Rakahanga)和曼加伊亚的民族学论文。到了二十世纪三十年代中期,他作为波利尼西亚主要民族学家之一的声誉已经如日中天,不可撼动。1936年格雷戈里退休后,他成为比绍普博物馆的馆长,同时担任耶鲁大学杰出讲席教授,直到1951年去世。

自然而然,彼得·巴克对波利尼西亚人的起源问题很感兴趣;这不仅是太平洋人类学的一个主要问题,也是他自己亲属的传说。他从小就对母亲的传统怀有崇敬之情,对方南德和史密斯等人的研究深为钦佩(他们的历史叙述构成了在二十世纪二三十年代研究波利尼西亚起源的背景)。虽然他从未质疑过大型船队传说的真实性,但对许多细节感到不安。他指出,史密斯的叙述所依据的一些传说与圣经的传统非常接近,而另一些则包含了只能来自欧洲的地理知识。他还对用于确定波利尼西亚人移民时间的一些极长的族谱提出了质疑。虽然他确信族谱确实可以作为波利尼西亚历史的年表,但他怀疑是否有人能够准确地口头记录两千多年的事件。"尽管我对母亲一方的传奇充满热爱,"他写道,"但来自父亲一方的质疑天性又让我裹足不前。"

彼得·巴克本人不是通过民间传说和神话,而是通过解剖学和流行病学等学科来解决起源问题。他认为理论应该从证据开始,最好的证据是实质性的。他喜欢可测量的东西(如身体)或具体的东西(如鱼钩),并认为不识字民族的历史最好是从"先人用手制作的物品"中推断出来的。不仅是这些物品,还有生活技巧:织布工可能会使用现代材料,"但手指和思想会在母亲传给她的文化技巧中表达出来"。

随着时间的推移,彼得·巴克对这些东西非常了解,他看一眼就能知道一件文物属于波利尼西亚的哪一部分,在参观欧美博物馆里伟大的波利尼西亚收藏品时,他经常发现标签错误的物品。在纽约的美国自然历史博物馆一幅透视图中,他注意到一个塔希提人手上拿着错误的工具,正在制作一个露兜树叶茅草屋顶。在瑞士伯尔尼的历史博物馆,他还发现了一个典型的夏威夷石斧,但标签上居然写的是来自塔希提的斧头。还是在伯尔尼历史博物馆里,他发现了一件来自太平洋西北部的美洲土著斗篷和一件带有"塔尼口"(Tāniko)锁边的毛利人披风,而这两件衣服都被描述为来自汤加。"想象一下,"他在给朋友阿皮拉那·纳各塔(Apirana Ngata)的信中写道,"伯尔尼的一名学生写了一篇关于汤加纺织品的论文,这可能犯下怎样的错谬!"

然而,巴克最出名之处,是他对研究这些物品是如何制作的"不屈不挠的耐心"以及他对波利尼西亚大量手工艺品的精通。他会织地席、斗篷和篮子;会制作围网、抄网、陷阱网和小龙虾罐。一位同事描述了他是如何站上几个小时,手里拿着笔记本,观察一些复杂物体的构造,用草图、照片和文字记录工作的每个阶段。当一切都完成后,他会从头开始,按照"描述一项技艺的最好方法是先按步骤亲自制作一个作品"的原则,重复整个过程。他对如何制作房屋面板、船只、衣服、家具、武器、篮子和工具的理解是如此完整,以至于据说他能像他的祖先一样,即便被遗弃在环礁上,也能独自存活。

纳各塔,他最好的朋友,也是毛利族伟大的政治家,敦促他从"事实的拥挤仓库"中走出来,致力于得出将促使人类学家调整他们的西方视角以适应整个人类事实的结论。在二十世纪三十年代,他确实尝试了波利尼西亚人起源的一般性理论。这总是有趣的,因为他对波利尼西亚文化了解很深,但有趣的终极原因,还是他对问题本身有情感投入。

像当时的大多数人类学家一样,彼得·巴克仍然接受雅利安人论题的基本原则,尽管他对这个传说的最早阶段并不太感兴趣。令他感兴趣的是波利尼西亚人的祖先从东南亚迁徙出去时选择的路线。最明显的路线是经过印度尼西亚和菲律宾,沿着新几内亚岛的北部海岸,途经俾斯麦群岛,到达所罗门群岛、瓦努阿图、新喀里多尼亚和斐济,再从那里抵达汤加、萨摩亚和波利尼西亚三角的其他地区。这条穿过美拉尼西亚心脏地带的道路是岛屿之间距离最短的路径,并提供了丰富的自然资源优势:多种动植物食物、淡水源、木材和石头等各种有用材料。

但是,彼得·巴克并不相信他的祖先会走这条路。他认为他们走了一条更偏北的路线,即从菲律宾经过密克罗尼西亚,跨越诸多岛屿——从帕劳群岛(Palau)到雅浦群岛(Yap),再到加罗林群岛(Caroline)、马绍尔群岛和吉尔伯特群岛——然后抵达萨摩亚和波利尼西亚三角。但这个地区并不是无缘无故地被称为密克罗尼西亚。不仅岛屿之间的跨度极大,岛屿本身尽是些面积很小的珊瑚环礁,自然资源极其有限:鱼类、贝类和鲨鱼丰富,但土壤、植物及其他动物、淡水、木材和石头贫乏。

波利尼西亚人的主要移民路线经过密克罗尼西亚的想法需要面对无数的问题。其中最难以克服的是,正如彼得·巴克自己指出的那样,几乎所有波利尼西亚人的植物性食物——面包果、香蕉、木薯、甘薯、大多数品种的芋头——只能生长在大陆或火山土壤中,不可能沿着"环礁满布的路线"运输。他的解决方案是主张有两波移民:原始移民的大潮"驾驶他们的船……穿过一个环礁又一个环礁",后来的一批人,带着植物性食物和家畜踏上了更加靠南的路线。但正如一位人类学家所说,这并不是"一种成本最低的解释"。

人们不禁要问,为什么彼得·巴克会以这种方式钻牛角尖,对此,"奥卡姆剃刀"式的回答便是,他本质上反对自己的波利尼西亚祖先通过美拉尼西亚诸岛迁徙的想法。但要理解为什么会这样,必须退一步,看看这个地区的历史。

几乎从一开始,欧洲旅行者就注意到了太平洋一个奇怪的现象:中部和东部岛屿(波利尼西亚三角)的居民,看起来与他们在西部岛屿上的邻居不同。在与库克船长同行的博物学家福斯特看来,太平洋上的居民分为两大"人种":"一类人相貌更美丽,四肢更发达,体格更健壮,身材更匀称;另一类人肤色更黑,头发如羊毛般卷曲,身体纤细低矮。"十九世纪初,这一观点被法国航海者儒勒·迪蒙·迪维尔(Jules Dumont d'Urville)进一步补强,他提出了一套分类和命名法,至今仍在适用。迪维尔留给了后世三个"尼西亚"的称谓——波利尼西亚、密克罗尼西亚和美拉尼西亚——第一个是对太平洋中部和东部"许多岛屿"的命名,第二个是对北部和西部"小岛"的命名,第三个是给西太平洋的"黑人岛屿"起的名字。迪维尔认为,密克罗尼西亚是波利尼西亚的一种延伸,因此,主要的对比存在于公海区域肤色较浅的人——他们被迪维尔称为"铜族"(La Race Cuivrée)或"铜色人种"——与西部边缘肤色较深的人之间。

两个截然不同的人种(很快就变成了波利尼西亚人和美拉尼西亚人的分界线)的想法,实际上导致太平洋两岸的肤色和民族谱系,或多或少演变为一种黑白二元划分。伴随着这种二元性,随之而来的是关于道德、智力、气质、容貌、社会和政治复杂性,甚至时间深度的其他观念的纠结。美拉尼西亚人通常被欧洲人描述为不仅肤色黝黑,而且他们的政治、经济和社会结构是"原始的"。在十八世纪和十九世纪的记述中,他们被描绘成矮小、肤黑、不可信,女人"不可爱"且"丑陋",男人"专制"且残忍。在欧洲人看来,他们团结在一个自治的小团体中,似乎缺乏任何形式的法律、政府或有组织的宗教——与他们更高、皮肤更白、等级更高的邻居波利尼西亚人相比,欧洲人给出了一个令人印象深刻的说法,那就是"狼之于狗"。

长期以来,"美拉尼西亚人"一词在欧洲的话语中一直是他者和自卑的标志,而在二十世纪早期种族主义盛行的氛围中,彼得·巴克不可能不意识到这一点。当解剖学家斯科特(J. H. Scott,可能是奥塔哥医学院张贴的那张购买毛利人骨骼通知的作者)断言:"我们知道毛利人是波利尼西亚人和美拉尼西亚人混血的杂种",或者当沙利文主张在汤加或萨摩亚收集的数据中有"美拉尼西亚元素"时,彼得·巴克肯定已经明白了其中的潜台词。在他自己早期的人类躯体学研究中——这些研究都是明确地以其他人的著作为基础来撰写——你可以看到他在努力解决这个问题。

然而,如果仅仅从欧洲种族主义思想内部化的角度来看待彼得·巴克对美拉尼西亚问题的看法,那将是既简单又傲慢的。他自己对种族和种族主义的态度是复杂的,这并不奇怪。他认为自己的混血血统是有利的。"我有双重身份,会两种语言;我是继承了两种血统的混合体,我也不会改变任何一种血统,"他曾写道,"我所能取得的任何成功,很大程度上都是因为我是一个混血的幸运儿。"但是在二十世纪三四十年代,作为"半种姓"的人肯定有它的缺点。彼得·巴克一生中最令他恼火的一件事,是美国政府拒绝给予他公民身份,理由是他身上的白人血统不超过百分之五十,而这是当时美国入籍法所要求的。讽刺的是,这一时期的大多数人类学家,包括巴克本人,都认为波利尼西亚人属于高加索人种,是伟大的印欧侨民的一部分。但二十世纪四十年代的美国政府将他们归为"亚洲人",并以此为由禁止他们成为公民。

即使是他的学术地位日益显赫——六个主要学术奖项、一本畅销书、四个荣誉博士学位和一个骑士身份——也不能完全保护他不受侮辱。而且,尽管他在公共场合以和蔼可亲而闻名,但他偶尔也会在私人信件中发泄不满情绪。正如他对纳各塔所说,"巴基哈(Pakeha,即欧洲人)对土著民族的态度总体上充满了最深的虚伪……即使在民族学方面,我也怀疑一个土著民族是否真正被视为一个课题,而不是给白人研究者提供一份工作或一个成名的机会"。但是波利尼西亚人也有自己的等级和分类体系。在彼得·巴克笔下,美拉尼西亚人的身体特征与波利尼西亚人的审美观存在冲突;同时,他还提出,即便在毛利人中,也是对较浅的肤色青睐有加,"那些肤色较深的土著必须忍受肤色较浅的同胞的戏谑揶揄"。

最后,很难梳理出他的思想脉络,也不可能确切地知道他认定的东西有多少来自毛利人的习惯态度,有多少来自欧洲的偏见。坦白地说,这也不重要,因为两者似乎都把他带到了同一处。

彼得·巴克的密克罗尼西亚学说,最终也只是类似于大陆沉没说或白令海峡路线说的另一个"红鲱鱼谬误"(Red Herring):耸人听闻,但几乎肯定是错误的。然而,它确实凸显了一个重要的问题:波利尼西亚人与其西部邻居之间的关系是什么性质的?波利尼西亚人可能起源于美拉尼西亚吗?他们是从别的地方出发,然后经过这里的吗?这两种情况在文化和生物学上究竟意味着什么?

如果不知道美拉尼西亚的居民是谁,就不可能回答这些问题,这也是一个谜。奇怪的是,福斯特早在十八世纪七十年代就提出了一个堪称先见之明的想法。他假设西太平洋肤色较深的民族(其中许多人生活在较大岛屿的山区内部)是"较为古老的居民",而浅肤色的沿海民族(他认为"与马来人的各部落"有关)是稍晚才来到这一地区的。在近两个世纪里，没有人能够证明这一点，事实上，这个想法确实有些道理。

我们现在知道，西美拉尼西亚诸岛（新几内亚岛、俾斯麦群岛和所罗门群岛）上人类定居的时间已达数万年之久，比波利尼西亚诸岛更为古老。现代考古学证据表明，新几内亚岛和澳大利亚在海平面低得多的时候被一座陆桥连接在一起，至少在四万年前就有人类在此定居，这些人后来成功地拓殖到所罗门群岛的尽头。所以，这群人有一个古老的基础。然而，四万年是一段很长的时间，认为美拉尼西亚的现代居民可以简单地归宗于这个非常古老的人群，是相当不准确的。正如福斯特所说，对于如今太平洋上的岛民，不能简单地划分为两大类人群：在中太平洋和东太平洋的确有一个相当同质的群体（波利尼西亚人），然而，由于长期以来不得不多样化，在西部的美拉尼西亚诸岛上，存在着各个民族和各种文化极其复杂和异质的混合体。

福斯特和迪维尔实际上都认识到了这种复杂性的一个指标，尽管他们当时都不明白这一点。这就是美拉尼西亚语言的非凡扩散。正是由于波利尼西亚诸岛语言的相似性，才首先产生了单一的波利尼西亚"民族"的概念，但在西部诸岛上却没有这种统一。即使在今天的新喀里多尼亚岛（面积大约有新泽西州那么大），也存在三十至四十种语言。瓦努阿图群岛的研究者记录了当地存在的一百一十种语言。而新几内亚岛则以世界上语言最多样的地方而著称，总共有九百五十多种语言，它们属于一些尚不清楚的语系。

对于语言学家来说,这种极端的多样性表明了时间的深度。语言总是在变化——分裂,变形,产生新的语言——时间越长久,语言越多样。想一想乔叟时代以来英语发生的变化,然后想象一下,如果这个过程继续下去——比方说,四万年后——会发生什么。

所有这些对于波利尼西亚移民的传说都很重要,但是在二十世纪三十年代,揭露这些事实的方法尚未发现。虽然在二十世纪上半叶,人们强烈地想用科学来回答其中一些问题,但早期的结果普遍令人失望:一些基于人体测量的神秘说法;一些试图通过比较民族学特征推断移民模式的令人困惑的尝试;很多主要基于偏见的推测性理论。但是,人类学有一个分支尚未真正发挥作用,在接下来的几十年里,所有最令人兴奋的发现都将由挥舞着铁锹和筛子的人们来完成。

## 恐鸟猎人
## 茹毛饮血

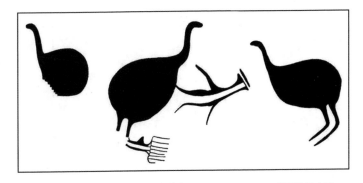

恐鸟岩画,参见戴维·特维托代尔(David Tevitodale)《新西兰南岛恐鸟猎人的物质文化》,载于1932年《波利尼西亚学会杂志》。现藏于新西兰奥克兰大学波利尼西亚学会。

很长一段时间以来,没有人认为值得在太平洋上进行考古学研究。早在二十世纪,人们就认为几乎找不到什么东西(没有陶瓷或金属);人类定居的历史也不长,不足以引起人们的兴趣;太平洋的文化是如此静止,多年不变,任何考古发现都只会复制已经通过其他方式揭示的东西。然而,有一个例外,那就是新西兰,在这里,考古学在十九世纪早期就有了戏剧性的开端,当时人们发现了与史前巨鸟骨头混杂在一起的人类文物。

在早期殖民地的新西兰,恐鸟的存在是个谜。早期的探险家似乎对此一无所知,但十九世纪初殖民者刚刚开始到达这里,关于神秘巨骨的报道就开始浮出水面。一位名叫乔尔·波拉克(Joel Polack)的英国定居者描述了毛利人向他展示的"大型化石"。毛利人告诉他,"很久以前",非常大的鸟类在新西兰生活过。波拉克还记录了当时很流行的一个古老传说,即"阿图亚斯神(Atuas),全身覆盖着毛发,以鸟类的形式出现,曾在森林荒野中伏击过以前的当地旅行者,以压倒一切的力量征服他们,杀死并吞食了[他们]"。大约同一时期,在同一地区旅行的传教士,也听说了类似的"某种可怕的动物"的传说。

有人说它是一只鸟,而另一些人说它是"人",但对其名字却众口一词,摩亚鸟,即恐鸟;大家也都认可,从总体上看,它有点像一只巨大的家养公鸡,但不同的是它有一张"像人一样的脸";它生活在陡峭山崖边的一个洞穴里;它靠空气生存;确实有两只巨大的新西兰大蜥蜴(Tuatara),长得像多眼巨人一样,在恐鸟睡着的时候,一直在其身边负责守卫。

报告此事的土著还说,他们用偶尔在沙洲和河滩中发现的这种生物的骨头磨制鱼钩。

波拉克敏锐地观察到,这些骨头似乎属于一种已灭绝的"鸸鹋物种",但似乎没有人注意到这一点。英国著名的比较解剖学家和古生物学家、对于恐龙作出分类的理查德·欧文爵士,最终捧得了对于这只鸟加以界定的功劳。1839 年,欧文从一位新西兰旅行者那里得到了一块恐鸟的骨头碎片。它是股骨的一部分,长约六英寸,横截面周长五点五英寸。一开始,他把它当作一块普通的牛骨头来处理,"比如用餐巾纸包着送到研究台上"。然而,经过仔细观察,他得出结论:事实上,这不像哺乳动物的长骨,更不像爬行动物的骨头,如果它属于鸟类,那这种鸟应是不会飞行的。欧文最终得出结论,这块骨头属于一种巨大的鸵鸟目鸟类,他给这种鸟取名为北方巨恐鸟,他如此命名的意思与其说是形容这种鸟"大而可怕",不如说是形容这是一种"令人惊讶"的鸟。

这一切本身就相当美妙,但是在十九世纪四五十年代,开始有证据表明人类和恐鸟实际上曾经共存过。在新西兰的北岛和南岛,人们在贝冢——几百年里史前食物残渣留下的大量贝壳和骨头堆——发现了恐鸟遗骸。这些残肢断臂的遗存,被发现在古代的火坑和烤炉附近,与贝壳和鸭子、狗、老鼠、海豚以及海豹的骨头混合在一起。附近散落着碎石刀,还发现了足够多的蛋壳碎片(足以重建至少二十枚恐鸟蛋,其中一些有被钻过的痕迹)。一位观察家写道,这些蛋看起来"好像是人为地形成了一个洞,目的是提取其中的内容物",或者"也许是为了让贝壳用作水容器"。但是,十年左右之后,发现了一具手上捧着恐鸟蛋的人类骨骸。

尽管十九世纪中叶有人抱着希望,认为会有那么一两种恐鸟可能会存活到现代——一些无法自持的恶作剧者实际上声称曾经追猎过一只恐鸟——但大多数科学家都承认,恐鸟已经灭绝了一段时间。问题是多久?更有趣的是,这些杀死并吃掉了恐鸟的猎人是谁?

普鲁士地质学家、新西兰移民朱利叶斯·冯·哈斯特(Julius von Haast)提出了一个值得注意的建议,理由是其彰显出人类定居太平洋的时间脉络有多不明确。哈斯特深受当时关于史前人类时代欧洲理论的影响。在法国发现的史前动物骨骸和人类手工艺品使研究人员得出结论,石器时代应该恰当地分为两个时代:一个是旧石器时代,这一时期原始人类只使用简陋的粗制石器猎杀猛犸象和穴居熊等史前野兽;另一个是新石器时代,这一时期他们已经进步到用磨光的石头和骨头制作捕猎工具的程度。

哈斯特认为,毛利人显然属于新石器时代晚期,典型的例证便是他们制作的美丽的绿石吊坠和精细抛光的石板和棍棒。但是恐鸟作为新西兰巨型生物的代表——其地位相当于北半球"体形硕大的厚皮动物和其他巨型动物"——显然是旧石器时代的生物。如果恐鸟属于旧石器时代,那就意味着无论谁杀死并吃掉这种动物,都只能发生在旧石器时代。这反过来又使哈斯特得出结论:新西兰早些时候一定生存过一批更原始的人,如果用生活在欧洲的原始人类来比较,也许早在一万年前。

哈斯特认为,这些旧石器时代的早期人类已经将恐鸟赶尽杀绝,以至于这种生物早在毛利人到来之前就已经灭绝了。他认为,许多毛利人似乎对恐鸟知之甚少,在发现恐鸟的骨头时往往不认得它们,因为误认为它们是马或牛的骨头,甚至把恐鸟蛋壳的碎片误认为是人类头骨的碎片。但他的论点的真正关键是,在新西兰的恐鸟猎人遗址上随处可见的燧石刀,这是一种典型的旧石器时代技术。哈斯特认为这件手工制品的诊断证明了工具制造者所具有的基本的原始属性。当人们发现在南岛遗址发现的一些石片是由一种只有在北岛才能获得的黑曜石制成时,他甚至认为这证明了恐鸟猎人的古老。这些早期人类过于原始，不可能穿过库克海峡这样的巨大海峡，因此，一定是在南北岛屿分离之前的某个地质时代在新西兰定居。

当然，这是荒谬的，哈斯特的时间表甚至在他所生活的时代也是有争议的。很少有评论家承认新西兰被占领了一万年，或者恐鸟已经灭绝了这么长时间。一些人注意到在洞穴中发现的"非常完美"的恐鸟遗骸，包括一些韧带、皮肤和羽毛都还连在一起的遗骸。这些遗骸似乎保存得太好了，不可能存在了几千年。另一些人认为，毛利人的传统，虽然在恐鸟这一问题上相对薄弱，但不应被完全否定。乔治·格雷爵士（Sir George Grey）是一位重要的口述传统收藏者，他坚信毛利人非常清楚已经灭绝了的恐鸟是什么，这种知识是从他们的祖先那里传下来的，他们的祖先在他们第一次到达时就遇到了这种生物。他指出，恐鸟是波利尼西亚语中的一个词，意思是"鸡"或"禽"，而且"如果新西兰岛上的新来者发现这里存在恐鸟，很可能会用这个词来加以表述"。

但是如果恐鸟猎人不是旧石器时代的原始猎人，又会是谁？与时间无关，哈斯特的理论提出了一个重要的问题：毛利人是新西兰最初的定居者，还是有人先于他们到达该岛？这个问题因为珀西·史密斯在其所著《新西兰史》中提出的相关主张变得愈加扑朔迷离。他认为，当第一批来自哈瓦基的定居者到达时，这些岛屿就已经有人居住了。根据史密斯的描述，最初的移民又高又瘦，皮肤黝黑,鼻子扁平,头发稀疏。他们住在贫瘠的地方,几乎或完全不穿衣服,不知道自己的族谱,也不种自己的食物。没有人知道他们是从哪里来的,但据信他们是从西部某个更大、更温暖的国家被风吹到新西兰的。根据这一传统,当后来进化得更好的来自哈瓦基的移民(即毛利人的祖先)到达时,他们很容易就制服和奴役了这些较早到达的人,把他们的妇女当妻子,把他们的男孩当仆人,杀害了其他剩下的人。

这显然是接触后的叙述,带有区分美拉尼西亚和波利尼西亚的种族主义色彩,已经成为新西兰的定居传说。尽管它与恐鸟或考古遗址无关,但它有效地巩固了恐鸟猎人与波利尼西亚毛利人种族不同(即可能是美拉尼西亚人)的观念。这就是专业人士接手问题时的情况。

奥塔哥大学的一位人类学家亨利·斯金纳(H. D. Skinner)试图系统地解决这些问题。在新西兰举办了第一次——在很长时间内也是唯一一次——人类学讲座的斯金纳,是一个民族学家,而不是考古学家,但他的热情是在考古环境中对幸存下来的物品进行分类:鱼钩、锉刀、针、锥子,尤其是扁斧。扁斧是平整、深色、厚重的细粒石块,在某些情况下被抛光至光滑且有光泽的程度,是恐鸟猎人遗址中发现的最重要的文物之一。哈斯特认为他们在那里的存在令人困惑,认为这些工具的工艺过于"复杂",很难与新西兰的第一批定居者联系在一起,斯金纳给自己定下的任务之一就是确定这些物体是否可以合理地与恐鸟猎人联系起来。

最明显的方法是通过地层学来实现这一点:在未受干扰的地面,较老的东西位于较新的东西之下。如果石斧和其他复杂的工具属于后来的居住者,它们应该只能在这些地点的更高层找到。但情况令人困惑。十九世纪的古玩搜寻者们对地层学的认识并不多,曾经有过大量不分青红皂白的挖掘和捣乱,结果正如一位新西兰现代考古学家所说,"许多当时古物丰富的埋藏地点,现在已经基本没有什么价值可言。"

作为部分解决方案,斯金纳和他的同事戴维·特维托代尔想出了一个巧妙的主意。他们意识到,仅仅是摩亚鸟骨头的存在并不能作为恐鸟猎人的标志,因为任何人都可以找到古老的骨头。但是,恐鸟的某些部分比其他部分更有用。例如,腿骨有助于制造工具,但椎骨不然。因此,他们应用了以下规则:一个物体只有出现在一个有"废弃"骨头的地方(肋骨、脊椎骨、骨盆骨等),才可以较为适当地被与恐鸟猎人联系在一起,因为这些骨头的存在强烈地暗示着活的恐鸟在这个地点被屠杀。

慢慢地,斯金纳和特维托代尔开始拼凑出一幅人们普遍认为是新西兰第一批定居者的素描。他们注意到这些早期人类使用土灶,喜爱养犬,并在他们的灰坑发现了其他已灭绝的生物的证据,包括哈斯特鹰(Harpagornis Moorei)以及大天鹅(Cygnus Sumnerensis)。

虽然没有办法绝对确定,但他们相信,恐鸟猎人在岩石和洞穴的墙壁上——这里描绘了猎人和短腿的恐鸟,后者身体丰满、卵形,脖子又长又弯——留下了自己的记录。

斯金纳和特维托代尔对奥塔哥博物馆一万多件文物进行了详尽的研究,还进行了一些更认真的挖掘工作,最终得出结论,恐鸟猎人确实是新西兰最早的殖民者和定居者;他们将这种巨大的鸟类以及其他一些大型鸟类猎杀殆尽;最重要的是,这些早期居民在文化上是波利尼西亚人。他们的手工艺品与毛利人和其他波利尼西亚人(令人惊讶的是,包括遥远的复活节岛民)的相似之处太明显而不容忽视,而且没有任何东西可以将他们与美拉尼西亚或任何其他地方联系起来,也没有任何迹象表明有人在他们之前到达过新西兰。

然后,在1939年的一天,一个名叫吉姆·艾尔斯的十三岁男孩把铁锹插进自家农场的地上,翻出了一个起初他认为是干葫芦瓢的东西。结果,这根本不是一个葫芦,而是一个几乎完美的大恐鸟蛋。继续挖掘,他发现了一具人类骨骼的骨头,然后是一条用鲸牙磨成的七颗大珠子做成的项链,中间的吊坠是用抹香鲸的牙齿做成的。他发现了至今仍然被认为是新西兰最重要的考古遗址,即"新西兰史前最早阶段的遗址"。

艾尔斯农场坐落在一片狭长的土地上,这是一个长约四点五海里的沙石滩,被称为怀劳条地。这片狭长的土地形成于怀劳河口,在"江河入海的年代"定型,将库克海峡南侧的云雾之湾水域与一系列河口河道和潟湖隔开。这里土地贫瘠,风大,但海洋资源丰富,包括嘉华鱼、银鱼、鳗鱼、鲱鱼、比目鱼和贝类。天鹅和鸭子成群结队地涌向潟湖,这里似乎是猎杀(或者也许保护)无数恐鸟的好地方,它们的骨头散落在岸边。其中许多是在二十世纪二十年代开垦该地区时首次发现的,但当时似乎还不被人类所知,直到艾尔斯有了一个惊人的发现——在地表之下,有一个完整定居点的遗迹,包含灰坑、烤炉、房屋柱子和四十多座坟墓。

艾尔斯的发现引起了当地人相当大的兴趣;恐鸟蛋相当稀有,鲸牙项链几乎是独一无二的。为了保证文物的安全,这家人把文物装进饼干罐,存入国家银行。有一段时间,它们在一家鱼店的橱窗里展出;艾尔斯回忆,有一个女人抚摸着恐鸟蛋,好像它是一件圣物。几家博物馆对这一发现表示出了兴趣,艾尔斯最终与惠灵顿多明尼恩博物馆馆长达成协议。之后,这枚蛋和象牙项链被他家的渔船运过库克海峡。

1942年岁初,艾尔斯再次拿起铁锹。这次是想挖一个防空洞,他又一次像占卜师一样,发现了一个宝藏。在距离1939年发现地点不远的地表下大约十二英寸的地方,他发现了另一个恐鸟蛋的碎片残留物,然后又发现了第二具骷髅。后来证明,死者是正处于壮年时期的年轻男子。他身旁是一系列壮观的陪葬品:两条"鲸牙"项链(一条其实更应被称为恐鸟骨骼项链,另一条才是鲸牙项链);

二者共串有几百颗且经过打孔的海豚牙齿作为装饰;前者主要是由十一颗巨大的恐鸟骨珠子组成的,中间有一个鲸牙垂饰;还有十四个泥质石斧,其中五个长达十二至十八英寸,重达五至十磅。

这一次的消息太激动人心了,坎特伯雷博物馆的民族学家罗杰·达夫(Roger Duff)从克赖斯特彻奇赶来参观这些文物。达夫是斯金纳在奥塔哥大学时教过的一名学生,知道早先的发现,但认为这是"一个偶然的、孤立的发现"。现在,他意识到自己错了,他告诉了年轻人他的发现的重要性,认为其"超越了新西兰的任何其他东西"。达夫来的时候艾尔斯正在外面钓鱼,后来他写道,他真希望自己当时在场,"看看达夫第一次瞧见厨房桌子上摆着的宝藏时的表情"。

在接下来的二十年间,艾尔斯和达夫一起在怀劳条地挖掘了一系列遗址,发现了超过两千件文物,包括被钻过的恐鸟蛋、石斧、鱼钩,以及一系列令人惊叹的手镯、项链、吊坠,还有由鲸牙、恐鸟骨和石头制成的护身符。其中最吸引人的是一些巨大的管状带棱纹珠子,被称为"卷轴",由恐鸟股骨制成(欧文教授对这只鸟的种属加以界定时使用的同一部位骨骼)。这些"神秘"的物体以前只在石头上见过,它们的用途从来没有被完全理解过。一些毛利人声称,它们被用作绳钻的一部分,另一些人则主张它们"与族谱有关"。在这一历史时期内,没有人见过它们被戴在脖子上,或串在抹香鲸牙项链或装饰有由高度抛光石头制成的大獠牙状吊坠的项链上——因为它们被埋藏在坟墓里。

关于这些发现,有一些相当离奇的东西。达夫提到了在装饰品和工具上的一种"巨型的传统";尤其是那些又大又重的扁斧,很难想象使用它们。这一点,再加上之前在新西兰从未见过这么多东西的事实,似乎证明了仍然流行(尽管并没有得到正式承认)的观点——恐鸟猎人代表了一些不同的人,也许是外国人。然而,达夫认为,可能有一个不同的原则在发挥作用。他写道:"没有一种文化在任何时候都能完全静止不变",相反,它是在环境和外界刺激的作用下自发地、持续地进化的,因为变化是生命的本质。这种观点使达夫第一次很少从独特的恐鸟猎人文化的角度来思考,而更多地从恐鸟狩猎阶段来思考。恐鸟猎人和毛利人不是两个不同的民族;他们是一个序列中两个不同的阶段。

回过头来看,这种对人类文化更为进化的思考方式转变似乎是显而易见的,但在当时并非如此。这种范式转变的影响可能是什么,也不是很明显。在早期波利尼西亚历史的人类学模型中,一个未被充分认识的方面是,它们隐含地支持波利尼西亚人航行的想法——这种模型设想了一系列移民"分几波"来这些岛屿定居。与传统的航海者描述一致,他们开始探索和殖民新岛,打理好自己的家,移民并开始往返旅行。但是,波利尼西亚文化可能是在当地进化而来的,这一想法为完全不同的传说打开了大门。

突然之间,设想的移居事件数量要少得多,因此,也就少了很多

209　对远航的假想。据一位考古学家计算,在新西兰,即使是"一艘独木舟"的年轻男女,也可能"有合理的机会创造有生存能力的群体"。假设最初的定居日期是公元1000年,每年的"适度"增长率在百分之一至百分之二之间,那么一个只有二十名年轻人的创始团体,至这一历史阶段之末可能已经达到十万人口。现在还不清楚历史是不是如此上演的,但现在人们认为这是可能发生的。这个更进化的模型使得波利尼西亚人移居的时间表——实际上是整个波利尼西亚历史——变得简单得多。并不是假设发生过从哈瓦基和其他地方开始的一系列令人困惑的迁徙,现在想象的情形是,只有一次最初的移居,随后是漫长而缓慢的在定居地的进化。它与迄今为止所讲的任何一个传说都不一样,而且特别不同于从口头传统中提取的历史。当然,这些都没有提到这一切发生的时间,但解决这个难题的关键就在眼前。

碳十四法

**断代难题**

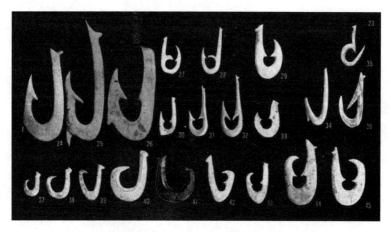

采集自夏威夷南岬(South Point)的鱼钩,选自"鱼钩"〔肯尼斯·埃默里、威廉·邦克以及篠远喜彦(Yoshihiko H. Sinoto),檀香山,1959年〕。现藏于檀香山比绍普博物馆。

达夫就其在怀劳条地的考古发现撰写的著作《毛利文化中的恐鸟猎人时期》(*The Moa-Hunter Period of Maori Culture*)第一版于1950年付梓。1951年，芝加哥大学教授威拉德·利比(Willard F. Libby)的实验室报告了来自太平洋的第一个放射性碳十四测年结果。根据从奥哈岛"库里乌欧石窟"(Kuli'ou'ou Rock-Shelter)最底层挖掘出的木炭样本，确定了这个夏威夷人类遗址最早居住时间为公元1004年，误差不超过一百八十年。

因对放射性碳年代测定技术发展作出的贡献，利比于1960年获得了诺贝尔化学奖。这项技术是考古学的"天赐之物"，特别是在没有文字记载的世界角落。这是第一次，只要给几盎司有机物（如棺材里的木头、一把大麦、一只鹿角、一个牡蛎壳、一块泥炭样本），就可以知道在没有文字记录的过去，某些事情确实发生在某一历年。人们可以知道什么时候有人生火，什么时候屠宰动物，什么时候建了房子或独木舟，什么时候建立了定居点，什么时候放弃了定居点。当然，这些数字只是近似值，而且这种方法有很多瑕疵和困难,需要数年时间才能解决,但处理这些问题完全是有可能的。这一事实改变了游戏规则。

放射性碳年代测定法起源于原子物理学的高难度领域,很难用实验证明,但背后的原理相当简单。早在二十世纪初人们就已经知道,地球受到宇宙射线的轰击,当这种射线与地球大气层接触时,就会引发原子反应。其中一个反应产生少量的碳-14,即碳的放射性同位素,也被称为放射性碳。放射性碳非常稀少——相对于地球大气中每一个碳-14原子来说,可能会存在数以百万计的碳-12原子(即碳的普通形式),但两种同位素的化学属性基本相同。两者都与氧气结合产生二氧化碳,二氧化碳(通过光合作用过程)被植物吸收,植物被动物吃掉,食草动物再被肉食动物吃掉。因此,不同的碳同位素都以同样的方式进入食物链,动植物中碳-14与碳-12的比例与它们周围大气中的碳-14和碳-12的比例是一样的。

然而,这些同位素之间有一个关键的区别。放射性碳不像普通碳(碳-12)那样稳定,具有放射性,意味着会缓慢而稳定地衰变。这种情况发生的速度是已知的,尽管这对于威拉德·利比来说是许多早期的未知数之一。他的第一个猜测是碳-14的半衰期是三个月。事实上,碳-14的半衰期是五千七百年。

当植物或动物死亡时,它不再吸收碳-14,成为一个"封闭系统"。其结构中现存的碳-14继续衰变,而且,由于没有新摄入的碳-14进行补充,碳-14与碳-12的比率开始改变。这是以稳定和可预测的速度发生的,放射性碳年代测定的"美丽简单的原则",是通过测量剩余碳-14的比例就可以知道已经过去了多少时间。正如考古学家科林·兰弗莱(Colin Renfrew)解释的那样,

> 我们知道它活着时的初始比例,因为这是一个不随时间变化的恒定数字。当我们知道样本中剩下的比例,就可以计算出放射性衰变过程持续了多久。这和样本死亡后流逝的时间是一样的;当我们知道这一点时,我们已经确定了日期。

第一个被报道的放射性碳定年,官方称为 C-1,依据的是埃及第三王朝国王焦瑟墓的一块柏木。它于1947年岁初由纽约大都会博物馆埃及艺术部的一位馆长寄给利比。这座陵墓当时被誉为是最早的纪念性石结构之一,被认为可以追溯到公元前2700年左右。"我将非常有兴趣看看,与我们自己的记录相比,你们的发现是什么,"馆长写道,"如果我们能得到科学证据,即使证明是公元前2000年以前的一个大致日期,这对我们来说也会有相当大的用处。"1948年7月,芝加哥一个炎热的下午见证了对这一样本的放射性碳测定,墓穴(或至少是木片)的日期被定在公元前2029年,误差不超过正负三百五十年。

在接下来的十八个月里,对各种各样的材料进行了测试:来自法国著名的"拉斯科洞穴"(Lascaux Cave)的木炭(超过一万五千年的历史);俄勒冈州一个洞穴里的一双绳编凉鞋(有九千多年的历史);智利一个山洞里一只巨大树懒的粪便(有一万多年的历史);

来自巨石阵的木炭(大约有三千七百年的历史);1874年倒伏的一棵巨大红杉的树心(根据放射性碳测年法以及从它的年轮中可以知道它有两千八百多年的历史);还有一块来自死海卷轴的亚麻包装纸(可追溯到公元33年前后的二百年内)。

将在夏威夷采集的样本(文献中被称为C-540号样本)寄送给利比在芝加哥的实验室的,是比绍普博物馆一位名叫肯尼斯·埃默里的人类学家,此人在二十世纪中期波利尼西亚人的研究中发挥过关键作用。埃默里在夏威夷长大,1920年进入比绍普博物馆担任工作人员,当时巴亚德·多米尼克探险队正待发足。在接下来的三十年里,他在波利尼西亚一些最偏远的角落里进行实地考察。1925年,他遇到了一个兼具法国与塔希提血统的女人,名叫玛格丽特·瑟莱特(Marguerite Thuret),并跟她结了婚(与彼得·巴克一样,瑟莱特最初被拒绝授予美国国籍的理由是,作为波利尼西亚人,她是"亚洲人")。

1941年,日本轰炸珍珠港时,埃默里和家人住在檀香山。因为已经四十四岁,年纪太大,无法参军,所以他自行承担起保护博物馆藏品的责任。他的保护对象包括数千页打印出来的吟唱和传说资料、实地踏查笔记、日记、报告和未出版的手稿。他煞费苦心地将其制成缩微胶卷,送到母校达特茅斯学院保管。他这么做的理由是,不管发生了什么,新罕布什尔州的汉诺威都可能"免于炸弹袭击"。

美国参战后不久,埃默里正在和一位海军军官共进晚餐,谈话的话题突然转到了一个问题,即如果美国飞行员在太平洋上空被击落,他们会怎么样。这位官员认为,即使他们设法找到了"荒岛",他们也肯定会死于饥饿或干渴。埃默里指出,波利尼西亚人几百年甚至上千年来一直在这里生活得很好,如果你知道去哪里寻找的话,即使是最小的岛屿也有食物和水。椰子本身就提供了食物、水、容器和生火燃料;问题是大多数美国军人不知道如何剥椰子皮。当被问到是否可以教他们时,埃默里回答:"当然,只需要给我一根尖头的棍子。"于是,他开始了在太平洋战区担任美军生存教练的生涯。

埃默里编写了一本基础小册子,名为《南海传说》(*South Sea Lore*)。这也被形象地称为"南太平洋漂流者的贝德克尔(Baedeker)①"。它是以第一手经验和民族学研究相结合为基础的,包含了以下信息:吃什么植物(藜草和露兜果仁);避免吃哪些鱼(石首鱼和豚鱼);如何挖井引流;如何用椰子壳制作凉鞋和编织椰叶遮蔽物;如何治疗珊瑚割伤(千万不要使用碘);以及呕吐时喝什么(盐水)。他指出,放大镜比一盒火柴更有用;他还建议,唯一真正需要的设备就是一把砍刀(不过,如果你还有一把小刀,则堪称"装备

---

① 此处是指卡尔·贝德克尔(Karl Baedeker),十九世纪德国出版商,其所出版的《贝德克尔旅游指南》囊括欧洲各国,内容丰富,实用性和资讯性非常之高,后来贝德克尔一词变成了"旅游指南"的代名词,并且扩展到其他领域,表示"入门手册"。

精良")。

埃默里的这本小书,引发了公众的极大热情。《檀香山广告商报》(*The Honolulu Advertiser*)以"为不幸的飞行员提供无价建议,椰子足以维持生命"为题刊登了一篇报道,檀香山艺术学院举办了一个展览,展出了埃默里作为现代鲁滨逊制作的凉鞋和编织的椰叶制品。很快,他一天要给"飞行员、牧师、护士、步兵、炮手、水手"做四五场,甚至最多八场讲座,而关于埃默里"流浪者学校"的文章,开始见诸全国性报刊。

人类学在战争中被证明是出人意料的有用,但战争也在改变着太平洋,这让人类学家感到沮丧。岛上正在修建跑道,为美军提供补给和运送物资,而曾经需要数周时间才能借助舢板或纵帆船跨越的距离,现在可以在几天内乘飞机穿越。大批涌入该地区的美国大兵和古代的捕鲸者无异,带来了大量的货币和工业品,引发了第二次文化大变革。对于像埃默里和彼得·巴克(1936年至1951年去世前担任主教博物馆馆长,一直是埃默里的上级)这样的人来说,仿佛是一个时代即将结束。

放射性碳年代测定技术的发展给这一暗淡的前景投下了一道意想不到的曙光。彼得·巴克生前得知了这一消息,并把利比的信(信中提及了库里乌欧石窟的碳元素断代)大声读给埃默里听。埃默里立刻明白,"一个全新的可能性前景"突然在自己的面前展开。

埃默里很快开始了一项雄心勃勃的计划，在整个夏威夷群岛进行挖掘，雇佣夏威夷大学的学生作为劳工和助手。

其中，最靠谱的助手之一，是一位名叫篠遠喜彦的日本研究生。他曾在日本从事考古发掘工作，对埃默里的第一个问题是"陶器在哪里？"在日本早期的考古环境中，就像在古典考古学中一样，陶器是相对年代的一个关键指标。它是一种被称为系列化的技术所选择的人工制品，这种技术包括按形状、样式或其他形式特征对目标进行分类，然后按顺序排列。原则是相似的事物可能属于同一时期，风格通常是逐渐变化的。与地层学一样，系列化是确定相对年代的一种手段；结合放射性碳年代测定的新技术，它可以用来确定整个文化时间段。然而，在夏威夷没有陶器，篠遠喜彦想知道还有什么可以作为用来"断代"的标志性文物。答案是鱼钩。

就像斯金纳痴迷于收集石斧一样，埃默里和篠遠喜彦整理了数千个鱼钩，建立了一整套类型学体系：一体式、联体式、带倒刺、无倒刺、刻槽型、鼓包型鱼钩。篠遠喜彦甚至设计了一个后来被他称为"穷人版 IBM"的检索系统：一个包含三千五百个条目的档案卡片，每张卡片的顶部都有孔或槽。插入文件中的金属棒将只取出那些有孔的卡片，留下有槽的卡片，从而选择条目的特定子集。

夏威夷大岛上被称为"南岬"的特定干涸角落埋藏着最壮观的鱼钩阵列。南岬位于夏威夷群岛最南端，以洋流交汇以及鱼类资源丰富而闻名，在这个地区挖掘出了数千个风格各异的鱼钩。但当南岬挖掘现场采集的木炭被送交放射性碳年代测定时,却返回了一组令人困惑的结果。一个样本表明南岬地区最早有人居住的时间点是在公元十世纪,而另一个样本则显示该地区人类最早活动的日期在公元二世纪。来自附近考古现场的同一个样本被送到两个不同的实验室进行分析,得到的数据相差超过四百年。所有这些都证实了一个迅速变得明显的事实:放射性碳年代测定比其看起来更微妙和更复杂。

从一开始人们就知道,可能存在计数误差以及取样和污染问题,但很快变得明显的是,这种方法本身也存在固有的误差。利比的一个关键假设是大气中碳-14的数量是恒定的,但事实证明,这不是真的。地球磁场的变化、太阳黑子活动甚至人类活动,如燃烧化石燃料、原子弹爆炸、核武器试验,都改变了大气中放射性碳的浓度。除非用已知的公式(即校准公式)校正放射性碳定年法测定的年代,否则就可能会偏离相当大的量(如果测定的日期是公元前3000年左右,则误差可能高达七百年)。渐渐地,其他的复杂性也暴露出来了,包括海洋储库效应(Marine Reservoir Effect,降低了海洋生物的放射性碳比例,从而增加了年龄)以及"老木材问题"——长寿树种的木材样本实际上可能比它建造的房子或其燃烧产生的木炭样本的年龄老上几百年。

埃默里并不是唯一一位要求对波利尼西亚材料进行放射性碳

定年的人。在新西兰,罗杰·达夫把从怀劳条地的一个土灶里获得的木炭样本送到了两个独立的实验室,一个在惠灵顿,另一个在耶鲁,获得两个日期范围:耶鲁实验室测定的日期是公元1015年,前后误差一百一十年;惠灵顿实验室的结果是公元1225年,前后误差五十年。这些与埃默里寄送的库里乌欧石窟木炭样本的断代结果(公元1004年,前后误差一百八十年),具有很好的相关性。但最诱人的早期放射性碳年代断代结果,来自马克萨斯。

隶属于巴亚德·多米尼克探险队的马克萨斯小组的考古学家曾在1925年报告说,马克萨斯群岛提供不了"多少考古研究机会"。但是在1956年,一个新的探险队开始重新审视这些位于波利尼西亚三角东部边缘的岛屿的可能性。精力充沛的哥伦比亚大学研究生罗伯特·萨戈斯被派去侦察,他很快发现上一代人都搞错了。他所到之处,都看到了考古的潜力。他写道:"放眼望去,几乎到处都是马克萨斯文化的遗迹。""所有山谷中,丛生的杂草之间,散落着一簇簇被毁坏的房屋平台,在倒下的树木和棕榈树根的无情压力下匍匐于大地……这些古老的村庄遗址是石斧、雕刻、石杵、头骨和其他各种古董的来源地。"这里有数百英尺长的仪式广场,在深谷上方的悬崖上,还有"埋葬着几百年前人口遗骸的洞穴"。

当萨戈斯和他的向导跟进一份记载着名为"哈图阿图阿"(Haatuatua)的沙丘中有大量"猪骨"的报告时,颠覆性的事件发生了。这片被风吹拂的灌木丛和沙子位于努库希瓦岛裸露在外的东角。十年前,也就是 1946 年,一场海啸冲走了海滩的一部分,从那时起,骨头和其他文物就被冲出沙丘。由于不知道会发现什么,萨戈斯和他的向导骑马过去了。当他们从海滩后面的"纠缠在一起的木槿花缠结"中出来,"看到冲下斜坡的碎片",他写道,"我差点从马鞍上摔下来"。

散落在山坡上和海滩上的骨头不是猪骨,而是人骨!肋骨、脊椎骨、大腿骨、颅骨穹窿和无数的手足骨随处可见。在河岸边,一个漂白的女性头骨倒立着,几乎完全暴露在外。

在河岸被切断的地方,在一层层干净的白色沙子之间可以看到一条大约两英尺厚的黑色水平带。嵌在这条带子里的是一些木炭和灰碟、珍珠壳的碎片、石头和珊瑚工具,以及似乎是被埋路面的一部分的大型堆砌石头。他们发现了一整座村庄的遗迹,包括驿站、烹饪坑、庭院和墓穴。时间太短,无法充分探索这片土地,但就在第二年,萨戈斯和他的妻子又回来检查了。

在哈图阿图阿发掘过程中,一些有趣的东西被发现了。这些有趣的东西大多是古代波利尼西亚人的所有物:曲线流畅、近乎圆形的一体式鱼钩;两件套鱼饵的珍珠壳尖和壳柄;珍珠贝壳制成的锯齿状椰子刨丝器。令人惊讶的是:一种独特的蜗牛壳蔬菜削皮器;有"美拉尼西亚"特点的"一些非常奇特的石斧";巨大的装饰性珍珠壳圆盘——边缘有凹口,这种头饰在瓦努阿图群岛很常见,但在波利尼西亚却不为人所知。就像新西兰怀劳条地墓葬中的卷轴和鲸牙项链一样,这些文物似乎可以追溯到波利尼西亚早期的历史,同时也暗示着与遥远西部岛屿的直接联系。

但真正令人吃惊的是从哈图阿图阿采集的灰烬、烧焦的骨头和木炭样本的放射性碳断代结果。结果显示,这些马克萨斯文物无疑是在东波利尼西亚发现的最古老的文化材料,这将对这些岛屿的占领推回到公元前二世纪。即使是马克萨斯群岛的传统也无法表明这种早期定居。"根据最可靠的族谱,"萨戈斯写道,该群岛传统上的首批定居者"努库人"(Nuku)在公元950年左右就开始在该群岛生活,而碳–14测试的数据表明,当时这些岛屿已经被人占领了一千年。

但更令人吃惊的发现,出现在哈图阿图阿考古工作的第二季。1957年萨戈斯再次返回后,开始对遗址进行系统检查,有条不紊地开掘探沟、挖掘、筛选,并记录所发现的东西。起初,发现还比较少:"一些残破的珍珠壳制鱼钩,一两个珊瑚锉",加上一些表明曾经存在建筑物的柱坑,以及一个可能有埋葬物但实际上什么都没有的灰坑。后来有一天,当他看着一个工人在筛一铲土时,岩石和沙子中有什么东西引起了他的注意,"一块砖红色物质的扁平碎片",但转瞬即逝。萨戈斯想,它看起来就像一块陶器碎片。但这不可能——陶器在整个东南亚岛屿和美拉尼西亚的大部分地区都能找到,但萨摩亚东部没有。然而,它就在那里:一块毫无疑问是来自暗色沙带最底层的碎片,表明人类曾居住在那里。几乎马上又出现了第二块更大的碎片,接着又出现了第三块——古代壶边碎片——圆形的边缘有凹槽,内外表面都有印记,"那是陶工在过去暗淡的岁月里抚平这只器皿时留下的"。

总共发现了属于三个容器的五块陶器碎片:一个烧得不好的、易碎的、粗糙的褐色锅;一个烧得很好的红棕色碗,边缘是喇叭状的;还有一个回火很好的碎片,也是红棕色的,上面的痕迹表明它是用某种工具打磨过的。这些陶瓷碎片虽然不起眼,但却改变了"波利尼西亚史前时期的面貌"——尽管,正如经常发生的情况一样,目前还不清楚具体以什么方式。这些罐子是古代马克萨斯人做的吗?如果是,为什么没有更多呢?或者,他们是否曾与数千海里外的西方岛屿进行贸易往来,从而获得了那里的人们制造的陶器?抑或这些是第一批定居者带到马克萨斯群岛的陶器碎片?如果是这样的话,这是否意味着最初的定居者直接来自波利尼西亚三角的西部边缘,绕过了明显不产陶器的太平洋中部岛屿——塔希提、库克群岛、南方群岛和土阿莫土群岛?

这是不可能的。但是,加上哈图阿图阿的早期戏剧性断代结果,在波利尼西亚三角远东边缘发现陶器是一件轰动的事。这直接意味着,可能马克萨斯群岛,而不是没有陶器的塔希提岛,才是传说中的哈瓦基,这是东波利尼西亚所有岛屿最初的散布点。但这个想法违反直觉。你只需看一张地图,就能看到从萨摩亚或汤加出发,迎风航行两千多海里直达马克萨斯群岛,然后再折回来到达塔希提岛和波利尼西亚三角中心的其他岛屿,感觉像是一条不太可能的路。

但陶器碎片就出自那里。经过放射性碳断代,哈图阿图阿是萨摩亚东部已知的最古老的文化遗址,也是唯一发现细小陶器碎片的地方,这一事实不容回避。萨戈斯写道:"现在最大的问题是,这一发现如何改变我们关于马克萨斯人和波利尼西亚人起源的想法和理论?""原来,陶器是关键。"

## 拉皮塔人
## 关键一环

克里斯托夫·桑德（Christophe Sand）：
"'考古报告'中十三号遗址的拉皮塔图案"，
载于1998年《波利尼西亚学会杂志》。作者提供。

为了了解陶器对波利尼西亚历史的意义,我们必须离开波利尼西亚三角,向西前往美拉尼西亚的小岛瓦托姆(Watom)。这片仅有三海里宽的陆地位于新不列颠岛的北海岸,新不列颠岛本身就是巴布亚新几内亚北海岸的一个岛屿,属于俾斯麦群岛的一部分。1908年的一天,一位名叫奥托·迈耶(Otto Meyer)的德国牧师为自己的教堂挖掘地基,意外发现了许多装饰精美的陶器碎片。迈耶神父无法确定自己到底发现了什么:"我,一名卑微的隐士,对这些仍然令人费解的科学问题又知道些什么?"但是他以为这些碎片可能是瓦托姆人和南美洲居民接触的证据,所以把一些碎片送到了巴黎人类博物馆(Musée de l'Homme)。

几年后,1920年,巴亚德·多米尼克探险队的汤加小组报告在汤加塔布岛发现了装饰陶器。陶器不被认为是波利尼西亚文化综合体的一部分,但早期的欧洲探险家曾报告在汤加群岛看到过小陶罐。跟随库克船长第二次远航的博物学家在那里看到了这些陶器,并认为它们可能是塔斯曼1642年穿越该群岛的"纪念物"。而到了十九世纪,在汤加看到这些陶器的欧洲人普遍认为,陶器来自附近的斐济,那里有强大而持续的陶瓷传统。这些都没有让巴亚德·多米尼克小组为挖掘出大量陶器做好准备。他们收集了不少于 1577 件"多孔、轻烧、易碎的器皿",颜色从红色到棕色再到深棕色直至黑色。大多数碎片缺乏装饰,用一位队员的话来说,是"粗鲁、做工冷漠、实用而非装饰性的"。但也有一些碎片展示了一种高度精致和独特的装饰,这些装饰是由以几何方式排列成直线和曲线的小点组成的,似乎是在烧制前便印在黏土上了。

汤加研究小组中有一位名叫爱德华·吉福德的资深成员,是一位以数据为导向的人类学家,有条不紊,声名奇特。吉福德是一个业余的鸟类学家和贝壳学家,在十四岁时便发表了自己首篇学术论文[主题是关于一种软体动物——太平洋边带蜗牛(Epiphragmorphora Fidelis)]。高中毕业,他就在加州科学院找到了一份工作。后来,他稳步晋升,五十八岁时,已经成为加州大学伯克利分校的教授,虽然他从未上过大学。

1947 年,吉福德回到太平洋,展开了对斐济、新喀里多尼亚和雅浦群岛的三次系列考古活动中的第一次。他希望证明,沿着一条从波利尼西亚西部边缘在时间上向后(在空间上向西)的迁徙道路,存在"文化的继承"。在第一次探险中,他发现汤加的真实情况对斐济来说更是如此:"斐济考古学的主要特征"是"陶器,这是最重要的"。在沙丘、岩石掩体和河岸中,到处都是陶器碎片,"表面很显眼","下面很丰富"。向下挖掘十二英尺便可发现这些碎片，它们比任何其他种类的人工制品都要普遍得多。尽管吉福德也发现了石头和贝壳制成的工具和装饰品，但这些物品与陶器碎片在数量上的比例大约是1：10000。斐济陶器出现在各个地方和各个时间点，风格各异，其中一些具有独特的几何图案，由直线、波浪形线条、弧线、虚线和圆点组成，这些图案似乎是用某种工具压印或压入黏土中形成的。

1952年，吉福德展开第二次行动，登船西行，前往新喀里多尼亚。新喀里多尼亚与其邻国瓦努阿图位于波利尼西亚三角和俾斯麦群岛中间的位置。和新西兰一样，它是一片古老的冈瓦纳大陆，也有着独特的自然历史。这里有许多奇妙的动植物，包括一种类似槲寄生的寄生松树和一种著名的会使用工具的乌鸦。在人类到来之前，新喀里多尼亚是地球上爬行动物种类最多的国家之一，包括长着尖刺尾巴的巨角龟、重达二十磅的巨蜥、一种稀有的侏儒陆地鳄，以及巨型冢雉、不会飞的沼泽野鸡、两种猎鹰，还有几只其他种类的鸟，现在都已灭绝。

吉福德和同事小理查德·舒特勒（Richard Shutler Jr.）一到新喀里多尼亚，就乘坐1951年从加州运来的雪佛兰卡车，开始在岛上四处寻找合适的考古遗址。他们从首府努美阿（Nouméa）出发，在气候更潮湿、森林更茂密的东海岸行进，越过中部山脉，沿着干燥的热带草原般的西部返回，沿途在不同的地点停留。在福埃半岛

(Foué Peninsula)一处被侵蚀的海滩边上,他们捡起了第一件装饰陶器。这处他们后来返回挖掘的地点,被称为十三号遗址。

在接下来的七个月里,这两位人类学家和他们的当地助手团队,以及从加州赶来汇合的妻子,总计调查了 53 处遗址,并对其中的 11 处进行了考古发掘。在此期间,他们的卡车共行驶了 14 000 英里,在一个只有 250 英里长的小岛上,收集了超过 17 000 件文物,包括坠子、石刀、刮削器、手镯、刮刀、砍刀、研磨器和石斧。但是,最常见的手工艺品还是陶器。大部分地点是吉福德所说的"沿海餐食灰坑",可以从表面散落的陶瓷碎片和贝壳中辨认出来。他观察到,几乎所有这些地点都有三个特点:靠近大海、靠近淡水来源、附近有良好的种植用地。

正是在这次探险期间,吉福德收到了他早期在斐济发掘的物品的第一批放射性碳断代消息。早在 1947 年放射性碳年代测定方法还没有被实验证明之前,他就已经预见到了这种可能性。于是为了进行测试,他一直小心翼翼地收集木炭样本。但当他从野外返回时,他试图确定木炭年代的尝试遭到了挫败。利比在芝加哥大学的实验室因为漏水而被淹,向加州理工学院和伯克利辐射实验室提出的请求又都被拒绝。"恐怕,"辐射实验室的一名助手毫无帮助地写道,"我们的回答……一定是消极的。但是,如果您能够指派一名学生或技术人员负责开发执行这些测定的仪器和方法的问题,我们很乐意提供咨询和建议。"

最终,吉福德获得了密歇根大学"纪念凤凰项目"(Michigan's Memorial Phoenix Project)的援助。这项研究计划于1948年启动,旨在支持原子能的"和平利用"。当对第一批斐济样本的测试结果显示其大约有950年的历史时,他立刻给《波利尼西亚学会杂志》写了一张便条。吉福德写道,这一日期"具有重大意义,因为这意味着较深地层的埋藏物年代要更加久远"。事实上,随后对同一地点木炭的分析表明,该遗址最早被占领的时间大约在公元前一世纪。

六个月后,虽然已经准备打包离开,吉福德和舒特勒还是又回到十三号遗址进行本次探险的倒数第二次挖掘。他们有很多工人,而且这个地方很容易挖掘;其他地方有塌方和坑洞,不断地被水填满。他们沿着海滩的倾斜边缘划出许多长方形的探方,穿过地峡,进入泥滩和海洋之间一个杂草丛生的低矮地区,这里显示出最近被用作山药田的迹象。他们几乎立刻就清楚地发现,十三号发掘现场与他们检查过的所有其他站点都不同。与汤加和斐济一样,在新喀里多尼亚发现的陶器中,百分之九十以上都是朴素而未经点缀的,只有少量陶器显示出某些形式的装饰。但是,在十三号遗址出土的有装饰痕迹的陶器不仅比例大得多(约占总数的三分之一),而且属于一种全新的陶瓷类别。它们"远远优于"研究人员所见过的任何东西。

十三号遗址内发掘出土的陶器装饰繁复至极——有的内部和

外部都装饰着精美的圆形、半圆形、钻石形、正方形、三角形、锯齿形、棕叶形和"眼睛"形（杏仁内有一个圆圈）图案，这让一些人联想到公元前七世纪的"科林斯陶瓶"（Corinthian Vases），或被称为"布切罗·尼禄"（Bucchero Nero）的伊特鲁里亚黑色彩陶。另一些人则认为它与波利尼西亚人的文身风格相似，也许还有技术上的相似。这些图案既复杂又规则，似乎是用带齿的工具印在黏土上，然后用一种白色的珊瑚石灰糊状物填充——这一技术与传统的波利尼西亚文身方法惊人地相似，即用锋利的齿形器械刺穿皮肤，然后将染料或木炭（在十九世纪的新西兰是用火药）涂抹在伤口上。

在挖掘的最后一天，吉福德在他的田野笔记中指出，"拉皮塔是这个遗址上村庄的名字"，因此（无意中）不仅给在十三号遗址发现的独特类型的陶器，而且给那些至今仍不为人所知的将陶器遗留在此处的人命了名。在最后报告中，他做了几个重要的联系，指出了这个地点的陶器和他在汤加和斐济看到的碎片在风格上的连续性，并把他的考古工作和法国在附近的松树岛上的发现联系起来，而这反过来，又与迈耶神父在瓦托姆发现的被保存在霍姆博物馆的碎片有关。吉福德和舒特勒认为这一切都是非常重要的，这在放射性碳测试结果出来后得到了进一步证实，表明迄今为止新喀里多尼亚最古老的样本来自十三号遗址。但真正令人惊讶的是，这些日期竟如此之早——在距今 2800 年前——他们遂把对新喀里多尼亚的占领推回到公元前 1000 年的末期。

此后经年,拉皮塔遗址将在巴布亚新几内亚的穆索岛(Mussau Islands)、礁岛(Reef Islands)、圣克鲁斯群岛(Santa Cruz Islands),以及蒂科皮亚(Tikopia)、瓦努阿图、斐济、汤加、富图纳群岛(Futuna)和萨摩亚被发现。换句话说,几乎在俾斯麦群岛和波利尼西亚西部边缘之间的任何地方都会发现拉皮塔遗址。这些遗址的年代证实了这些陶瓷所代表的文化时代,但它们也揭示了一个意想不到的模式:横跨西太平洋2500海里(大约从所罗门群岛到萨摩亚)的所有拉皮塔定居点,几乎同时在公元前1000年左右出现。此外,在所罗门群岛以东,这些定居点似乎代表着一种文化观点:从考古学的角度来说,在这些岛屿上没有人比这些定居点的人更早出现。不管他们是谁,所谓的拉皮塔人似乎是第一批出现在这些地方的人,反过来又意味着他们不仅是遥远太平洋的真正先驱,是第一批飞越地平线到达遥远岛屿的人,而且也是第一批到达波利尼西亚三角的人。这意味着他们是波利尼西亚人的直接祖先。

突然之间,几乎完全可以确定地将波利尼西亚人的迁徙追溯到两千年以前。可以认为,拉皮塔人是波利尼西亚人的早期化身。那么,除了他们对精美繁复的陶器装饰的品位,关于他们,我们还了解些什么呢?我们知道他们是殖民者、搬运工、移民、定居者、探险家、拓荒者。我们知道,他们有一种技术,使他们能够旅行,他们的文化足够简洁和可迁移,因而走到哪里就能携带到哪里。我们确信他们是海岸居民,居住在森林和海洋之间的狭长海岸线上。几乎所有被发现的拉皮塔定居点都位于海滩或临海梯田上,或是两千年前是海滩的地方。我们知悉他们喜欢礁湖边缘的一些地方,靠近淡水和耕地,通常在礁石的一个开口对面,这个开口通向广阔的海洋。我们推断他们在深海中游荡,在潟湖撒网,晚上举着火炬在礁石上捕鱼。我们相信他们有一些家养动物(猪、鸡和狗),它们会在海岸线附近觅食,而它们的主人则把时间分配在采集海鲜,以及照料山药和芋头种植园上。

虽然是由陶器来定义它们,但拉皮塔人的最高技术成就肯定是他们的独木舟。从俾斯麦群岛开始,到所罗门群岛结束,长达1000多海里的岛链,各个岛屿相互可见,彼此距离一般不足40海里。但是从这里开始,到下一组岛屿,距离是250海里,从那里到再之后的一组岛屿,距离变成了500海里。从来没有人发现过哪怕是拉皮塔人独木舟的些许碎片(时间太久、材料太容易腐烂、天气过于潮湿……)但是,代指风帆、外伸支架、吊杆、舷墙、龙骨、嵌缝、桨叶、水舀和货物的单词都在一种与拉皮塔人扩张有关的语言[即"原始大洋洲语"(Proto-Oceanic)]中得以还原——这与原始印欧语系一样,都是假想语言。

原始大洋语系是大洋民族的理论母语,也被认为是所有海洋语言的源泉。它是一个庞大的大家庭,包含450多种语言,包括波利尼西亚所有岛屿、美拉尼西亚大部分较小岛屿和密克罗尼西亚除两个岛以外的所有岛屿所说的语言。它本身就是更大的南岛语系的一个分支，后者是一个真正巨大的超过 1000 种语言的组合，除了所有的海洋语言，还包括菲律宾、婆罗洲、印度尼西亚、帝汶、摩鹿加群岛和马达加斯加的语言。因此，至少从语言学的角度来看，从波利尼西亚返回最终家园的道路，经过美拉尼西亚和东南亚诸岛，到达中国沿海地区。然而，公元前五六千年左右，这条路无人问津。

这个语系的海洋分支的分裂被认为是第一次拉皮塔定居时期在俾斯麦群岛附近发生的，它与公元前 1500 至公元前 1000 年期间这里和萨摩亚群岛之间岛屿的迅速殖民密切相关。因此，原始大洋语系的重建打开了一扇通往另一个相当神秘的拉皮塔世界的窗户。在热带群岛的考古环境中，几乎没有幸存下来的遗产——没有篮子、绳索或木制的家庭用品，没有食物和衣服，除了石头地基和长时间腐烂的柱子留下的黑暗印记，没有任何建筑物。但是，这些人生活的质感可以从他们重建的词汇中提取出来，通过任何重要到足以传递下去的信息来回溯到各个时代。

例如，他们似乎对一天中的两个特定时段有专门术语——从黎明到凌晨，从下午到傍晚——这两个时期都是在热带地区完成工作的好时机。他们有一个词来形容用葫芦或椰子壳做成的盛水容器，还有一个词代表用来密封它的塞子或盖子。他们有专门词语来形容木碗和椰子杯，以及可以用来把食物从土炉里拿出来的钳子。他们有特定单词来指称海螺壳或法螺壳喇叭，也有代指椰叶火炬的词语。他们有词语来形容清理、锄地、除草,以及他们在花园周围修建的栅栏(也许是为了把猪挡在外面)。他们对风的类型有大量的词汇,包括强风、暴风、轻风、干燥风、来自不同方向的风和带来雨的风。他们有一个被称为大鸟座的星座,与我们的猎户座和大犬座重叠。他们给金星取了和我们给它的名字一样的名字:启明星。

并不是所有这些概念都能在每一种大洋洲语言中得到证实,但有足够的痕迹使语言学家能够跟踪这些线索。人们可能期望找到的一些概念已经被证明是令人惊讶地难以重建的:没有明显的原始大洋洲术语来描述潮汐或火山,尽管地震和洪水的词汇都可以重建。语言学家也很难确定专门的航海术语。对此有两个可能的原因:第一,就像政治一样,所有的航行活动都具有本地性,在一个地理区域是真实的,在另一个地理区域不一定真实。新西兰的夜空与巴布亚新几内亚的夜空不同,巴布亚新几内亚的夜空与夏威夷的夜空相异。所罗门群岛的风和洋流与复活节岛周围或马克萨斯群岛的风和洋流不一样。第二个考虑是,在许多海洋社会中,航海知识被认为是特权,只有少数人知道,这可能意味着一旦航海知识不再是一个社会生存的中心,就特别容易失落。

然而,有一些非常重要的概念几乎可以追溯到海洋时代的曙光:"陆地"一词,意味着"不是海洋",并且是"有人居住的领土";"独木舟"一词,意思是在开阔海面上航行的大帆船;"星"这个词,与上升和下降的术语相连;一个代表天空或天堂的词,当你进入遥远的波利尼西亚群岛,它就成为一个原始神灵的名字。

拉皮塔人(或者更确切地说,是拉皮塔民族)迁移的关键在于他们复制自己生活的能力——房屋、菜园、风俗习惯、旅行方式,以及他们在一个又一个岛屿、一个又一个海滩上与世界互动的全过程。尽管他们积极地寻找特殊环境——沿海平原或者潟湖——但他们总是能适应新环境,对新土地带来的机遇和挑战作出反应。太平洋地区的一个显著特点是,当你从大陆边缘向东移动时,物种数量稳步减少。鸟类的情况是最常见的例子。在新几内亚岛这个生态富饶的大岛上,鸟类大约有 520 种。就在所罗门群岛以东几百海里处,鸟类的数量下降到 127 种;然后斐济 54 种,萨摩亚 33 种,汤加 20 种,社会群岛 17 种,马克萨斯群岛 11 种,波利尼西亚三角的东南末端,即偏远的亨德森岛,只有 4 种。珊瑚、植物、爬行动物、昆虫、棘皮动物和脊椎动物也是如此。至少对人类殖民者来说,他们走得越远,可供利用的对象越少,所要求具备的资源越丰富。

拉皮塔殖民者和他们的后代通过运输他们复制出发地生态所需要的一切来解决这个问题,答案便是繁殖期的成对动物、根茎、幼苗。他们还携带了一整套其他生命形式:杂草、软体动物、昆虫、微生物——借用阿尔弗雷德·克罗斯比(Alfred Crosby)极具魅力的描述,这是整个"生物旅行箱",殖民者无论走到哪里,都会有意无意地随身携带。克罗斯比创造这个短语是为了说明欧洲扩张对太平洋等地的影响,但它同样适用于这些早期的殖民者。拉皮塔人的"生物旅行箱"不仅包括被他们所珍视的狗、猪、鸡、芋头、面包果、甘蔗和香蕉,还有一种棕色的小偷渡者"太平洋鼠"(Rattus Exulans),以及各种各样的壁虎、石龙子和蜗牛。

拉皮塔人不仅到达并适应新的环境,他们还改变了他们发现的每一个新地方。人类因改变其移居的新环境而臭名昭著,拉皮塔人也不例外。拉皮塔地区岛屿上的花粉核显示,木炭颗粒在他们到达时急剧增加,这被解释成是为清理土地以建造花园而进行的大面积焚烧的证据。一层层的泥土、黏土和其他"侵蚀性残骸"也表明森林正在被砍伐,最显著的是对野生动物(特别是对鸟类)的影响。关于波利尼西亚陆地鸟类灭绝的一种说法将其描述为"第四纪晚期脊椎动物灭绝最极端的例子"。证据显示,拉皮塔人及其后裔波利尼西亚人(毫无疑问,是在杂食性太平洋鼠的帮助下)消灭了无数种鸟类,包括秧鸡、鸽子、鹦鹉、果鸽和冢雉。它们要么被猎杀到灭绝,要么栖息地被破坏殆尽。人类会吃他们发现的任何东西,并会尽一切努力使他们的环境更适合居住;生物学家蒂姆·弗兰纳里(Tim Flannery)曾将我们这个物种描述为"未来的食肉动物"。因此,了解到拉皮塔人不仅吃鸟,而且还吃海龟、蜥蜴、软体动物、鱼,甚至是新喀里多尼亚的大型陆地鳄鱼,借此不可逆转地改变了他们所遇到的每一个环境,这一点也不奇怪。

可以从两种观点中的一种来看待这些事实。与所有其他人种一样,拉皮塔人及其后裔是大洋洲一支强大的变革力量,他们对许多自然生态样貌的改变和许多生命形式的破坏负有责任。但人们也可以想想,要取得如此成功,即能够在如此之多、如此遥远的地方造成这种破坏,需要付出什么代价。这种跨越数千海里的以那些没有人知道是否存在的岛屿为终点的重大迁徙,没有什么是显而易见的,或者说是必要的。所以最诱人的问题之一就是为什么?为什么要离开安全可见的陆地?

其中一个原因可能是,当讲这些南岛语的人(拉皮塔人的祖先)第一次来到西太平洋岛屿时,其中许多岛屿已经被占领,并且已经存在了数万年。也许新来的移民对沿海地区有如此强烈的偏好,他们没有试图在已经有人居住的地区殖民或与已有的人群竞争,而是沿着岛屿边缘继续前进。但是,一旦这些远洋定居者越过有人居住的岛屿(所罗门群岛相互可见的岛屿),到达无人居住的礁岛和圣克鲁斯群岛,再经过瓦努阿图和新喀里多尼亚,直至斐济,再到波利尼西亚诸岛,这种理论就失效了。

其中一些岛屿面积巨大,前景广阔,人们不禁要问,发现它们是什么感觉。那里一定有很好的食物、充足的土地、良好的淡水供应,所以他们为什么要继续航行?考虑到其中一些岛屿的面积,不可能是人口压力;资源短缺迫使人们离开,需要几百年的时间。一个更有趣的观点是,他们被一种"以创始人为中心的意识形态"

233 "拉"进了未知的世界,这意味着前进的动力就根植于他们构建世界的方式中。许多南岛语系文化显示出对创始人的深深崇敬;这在波利尼西亚是肯定的,那里的族群是以创始人的名字命名的,而其名字和行为是神话的支柱。创始人拥有地位、掌握物质优势,随着时间的推移,这些利益逐渐增加。正如一位人类学家所说,新西兰最初的定居者,他们的旅程构成了这次大迁徙的最后一章,"可能是3000年前成功的南岛扩张的继承人"——3000年的创始人传说"一个接一个地堆积起来"。在这种情况下,即便长路漫漫,"来自普通家族的雄心勃勃的年轻人"怎么会不去寻找一个属于自己的小岛,进而成为创始人呢?

# 第五部分

# 扬帆起航

## （1947—1980）

另起炉灶，与试图重走波利尼西亚先民越洋迁徙之路的实验航海团队深入交流。

## 康提基号
## 海尔达尔的木筏

"康提基号"(Kon-Tiki),摄于1947年。

现藏于挪威奥斯陆康提基博物馆。

拉皮塔人的发现将波利尼西亚史前史牢牢地束缚在西太平洋,从而最终与亚洲联系在一起。但这并不能完全消除一种与之竞争的观点,即波利尼西亚和另一边的大陆,即南美洲之间存在联系。在十九世纪,人们普遍认为,东风的强度和盛行程度"最荒谬地"与任何人向东横渡太平洋的想法相抵触,因此波利尼西亚的居民只能是"智利和秘鲁土著人的后裔"。这种观点在二十世纪初依旧流行,在二十世纪三四十年代引起了挪威冒险家和人类学家托尔·海尔达尔(Thor Heyerdahl)的注意。

237

1936年,海尔达尔首次进军太平洋,当时他二十二岁,和二十岁的新婚妻子住在马克萨斯群岛的法图伊瓦岛。两人决定放弃文明,回归自然;抛下将他们捆绑在现代世界的"锁链",他们将"两手空空,赤脚进入荒野"。多年后,海尔达尔坦言:"这是嬉皮士的梦想——开启一段使自己彻底融入完全不同的生活的旅程。"但这并不顺利。两人打算居住的竹屋被蚂蚁吞噬殆尽;无法得到马克萨斯群岛本地人的信任;赤脚行走时留下的伤口和擦伤最终引发感

238

染;最终,两人躲在一个山洞里,疾病缠身,胆战心惊,极度渴望一艘船来救他们。然而,正是在这一时期,海尔达尔第一次炮制了一种理论,这一理论将给他带来巨大的声誉,同时也使他与大多数学术界同侪渐行渐远。

在法图伊瓦岛逗留大约一年后,海尔达尔和妻子丽芙(Liv)坐在月光下的海滩上,看着海浪。"很奇怪,"丽芙说,"岛的另一边从来没有像这样的碎浪。""不,"海尔达尔回答,"这边是迎风面,总是有一片奔腾的大海。"这促使他开始思考地理问题:大海为何总是"从东方滚滚而来"?"永恒的东风"怎么总是把它推到远至地平线的岛屿上?

第一批到达这些岛屿的人都很清楚情况就是如此。我们知道,在遥远的东边地平线下,在云层升起的地方,是南美洲开阔的海岸。它在4300海里外,中间只有大海。

坐在他们身边的一位马克萨斯长者接着提供了一点信息。"'提基'(Tiki),"他说,"既是神灵又是首领。是提基把我的祖先带到了我们现在居住的岛屿。在那之前,我们生活在大海之外的一个大国。"

那天晚上,当海尔达尔上床睡觉时,提基及其古老家园的传说在他脑海中盘旋。"远处海浪低沉轰鸣的伴奏声,听起来,"他想,"就像一个来自遥远时代的声音,而它要告诉人们许多秘密。"他突然意识到,他在森林里看到的"提基的巨石雕像",非常像南美灭绝文明的遗迹。因此,他写道:"整个故事开始了。"

两人回到欧洲后,海尔达尔决定要研究波利尼西亚人。"南太平洋的未解之谜令我着迷。我的目标是确认传奇英雄提基的身份。"根据民族学家爱德华·汉迪的说法,提基是马克萨斯万神殿中供奉的诸多神明之一。他是一个骗子,也被称为人类的始祖。他通过与一堆沙子的结合创造了人类。像波利尼西亚的其他地方一样,在马克萨斯群岛,人们也普遍使用提基这个词,意思是被雕刻成人或动物形状的雕塑,它代表的是神化的祖先或家族神灵。汉迪认为,在过去,这个词很可能指的是"一个代表繁衍人类的祖先的雕塑或图腾,指向人类的最终起源"。然而,海尔达尔却确信提基是一个历史人物。随着信风和碎浪在他脑海中浮现,他得出结论,提基是一位从东方来到马克萨斯群岛的创始人,他的根应该在南美洲寻找。

在接下来的几年时间里,海尔达尔综合运用了他对马克萨斯群岛的见解、对天气的观察、若干蹩脚的语言学知识、十九世纪关于知识传播的理论以及一些西班牙征服者口口相传的可疑说法,形成了一个关于大洋洲定居的理论。他认为,这一切都是从高耸的安第斯山脉的的喀喀湖(Lake Titicaca)开始的,那里现在是玻利维亚和秘鲁的边界。在印加帝国崛起之前的日子里,一个神秘的族群在那里竖立了一批非凡的巨石纪念碑。关于他们,人们几乎一无所知,只有西班牙征服者那番含混不清的叙述,声称这个神秘的族群追随着大祭司兼太阳王维拉科查(Viracocha)——海尔达尔形容他是一个高个子的白人,长着红色头发和胡子——并且他们的首领也叫康提基。海尔达尔认为,大约在公元六世纪,康提基和他的追随者被侵略者击溃。为了逃离干燥的高原,他们下海,乘坐"巴沙木"(Balsa)制成的舟筏横渡太平洋,成为波利尼西亚的第一批定居者。

当然,海尔达尔知道有大量的证据表明波利尼西亚和东南亚存在联系,包括几乎所有波利尼西亚食用植物和家养动物的亚洲起源,以及公认的语言论据。为了解释这些造成困难的事实,他提出了来自亚洲的第二波定居潮。海尔达尔认为,这些二次移民的航线非常像十九世纪传教士威廉·埃利斯提出的"白令路线",即沿着亚洲大陆北上,穿过白令海峡到达北美,然后越过大洋到达夏威夷,从那里分散到波利尼西亚的其他地区。他认为,在那里,这些亚洲人与红头发、白皮肤的康提基追随者混血,因此,当欧洲人到达太平洋时,他们在岛屿上发现的人是这两个群体的结合体。

海尔达尔收集了各种各样的证据来支持他的论点:红头发的波利尼西亚人偶尔可见;复活节岛上有巨石雕塑;波利尼西亚人与西北太平洋土著夸寇乌特(Kwakiutl)部落和海达(Haida)部落之间在文化上有某些相似之处。不过,他的理论的主要驱动力是太平洋洋流和风的方向。海尔达尔相信,人类在太平洋诸岛上的定居,只能沿着这些气象因素的脚步。诚如其所言,"决定性因素不是距离,而是风向和洋流",这在很大程度上又取决于地球的自转。

1947年,他将自己那套理论中的南美部分付诸实践,此举后来为他赢得了巨大声誉。他和其他五个健壮勇敢的斯堪的纳维亚人一起,用巴沙木建造了一艘巨大的木筏,并以印加那位神秘的太阳王的名字给木筏命名为"康提基号"。木筏长三十英尺宽十五英尺,由九棵巨大的巴沙树制成。海尔达尔和他的同伴(在当地一些劳工的帮助下)在厄瓜多尔丛林中发现并砍伐了这些树,然后顺着一条河漂向大海。巴沙原木上铺了较小的巴沙木,接着是一层劈开的竹子,然后用芦苇盖在竹子上成为甲板。两根高高的红木桅杆绑在一起,顶上有一个竹制的吊杆,上面挂着一个巨大的方形帆,印着有胡子的康提基画像。船尾伸出一个大的木制舵桨。为了保护船员免受日晒雨淋,他们还在甲板上搭建了一个小竹棚。

这次探险得到了好几个国家大量官方和半官方人士的支持。海尔达尔得到了纽约"探险家俱乐部"(Explorers Club)成员、美军空军装备司令部研究实验室、挪威驻华盛顿武官、美国海军水文局、英国军事特派团、智利驻联合国助理秘书、"厄瓜多尔巴沙木大王"唐·古斯塔沃(Don Gustavo),甚至还有时任秘鲁总统唐·何塞·路易斯·巴斯塔曼特·里韦罗(Don José Luis Bustamante y Rivero)阁下的帮助。有的人捐钱,有的人则提供建议或物资支持,包括美军装备和口粮(探险队成员同意在探险过程中测试这些物资)。

4月28日下午,在一群热情的围观者面前,"康提基号"被拖离秘鲁的卡亚俄港(Callao)。虽然这艘船的建造过程中没有使用金属,完全是用绳子绑在一起的,但船员们确实携带了罗盘、六分仪、手表和海图,可用来确定自己的位置,还有一台无线电与外界保持联系。在离海岸五十海里的地方,护卫船队与之分道扬镳;他们被拖到了洪堡冷流的中央,而这道洋流会把他们一路裹挟至向西的南赤道洋流,后者会把他们带到波利尼西亚。

在接下来的三个月里,他们生活在由六个人、一只鹦鹉、他们的筏子和环绕在船附近的海洋生物组成的独立的小世界里。海尔达尔在书中谈到了这种孤立以及对他时间感的影响:"不管是公元还是公元前 1947 年,突然间变得毫无意义。"信风平稳地吹着,从未停歇过,尽管在航程的中途,他们遭到了两次猛烈风暴的袭击;其中一次,鹦鹉从船上掉了下来。木筏平均每天航行大约五十海里,他们从未见过其他船只、飞机或任何其他人类活动的迹象。然而,他们周围的大海却充满了生机。每天晚上,飞鱼都会跳上木筏,每天早上都有专人负责把它们收集起来当早餐。大多数时候,他们都有成群的色彩斑斓的鲯鳅相伴;鲨鱼也经常陪伴左右。大乌贼有时会在夜间从海洋深处浮上来,"它们那魔鬼般的绿色眼睛在黑暗中像鳞片一样闪闪发光"。鲸鱼偶尔在木筏周围嬉戏。有一次,一条巨大的鲸鲨来拜访他们,在一名船员用鱼叉戳它之前,这条鲸鲨从船下慢慢地游走了。

"海浪、鱼、太阳和星星来来去去",当他漂流在太平洋时,海尔达尔回到了他最喜欢的主题之一。"我们越接近大海,"他写道,

"我们的归属感就越强烈。"他们正在学习"尊重那些居住地与太平洋密切相关的古老原始民族,他们是从一个与我们截然不同的角度来认识太平洋"。海尔达尔得出的结论是,"原始人对海洋的印象比我们的更真实"。失去乐园之感,对现代性的不信任,对"更真实、更质朴的生活方式"的渴望,激发他去马克萨斯群岛寻找一个不受约束的世界。毫无疑问,两次世界大战的恐怖与此有关,激发了人们对原始纯真时光的无限向往,这是一种返祖的渴望。海尔达尔相当悲伤地感叹:"在科技时代之前,人类的生活更加充实和丰富"。

当他们在离波利尼西亚几百海里的时候,"康提基号"的船员首次看到了陆地的预兆:军舰鸟,后面跟着两只鲣鸟。日复一日,越来越多的海鸟出现了,太阳落山时,它们迅速向西方飞去。接下来是一团"奇怪的静止云",在信风吹过的时候,天空中悬挂着"羽毛般的小毛线云"。他们到达了土阿莫土群岛——塔希提岛和马克萨斯群岛之间的环礁屏障,许多早期的欧洲探险家都曾在旅途中发现过这里。云层下面是普卡普卡岛,斯考滕和勒梅尔将这里称为狗岛。树梢上升起了浓烟,水面上飘着"烧过木头的淡淡气息"。过了一会儿,他们闻到了树叶、绿植和刚砍下的木头的气味。但是由于没有办法操控方向,他们只能继续漂流,很快就与这个岛擦肩而过。

他们漂过方阿陶环礁(Fangatau),那里的一些岛民出来用独木舟迎接他们。但他们仍然无法操纵木筏逆风逆流航行。很快,他们开始意识到他们面对的是什么。虽然可以看到潟湖的静水、沙滩和鲜绿色的椰林,却无法到达,因为他们被"邪恶的红色礁盘"所阻隔。独木舟可以来来往往,但永远不可能将木筏从一个开口处驶入潟湖。

然后,在航程的第一百零一天,不可避免的事情发生了。一段四十五海里长的珊瑚礁像一堵无法逾越的墙,横亘在他们前进的路上,无法绕过。海尔达尔发现,"现在的问题变成了如何活命。"海浪打在珊瑚礁上,形成乱流,"康提基号"开始上下颠簸。在正前方,他们可以看到"蓝色的太平洋被无情地撕碎,被沿着地平线抛向空中"。越来越近,随着猛烈的一击,"康提基号"撞上了拉罗亚外礁(Raroia)。一个又一个巨浪砸来,木筏旋即被淹没在浪峰之下。海尔达尔和同伴们紧紧抓住一切能够抓住的物体,奇迹般地,没有人被冲下船而撞到珊瑚墙上。虽然木筏几乎被震成碎片,但它的浮力刚好能使它越过礁石,让探险者们艰难地进入潟湖,穿过浅水,到达一个小岛。海尔达尔写道:"我永远不会忘记涉过礁石,朝那个天堂般的棕榈岛前进时的感受。"

> 到达阳光明媚的沙滩时,我脱下鞋子,把光着的脚趾伸进温暖干燥的沙子里。很快,棕榈树顶在我头顶合上了。我继续往前,朝小岛的中心走去。绿色的椰子挂在棕榈丛中,一些茂盛的灌木丛上厚厚地覆盖着雪白的花朵,芳香诱人,让我目眩神迷。我手足无措,双膝跪地,手指深深地伸进干热的沙子里。

从宣传的角度来看,"康提基号"的航行取得了巨大成功。远征的传说于1948年首次以挪威语出版,1950年被翻译成英文,销量达数百万册,甚至被翻译成蒙古语和世界语等六十多种语言。《纽约论坛报》(*New York Tribune*)称之为"我们这个时代少有的伟大著作";伦敦《星期日泰晤士报》(*Sunday Times*)盛赞此书为"当之无愧的海洋题材经典作品之一"。它既被萨默塞特·毛姆(Somerset Maugham)称赞为既不可思议又无比真实的故事,同时也受到哈里·杜鲁门(Harry S. Truman)的青睐("在这个世界上,有能吃苦的人是一件美妙的事情")。一年后,以木筏上拍摄的镜头为基础的电影《康提基号》获得奥斯卡最佳纪录片奖。很快,"康提基热"在世界各地爆发:出现了康提基酒店、康提基鸡尾酒、康提基泳衣和康提基浮板。海尔达尔一跃成为世界名人,但这并不一定意味着他受到学术界的认可。

首先对这次航行的意义嗤之以鼻的人便是彼得·巴克。"一次不错的冒险,"他说,"但你不能期待每个人都称之为科学考察。难道现在你会这么认为?"最初的大部分注意力都集中在技术问题上,特别是巴沙木筏是否能穿越四千海里的惊涛骇浪而不会破裂或沉没。还有一个问题是,船员们是否会饿死或渴死;派驻卡亚俄船坞的一位海军武官曾打赌,会为探险者余生想喝的威士忌埋单,前提是这些人活着到达波利尼西亚。但是,虽然有人抱怨现代航海仪器和腌制罐装食品的使用,以及他们被拖至适宜的洋流这一事实,但大部分技术问题都已由航程本身给予了回答。一艘漂流在南美洲海岸的巴沙木筏,耗时三个月后,可能会最终到达波利尼西亚;人类可以携带或寻觅生存三个月所需的一切。

这确实是公众关心的全部问题,但在人类学家中,更大的问题是这次航行背后的理论是否讲得通。至少对他们中的大多数人来说,答案是否定的。正如一位评论家所说:海尔达尔的论点不能"从时间上、考古学上、植物学上、种族上、语言上或文化上"得到支持。海尔达尔一直坚持说科学界在跟他作对,但他的许多关键点是站不住脚的,而站得住脚的那些又经常被加以不可接受的扩展。1952年,他发表了八百页的著作来捍卫自己的观点,书名是《太平洋上的美洲印第安人:"康提基号"探险背后的理论》(American Indians in the Pacific: The Theory Behind the Kon-Tiki Expedition)。对这本书的评论十分苛刻。正如《美国人类学家》(American Anthropologist)的一位作者所说:"海尔达尔对自己理论不可抑制的热情在每一页上都是显而易见的。一段中反复提及的'有可能'变成了下一段的'很可能',半页后又变成了既定的事实。"一位《美国文物》(American Antiquity)的作者写道:"每根可用的救命稻草都被抓住、弯曲和扭曲,以适合作者的目的。细枝末节的证据被推到了合理的限度之外;相互矛盾的数据被忽视或遗漏,手稿中充斥着不谨慎的陈述。"

海尔达尔声称的许多事情的确根本不成立。波利尼西亚人并不崇拜太阳神;塔希提语中的"帕西"一词从没有被翻译成"木筏";复活节岛的摩艾石像与蒂亚瓦纳科(Tiwanaku)的巨石雕塑并不相同,甚至根本不像;太平洋西北部的语言与波利尼西亚的语言没有联系。还有"白神"康提基这一明显牵强附会的问题。海尔达尔的大部分论点都是基于他的主观设定,以解释波利尼西亚东部岛屿上存在复杂的巨石砌体和雕塑的必要性。他的解决方案是主张神秘的白人文明曾出现过,然后莫名其妙地消失了,只留下其优越的技术和品位的证据——这是二十世纪三四十年代欧洲常见的魔幻手法。在二十世纪五十年代的专业人类学家中,这不够严肃认真。一些人准备承认显而易见的事实:很难"避免从这部作品中解读出种族主义"。

然而,有一个证据是没有人可以反驳的,那就是在波利尼西亚中部和东部有一种重要的美洲粮食作物:红薯。这种旋花科番薯属中味道甜美、富含淀粉、营养丰富的成员,正式名称为甘薯(Ipomoea batatas),最早由美洲的土著人种植,到欧洲人到达美洲时已经在那里广泛种植。事实上,欧洲人第一次提到这种植物,是克里斯托弗·哥伦布给伊莎贝拉女王带回的这一新世界风物的样本。

一两个世纪后,抵达波利尼西亚群岛的欧洲观察家发现,红薯是中太平洋和东太平洋许多岛屿的重要主食。1722年,在复活节岛上,雅可布·罗赫芬以物易物,换得了红薯;在夏威夷,库克船长手下一名军官报告说,红薯非常丰富,"最穷的土著人会把它们白白扔到我们的船上";在新西兰,由于气候原因,许多传统的波利尼西亚粮食作物无法生长，访客们发现了大量的甘薯种植园。事实上，这种植物在波利尼西亚存在的第一个"绝对植物学证据"——证明了这些早期观察者并没有将其与视觉上相似但在植物学上截然不同的山药混为一谈——是1769年约瑟夫·班克斯在新西兰收集的一个植物标本。

如果不是因为波利尼西亚的其他粮食作物都来自太平洋的另一边，前述疑点本来无足轻重。假设波利尼西亚人把他们最重要的植物——香蕉、面包果、芋头、甘蔗、山药等——从亚洲运到太平洋，他们又为何会种植原产于美洲的红薯？换句话说，红薯是如何到达波利尼西亚的？

植物学家长期以来一直认为，如果没有人类的帮助，红薯不可能散布在整个太平洋地区。它无法漂浮，也不可能漂流，也不像有的植物那样，似乎是以种子的形式被鸟吞进胃里然后带到某地。假设人类是媒介，那么只有三种可能：西班牙人、土著南美洲人和波利尼西亚人。曾几何时，有人认为，西班牙探险家——现在已知他们曾将这种植物运送到菲律宾——可能于1595年在马克萨斯群岛种了第一个甘薯。但这似乎不是一个可靠的起源传说，因为很难想象这种植物会在一个世纪后在波利尼西亚变得如此普遍。另外两种可能性则是对立的：其一，甘薯是由南美洲一些不知名的土著居民运到岛上的；其二，甘薯是被到达南美洲的波利尼西亚人捡到然后带回东波利尼西亚的。逻辑支持后者，即航海的波利尼西亚人，因为他们有着巨大的独木舟和旅行的嗜好,而不支持只拥有木筏且喜欢拥抱海岸的南美洲土著。不过,仍然没有绝对可靠的证据表明波利尼西亚人去过南美洲海岸。最近,甚至有人提出了甘薯种子自然长距离传播的观点,这意味着根本没有必要求助于人类载体。但这一切都没有定论,红薯仍然像海尔达尔为支持他的观点而将之作为证据时一样,是一个诱人的谜。

在学术界,海尔达尔的理论遭到了各种各样的质疑,从礼貌的怀疑到彻底的蔑视。最严厉的批评者之一是人类学家罗伯特·萨戈斯。他批判康提基理论是马克萨斯群岛、复活节岛、蒂亚瓦纳科和印加人元素的大杂烩,认为海尔达尔捏造出一个神秘消失的"长着胡子的白人男子"种族,整个理论就像"美洲是在罗马帝国的最后一天被亨利八世国王发现的,他把福特猛禽卡车带到了愚昧无知的土著居民那里"这种观点一样不合理。但在公众意见的辩论场,海尔达尔的想法一直存在。正如一位历史学家在2003年所说:"如果今天进行民意调查,询问街头市民,'波利尼西亚人是从哪里来的?'我打赌,最有可能的回答是'南美洲'。"

海尔达尔的理论还有另一个方面没有引起太多的注意,但在方式上更重要。他坚持认为太平洋上的第一批定居者是受天气影响而行动,不管最初来自哪里——亚洲、秘鲁、英属哥伦比亚——他们都只能乘风而行。尽管海尔达尔有时断言"古波利尼西亚人是伟大的航海者",但实际上他并不认为他们在这方面有太强大的能力。正如一位作家所说,海尔达尔"系统性地低估了"波利尼西亚人作为水手的技能和"他们航海技术的卓越性"。但并不是只有他一人如此。近两个世纪以来,波利尼西亚人擅长航海在很大程度上被认为是理所当然的,但在二十世纪中叶,人们开始怀疑波利尼西亚人的航海能力。这个疑问——他们是否真的是航海者,他们是否曾经航行过,而不是漂流——突然成了中心议题。

# 随波逐流

## 安德鲁·夏普

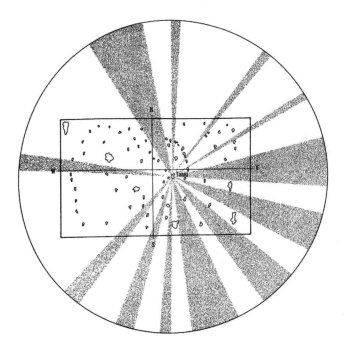

图帕伊亚的海图(绘有岛屿屏障),参见《波利尼西亚的定居点:计算机模拟》(*The Settlement of Polynesia: A Computer Simulation*),作者为迈克尔·莱文森(Michael Levison)、杰拉德·沃德(R. Gerard Ward)以及约翰·韦伯(John W. Webb)。明尼苏达大学出版社(明尼阿波利斯)1973年出版。

1956年,一位名叫安德鲁·夏普(Andrew Sharp)的新西兰历史学家出版了一本被视为"太平洋历史上最具争议的研究之一"的著作,书名并没有冒犯性——《太平洋上的古代航海者》(*Ancient Voyagers in the Pacific*)。该书认为,波利尼西亚航海者有史以来最长的有计划旅程不超过三百海里;他们从未刻意跨越比这更宽广的海峡;因此,斐济、汤加、萨摩亚、塔希提岛、土阿莫土群岛、马克萨斯群岛、新西兰、夏威夷或复活节岛,"不存在有计划殖民"。

在某些岛屿群中,如斐济—汤加—萨摩亚地区和塔希提岛—土阿莫土群岛,夏普承认波利尼西亚人能够来回旅行——出发,找到目的地岛屿,并安全返回。但他认为,超过三百海里的限制,任何形式的有意航行都是不可能的。在夏普看来,问题在于,没有仪器,没有六分仪、罗盘和一些可以计时的东西,根本不可能追踪到一个人在公海中的位置。那里有看不见的洋流、起伏的风,除了天体没有其他固定的参考点,而天体只在一定程度上是有用的。"白天星星不发光,白天比黑夜长得多,太阳的导航能力很差。"浓雾、云层和风暴是一个永久性的危险,清晰而连续地看到天空是一个"奇迹"。即使是携带仪器的欧洲航海者也经常感到茫然。尽管波利尼西亚的水手在三百海里范围内享有"杰出航海者"的美誉名副其实,但夏普坚持认为,在航海仪器出现之前,人们刻意远航的神话"没有任何证据支持"。

问题是具体的证据,尤其是夏普认为哪些证据是可接受的。他和几乎所有讲述这个传说的人一样,都是从目击证人库克船长的证词开始的。但夏普感兴趣的片段并不是来自库克的第一次航行及其与图帕伊亚的相遇,而是来自库克第三次也是最后一次航行,它涉及另一个塔希提人——"麦"(Mai)。1774 年,库克船队另一艘船的船长把麦带到了英国,尽管困难重重,麦还是活了下来(班克斯为他安排接种了天花疫苗,这当然有帮助)。一年后,库克踏上最后一次太平洋之旅,任务之一就是把麦送回塔希提。

途中,库克经过了现在被称为库克群岛的地方,这是一个分散的群岛,位于塔希提岛的南部和西部。在其中一个名叫阿提乌(Atiu)的岛屿,麦发现了他的四个同胞——四个塔希提人。他们告诉他,大约十年前,他们从塔希提岛出发,前往赖阿特阿岛,这是一个相对较短的航程,总计一百三十海里。他们不慎错过了目标。在海上待了很长一段时间后,他们发现了阿提乌岛。此时,他们位于计划中的目的地西南方向近五百海里处;原来的二十个人中只有五个人还活着,他们紧紧地抓住了已翻倒的船身。阿提乌人救了他们,把他们完全吸纳到自己的社会中,以至于这些遇难船员不再有回家的愿望。"这种情况,"库克在他的日记中写道,"很好地解释了这个海中有人居住的岛屿最初是如何迎来第一批定居者的;特别是那些远离任何大陆而且也远离彼此的岛屿。"换句话说,这是一种方法,由此,波利尼西亚的偏远岛屿可能会让那些在海上迷路的人偶然间遇到,后者于是在此定居下来。

这与库克第一次远航太平洋时得出的结论完全不同,当时,在与图帕伊亚的谈话中,他首次在脑海里仔细思考了这些想法。然后,他写道:"从我们所能了解到的所有资料来看,这些人在海上从一个岛航行到另一个岛(大约一千海里),白天太阳是他们的指南针,晚上月亮和星星为他们指路。当这一点得到证实的时候,对于这些岛屿是如何有人定居的这个问题,我们便不再感到茫然。"

库克无疑是这一时期知识最渊博也最值得信赖的目击证人,但即使是他的证词亦可能很棘手。在这两次航行之间,还有另一次漫长而艰苦的远征,包括两次扫岛和一次寒冷的南极环行。因此,到1777年,他几乎连续十年出海,在离家数千海里的未知水域,经常处于危险的环境中,对数百人的生命和健康负责。第三次航行中的库克和第一次对图帕伊亚的名单和海图产生如此浓厚兴趣的库克截然不同。正如他的传记作者所说,他"变得疲惫不堪,虽然身体上没有任何明显的变化,但大脑却有着几乎无法察觉的迟钝。作为一个探险者,他的理解力大不如前。他对其他思想,并没有做好接受的准备,也不是十分赞同"。第三次航行时的库克更加铁石心肠,更加古怪,更不喜欢惊奇,也不太愿意给波利尼西亚人或其他任何人哪怕是暂时的信任。

不过,夏普对此事的看法不同。在对库克第三次航行的记载中,他读到了一个必要的和正确的转变,从猜测和推度转向具体和客观的证据。夏普辩称,在他所称的"真实记录"(即后欧洲时期太平洋的书面记录)中,没有一个故意进行长途航行的例子。然而,漂流或意外航行的例子不胜枚举。夏普在借鉴传教士、捕鲸者、海军船长和其他早期欧洲观察者记述的基础上,讲述了许多波利尼西亚漂流者的传说:一群塔希提人被风吹到1300海里外萨摩亚以东的一个岛上;一个来自托克劳(Tokelau)的家庭被风吹到了东南方向1200多海里之外的曼加伊亚岛;一艘来自艾图塔基岛的独木舟,在海上漂流近五个月后,在其以西1000海里处的汤加群岛靠岸。

他详细讲述了一个传说:三艘独木舟从土阿莫土群岛的一个岛屿出发,前往塔希提岛(向西240海里),船上有150人。他们几乎马上就要抵达梅海蒂亚岛(Mehetia)时——这是第一个路标,位于距出发地170海里处——突然刮起了一股西风。独木舟被狂风吹得向后倾斜,被浩瀚的大海淹没;三艘独木舟彼此失散,其中两艘消失不见。第三艘载着48名男女老幼的独木舟在风暴中幸存下来,勇敢地再次起航,但最终还是停滞不前。然后,食物和淡水所剩无几,一半的人死了。第二场风暴来了,带来了"救命"的雨,但同时也把他们带回到了来时的方向。当他们最终到达一个无人居住的环礁时,已经朝错误方向走了400多海里的路,现在离他们想去的地方已经足足有650海里。

这就是夏普关于波利尼西亚群岛如何开始有人定居的模型:偶然地,通过漂流和风暴引发的航行,误打误撞地抵达某个岛屿。许多夏普的批评者后来把这些航行称为"随波逐流",尽管夏普本人坚持认为"随波逐流"和"偶然航行"之间有着重要区别。他强调,波利尼西亚人是非常懂得如何控制独木舟的高明的水手。只不过,在长途旅行或恶劣天气下,他们无法确定自己的位置。当他们被风吹走,或者进入不熟悉的水域时,他们无法重新设定航向。他们可以"选择"航行的方向,但由于他们很快就迷失在"浩瀚太平洋无垠的荒原"中,他们不知道该去哪里。

然而,迷失方向的水手与背运的随波逐流者之间的区别,在很多人看来不甚了了,而且,其中隐含着夏普自己所不愿意承认的某些意涵。"没有任何波利尼西亚人,"他不无欣慰地写道,"需要对这种偶然航行理论对他的族谱或部落历史的影响感到哪怕是最低程度的不安。"很明显,波利尼西亚人有祖先,显然他们是乘独木舟来的。唯一需要修正的是他们到达的方式。他们不能因为故意探索太平洋或发现他们的岛屿而受到赞扬,但他们应该为自己的祖先在"如此长的一系列"无意航行中幸存下来而自豪。新西兰毛利人作为最后一批被定居岛屿的居民,继承了令人印象深刻的生存和适应记录。夏普认为,他们可能不是故意的航海者,但他们"健康、坚韧、乐观,像他们被裹挟到遥远岛屿的祖先曾经多次尝试的那样,对于生死,听天由命,随遇而安"。

即使在1956年,这种表述多少还是让人感觉有些刺耳。一位批评者写道,这一论点更多的是"源于远古的偏见,这些偏见现在似乎深深扎根于欧洲人的脑海中",而不是"对海洋生物和海洋文化的任何真正理解"。毛利学者琼斯(Pei Te Hurinui Jones)更是直接地予以批判:"我对这本书主题的第一反应是,作者显然充满敌意。我觉得安德鲁·夏普的出发点在于诋毁我们波利尼西亚人祖先的成就。"和许多人一样,琼斯认为"偶然的"一词用于形容波利尼西亚人的远航时,意思是"不幸的",并认为导致欧洲人发现波利尼亚诸岛的航行"跟哥伦布的第一次航行一样,也是有意图的"。他认为,对于这种旅行,一个更好的称呼可能是"探险之旅"。

毫无疑问,夏普喜欢与人斗其乐无穷的感觉。历史学家凯利·豪讲述了一个二十世纪六十年代中期他在奥克兰大学读本科时亲历的一个有趣的故事,夏普被邀请去做一场历史讲座,他挥手向学生们做自我介绍,宣称:"我作为一个异教徒站在你们面前!""我们以前都没听说过他,"豪写道,"而且因为我们在上一次讲座中讲到过路德,所以我们以为现在就要谈宗教改革了。"历史专业的本科生可能还没有意识到这一点,夏普的著作在专业人类学家和历史学家中间已经引起了极大的热议。他重新编写并发行了自己的研究成果,在新卷序言中指出,第一版收到了"一百多份用稿通知"。他就自己的想法与别人进行了"十几次旷日持久且不乏趣味的书信往来"和"2191次口头讨论"。这些都没有使他改变对任何关键问题的看法。"我还没有听说过任何一个事实,也没有读过任何一个论点构成对前一本书基本论点的指责。"

夏普以他古怪、顽固的方式挑明了一些重要的问题。他最"异端"的断言之一是,波利尼西亚的口头传统在确定过去发生的事情时毫无作用。他认为,通过口述史寻求波利尼西亚地区历史问题的答案是一个根本性的错误。"波利尼西亚人,"他说,"是在编传说和诗歌,而不是在写历史。"他们的航海传说充满了"神秘和象征性"的元素,祖先们乘着彩虹或鸟背旅行,或者乘浮石漂洋过海,或者踏着一棵被折断的树从一个岛到另一个岛。他声称,像史密斯和方南德这样的"传统主义者"所做的那样,挑拣似乎支持长途航行理论的那部分口述史,而把其余部分都抛弃,这既不"科学",也不"客观"。

夏普提出了一个在许多方面都不受欢迎的极端立场。然而,他似乎也得到了广泛的关注。一段时间以来,人类学家和历史学家越来越感到,十九世纪末所谓的传统主义者过于相信波利尼西亚人的说法,现在是重新评估从这些口述材料中得出的结论的时候了。夏普的观点尽管存在令人恼火的倾向性,诚如一位人类学家所言:"其实恰恰呼应了许多没有勇气发表自己观点的学者的怀疑"。

夏普观点的横空出世产生了开闸泄洪的效果,随后出现了大量的书籍和文章,质疑波利尼西亚神话经典来源的"真实性"。这对欧洲学者来说很容易,因为史密斯、方南德和其他人的方法很简单,并且把他们自己的想法和渴望带到了这个项目中。但是对于波利尼西亚人来说,这个新角度的含义是复杂的。一方面,它使人们对波利尼西亚的口述历史有了更为谨慎的态度,并对波利尼西亚传统知识转化为历史文献的复杂过程有了更深的理解,其中包括波利尼西亚人自己所起的作用。与此同时,一些被"揭穿"的传说已被理解为珍贵的历史,而那种认为深刻而看似古老的波利尼西亚传统是由十九世纪欧洲人"发明"的想法,自然让人觉得是迎头打来的一记闷棍。

以彼得·巴克为代表的具有细致差别的观点认为,传统本质上是诗意的,但这并没有剥夺它们作为历史来源的资格。这本质上是一个解释的问题:太字面化会产生"把孩子和洗澡水一起泼掉"的风险。他引用了一个流传甚广的神话——半神毛伊用一个魔术钩钓起波利尼西亚群岛,并指出,把一个岛屿从海里拉出来的想法显然如此不真实,以至于我们忽略了它的真正含义是"一个传统的波利尼西亚探险家心底的回声——他发现了一个新的岛屿,把它从未知的深处捞了上来"。但在一个越来越注重"精准性和确定性"的世界里,这种论调正逐渐失去吸引力。二十世纪中叶,历史学家和人类学家想要的似乎是数学上的东西,而这在1964年恰好是最时髦也最应景的东西。

夏普论点的关键,在于他主张波利尼西亚最初的定居者是被洋流带到岛上并被风吹到那里的。然而,尽管人们对气象的影响提出了大量的主张和反驳,但从来没有人试图评估独木舟从波利尼西亚的一个地区被裹挟到另一个地区的概率。

后来,1964年的一个早晨,伦敦大学学院(UCL)的两位地理学家在喝咖啡时会面,讨论了计算机模拟在解决某些问题方面的价值。理想的问题应该包含一个动力已知但许多要素可变的系统。它的复杂性在于,只有通过大量的场景测试,才能确定任何给定结果的可能性,换句话说,这是一个人类大脑无法管理的问题,因为有太多的排列组合可能。其中一位地理学家名叫约翰·韦伯,从美国来访;另一位地理学家名叫杰拉德·沃德,是新西兰人,他后来在浴缸里放松地泡澡时,突然想到波利尼西亚人定居的漂移假说正是这种类型的问题。一个设计良好的模拟,即使不能提供"无条件的是或否",也可能会对波利尼西亚群岛是否仅仅通过漂流航行而被发现这个问题给出一个有说服力的答案。

当然,没有计算机科学家的帮助,这样一个项目是不可能进行的,因此,伯克贝克学院(Birkbeck College)的迈克尔·莱文森也加入进来。莱文森多年来一直致力于计算机在人文学科中的应用,他的一个项目是探寻《保罗书信》(Epistles of St. Paul)的真实作者。

他记得这段时期研究人员刚刚开始意识到计算机可以做什么。"各种各样的人都会带着项目出现",其中一些项目相当有趣,而其他项目则"绝对奇怪"。波利尼西亚问题属于前一类。莱文森同意开始编写和测试一个程序,而地理学家们正着手收集使这种模拟顺利进行所需的数据。

这个模型的数据主要包括关于实验区(太平洋大部分地区)的海风和洋流信息。这是从英国海军和商船自十九世纪中叶以来收集的五千多份气象资料表中提取的,并由英国气象局海洋处编制成表格。为了进行这项研究,从澳大利亚到南美洲,从夏威夷到新西兰,一个巨大的长方形被分成五经度乘五纬度的"马士顿方格"(Marsden Squares),长方格的范围由经纬度线划定。392个小方格,对应每一年每个月的海风和洋流的概率矩阵。对于风,包括速度(蒲福式风级从零到九)和方向(十六个罗盘点位的任何一个,加上"无风和可变风"——一个无方向的类别)。洋流以八种不同的速度(零到七)从十六个罗盘点位的任何一个涌来。

除此之外,该模型还需要994个岛屿和海岸的位置,以及影响海上生存的各种因素的地理信息。最后,这些数据被合并成一个"风险概率表",该表在巴斯海军救生委员会的帮助下编制,考虑到了"一些船只将携带粮食、淡水或捕鱼设备,并且一些会有好运气,另一些则不然"的事实。该表显示,在海上航行大约七周后,死亡的概率大大增加;到了第二十五周,存活的概率实际上为零。船舶本身沉没或解体的风险被视为风的函数；该模型假设九级或更大的风力使船舶"有百分之五十的机会存活到第二天"。

将近八十万条关于风和海流的单独条目抄写、通过按键输入计算机、组装到磁带上以及进行检查的过程是一项"艰巨的任务"。直到1967年（从项目构想开始算起的第三年），研究人员才终于准备好进行第一次计算。数据量对于他们使用的计算机来说也太大了——一台"费兰蒂计算机"（Ferranti Atlas）就占据了伦敦大学学院一栋房子的两层楼——无法存储在主存储器中。这台阿特拉斯当时被认为是英国速度最快的计算机，对它的需求量非常大，所以莱文森不得不在半夜运行他的程序。"一周一次，持续数周，"他写道，"我不得不在凌晨三点离开我在伦敦郊区的家，驱车四十五分钟到达伦敦市中心，运行程序，于五点三十分左右再返回家中。"但是，当结果最终出来时，这些麻烦是值得的。

在超过十二万次的模拟航行中——这些航程都是从太平洋各地开始，并在一年中的任何时候进行的——若干极有可能的漂流路线确实出现了。其中包括汤加到斐济、皮特凯恩岛到土阿莫土群岛、马克萨斯群岛到托克劳群岛，以及其他几条航线。所有这些航线都需要从东向西旅行。实验中几乎没有出现相反方向的漂流（从西到东）。研究结果"不支持"沿着从萨摩亚到马克萨斯群岛的波利尼西亚通道漂流的可能性，而从萨摩亚漂流到社会群岛的概率不到七百分之一。

还有一些岛屿，无论你从哪里开始，都不可能漂流到那里。其中一个是夏威夷岛，在从波利尼西亚中部和东部边界上各点开始的16 000个漂流实验中，除了在莱恩群岛（Line Islands）和马克萨斯群岛开始的额外实验，没有一个到达夏威夷群岛。事实上，从波利尼西亚中部和东部开始的航程几乎没有一次能够到达赤道以北；即使是在圣诞岛（北纬二度左右）开始的航程，也从未到达过北纬十度左右的地方。

漂流的独木舟也不可能到达新西兰。从波利尼西亚位于热带地区的南缘——新西兰首批定居者的假定起点——开始的数千次航行实验，没有一次抵达新西兰。这对新西兰人沃德来说是一个惊喜。他曾在普伦蒂湾的奥波蒂基看到椰子树的树干被冲到了海滩上。但在模拟中，唯一从热带到新西兰的那条漂流路径，来自克马德克群岛（Kermadecs，一系列位于新西兰和汤加之间的无人小岛）。

至于复活节岛，波利尼西亚三角的第三个点，也是世界上最孤立的岛屿之一，从波利尼西亚其他任何地方漂流到那里的概率几乎为零。以南美洲海岸为起点，可能性也"几乎为零"：除了一个例外，在秘鲁海岸开始的4000多次漂流航行中，每一次都在南美洲海岸或加拉帕戈斯群岛北部登陆，或在海上失踪。这似乎与海尔达尔在"康提基号"上的经历相矛盾。不过，有一点很重要,那就是海尔达尔的木筏在他史诗般的旅程开始之前就被拖到了海上。计算机模拟证实了这是多么必要;在实验中,从南美洲成功登陆波利尼西亚的唯一航程,是在离智利海岸450海里的地方开始的。

模拟研究的发起人承认,波利尼西亚航行的整个问题很可能是一个本质上"无法证明"的问题,但他们的结果仍然令人信服。根据计算机模拟,单靠漂流航行定居波利尼西亚的概率似乎微乎其微。然而,即便是夏普,也承认这不仅仅是一个随波逐流的问题,还必须考虑到人类的决策。为了解决这一问题,沃德、韦伯和莱文森设计了这个主要实验的变体,他们称之为"意图航行"。在这些实验中,他们增加了尽可能靠近指定方向的转向能力,使船只的航向能够与风保持九十度或更大角度。

在这种情况下,从萨摩亚出发向东行驶的独木舟,很有可能到达东波利尼西亚诸岛——塔希提岛、马克萨斯群岛、土阿莫土群岛、南莱恩群岛和库克群岛——难以控制的独木舟甚至可能继续航行,前往巴拿马和哥伦比亚海岸。从马克萨斯群岛向北或西北行驶的独木舟也有可能到达夏威夷,而从拉罗汤加岛向西南方向行驶的独木舟有一半以上的机会到达新西兰。因此,研究人员得出结论,虽然波利尼西亚人单靠漂流定居是不可能的,但"在合理的生存期内,凭借极为有限的航海技能,乘坐逆风航行能力很差的船只,成功穿越波利尼西亚三角区域内部和周围的所有主要海洋的机会很大"。作为波利尼西亚航行的标准,这是一个相当低的门槛,但它似乎解决了一个问题,即是否需要某种程度的航海及导航技术才能到达波利尼西亚诸岛,而且,作为冷静的定量推理的例子,这很难反驳。

# 务实之道

## 戴维·刘易斯的试验

波利尼西亚的风罗盘,转引自威廉·怀亚特·吉尔(William Wyatt Gill)1876年所写的《南太平洋神话和歌曲》(*Myths and Songs from the South Pacific*)。现藏于哈佛大学图书馆。

断言定居波利尼西亚群岛需要"一定的航行能力"是一回事,阐明其如何发挥作用则是另一回事。波利尼西亚的原始定居者可能使用了哪些实际的导航方法?他们的工具箱中有哪些概念工具?他们的独木舟是否真的适合航海?沃德、韦伯和莱文森令人耳目一新的研究,给一场"因缺乏事实而变得呆板"的辩论带来了一丝新鲜空气,但计算机模拟从来没有被设计来回答这样的航行是如何完成的问题。为此,需要一些完全不同的东西,甚至可能是回归到航海本身。

"大多数学者都是旱鸭子。"一位参与这一新阶段调查的人写道。事实上,自十九世纪初以来,几乎所有书写波利尼西亚航行历史的人都是空谈的理论家(除了托尔·海尔达尔)。这一切在二十世纪六七十年代发生了变化,这在很大程度上要归功于夏普的挑衅行为,以及在漂流辩论中跟他成为死敌的人——一位名叫戴维·刘易斯(David Lewis)的医生兼远航好手。刘易斯出生在英国,但在新西兰长大,小时候曾在库克群岛生活过一段时间。他形容自己从小就对波利尼西亚的航海感兴趣,这个话题能勾起他的回忆,"只穿一条莎笼,在温暖的红色沙滩中近乎奢侈地踮着脚尖拖沓行走;在皎洁的月光下,我和朋友们偷偷地看着成群结队的人悄无声息地用捣碎的假薯蓣果非法毒死潟湖里的鱼,或者同样蹑手蹑脚地躲在棕榈树下看草裙舞"。

第二次世界大战后,刘易斯在伦敦当了一名医生。但在1964年,他离开了诊所,带着家人,包括三岁和四岁的两个女儿,乘坐一艘名为"海洋喷雾号"(Rehu Moana)的双体船环游世界。作为一个热衷于此的人,他已经独自横渡了三次大西洋,但对于这次特殊的航行,他心里有一个特别的计划。在横渡太平洋的过程中,他会测试一些古代波利尼西亚人的航海方法。刘易斯认为,试图了解太平洋本土航行的努力"受到太过理论化的方法的阻碍",而这次航行是一次机会,"可以将有关海洋航行的学术理论带回实践"。

这项计划是在不使用任何仪器的情况下,沿着被认为是新西兰第一批定居者从社会群岛经由库克群岛所走的路线航行,从而测试"单凭眼睛看星星和太阳来导航"这一说法的准确性。刘易斯惊讶地发现,尽管自己"表现得并不熟练,对于相关技术知识一知半解",但传统方法惊人的准确。在测试中最长一段航程(从拉罗汤加岛到新西兰,全程一千七百海里)末尾,他的登陆地点误差不到半个纬度,只偏离了二十六海里。在接下来的三年里,刘易斯和他的家人驾乘"海洋喷雾号"四处游荡,访问了太平洋上许多偏远的角落,在那里他进一步惊讶地发现,仍然使用传统技术的航海者,完全不需要海图和罗盘等现代工具。

1968年,他获得了澳大利亚国立大学的一项研究资助——"一项最不寻常的奖学金",正如一位美国同事不无羡慕地描述的那样,"这使他能够在太平洋上航行,寻找那些可能仍然知道旧方法的岛民"。刘易斯再次出发,这次他带着二十岁的儿子,驾驶一艘名为"伊斯比约恩号"(Isbjorn)的双桅帆船,去探访这些原始航海者,并与他们共同航行。在指导他的人中有一个叫特瓦克(Tevake)的航海者,来自波利尼西亚在圣克鲁斯礁群岛的一个"离岛"。这种离岛作为分散在波利尼西亚三角之外的小岛,虽然名义上属于美拉尼西亚,但岛上居民讲波利尼西亚语,具有波利尼西亚文化特征。曾经一度这些离岛被认为有原始波利尼西亚移民遗留的细微痕迹,但现在它们被理解为是后来的定居者生活的社会,这些后来的定居者是从萨摩亚这样的波利尼西亚家园向西旅行或漂浮过来的。顺便说一句,这些离岛,根据沃德、韦伯和莱文森的计算机模拟,是波利尼西亚诸岛中为数不多的几类实际上很容易漂流到达的岛屿之一。

刘易斯写道,特瓦克"在我认识他的时候,已经是一个满脸皱纹的老人了。他是第一个和我一起航行的波利尼西亚航海者,也是最伟大的航海者之一"。在他的巅峰时期,曾完成过长达三百二十海里的旅行,最远可达蒂科皮亚和瓦努阿图。他那艘带有舷外支架的

265 三十英尺长独木舟早就被毁了,但是,"尽管上了年纪,他还是可以随心所欲地在各个岛屿之间穿梭往来"。刘易斯和他的儿子还前往密克罗尼西亚,与一位来自加罗林群岛普卢瓦特环礁(Atoll of Puluwat)的航海者希波(Hipour)一同航行,并接受了吉尔伯特群岛(Gilberts)上的艾特巴塔(Iotiebata)和其他人的指导。随着时间的推移,刘易斯在西波利尼西亚、密克罗尼西亚、美拉尼西亚、印度尼西亚,甚至阿拉斯加和俄罗斯远东的岛屿上寻找信息(他写道,把与他交谈的人称为"线人"极不妥当,因为很明显,这些人是熟练掌握航海技能的老师,而他是这些人的学生)。

这一切的结果是,他意识到大洋洲的远古海洋知识并没有像许多人相信的那样消失,仍然可以在各个岛屿上找到散落的"知识碎片"。第二个重要的认识是,传统的航海技术和概念在太平洋的大片海域上是非常一致的。尽管存在局部差异,所有的证据都指向一种单一的导航方法,即"前太平洋范围的系统"。这让刘易斯感到意外,他一直谨慎地认为,目前仍在密克罗尼西亚偏远环礁上使用的技术可能与太平洋其他地区相同。然而,它们似乎都涵盖了一套关键要素,包括恒星和星途的详细清单;复杂的方位概念;以及一系列广泛的登陆技术,其中一些技术可以很容易地翻译成西方的概念术语,但另一些则反映了观看和思考的方式,在欧洲传统中找不到明显对应的目标。

刘易斯被说服了,他的文化背景和技艺理性使他对知识的谨慎态度根深蒂固。根据他自己的经验和他遇到的人的证词,他确信太平洋岛民拥有船只、知识和技术,可以横越太平洋的广大地区,在他们知道的岛屿上登陆,并从那些此前不为他们所知的岛屿找到回家的路。

他的结论与其他人的结论没有太大的不同,但得出结论的方法是全新的。他把自己的帆船交到他们手中,看着他们航行。整个过程中,他们只使用他们能感觉到的东西和他们头脑中所掌握的信息,借此来检验他们的方法。他描述了这些通常被称为领航员的人是如何利用一系列恒星的上升点或下落点来保持航向的,这些星点构成了从一个岛屿到另一个岛屿的"星途"。为了保持一个恒定的航向,每晚需要观察大约十颗星星,尽管有时只有五颗星星可以看到。他指出,即使天空被云层遮住,但最有经验的指路人对天空非常了解,只要出现一两颗星星就足以确定他们的方位。

刘易斯和希波一起航行的第一个晚上,他观察到这位海洋之子是如何首先驶向正在沉落的昴宿星,然后,当昴宿星被云层遮住时,又是如何让部分索具与升起的大熊星保持在一条直线上,最后将北河三与舵手室的边缘保持在一条直线上。刘易斯曾写道:"一颗奇怪的星星出现在我惊讶的目光中;但希波只是咧嘴一笑,竟然用英语说'卫星'。"

恒星知识是非仪器导航的基础,但正如夏普所指出的,恒星只有在夜间才可见,因此白天需要另一种导航方法。航海者可以在一天的开始和结束时(否则太阳高挂)和中午(桅杆的阴影将出现南北向)靠太阳确定航向。但他们也使用了另一种非常重要的对西方人来说更不熟悉的技术——解读海洋涌浪。涌浪和波浪是不一样的。波浪是由附近的海风引起的一种局部现象;相比之下,涌浪是起源于远方的波浪,并在产生它们的风之外传播。重要的涌浪是由信风或南太平洋的西风带等经久不衰的天气模式造成的,它们往往具有较长的波长,并以"缓慢、膨胀的起伏"的方式经过船只。这并不一定意味着它们很容易识别,因为在实践中,任何地方的波浪和涌浪的实际模式都是"高度、长度、形状和速度不同的系统相向移动穿过彼此"的复杂组合。

尽管在世界大洋上航行多年,刘易斯报告说,他亦不能一贯地区分波浪和涌浪的各种模式,因此必须被领航者反复叮嘱。在与特瓦克同行的一段航道上,这位航海者向他展示了东南方向的"长浪"和东北偏东方向的"海潮"是如何"像两手互相紧扣的手指一样"通过彼此的。与其说是看到它们,不如说是感受船只运动的变化:它的哪一部分首先遇到了波浪,它是如何在上升和下降的过程中摇摆或转圈或曲折前进的。特瓦克告诉他,有时候,他会躺在支腿平台上,更清楚地感受到独木舟的纵摇和横晃,从而分散不同的力量。刘易斯还报道了一位"经验丰富的原住民船长"分享的一点智慧之道——他被告知,"最敏感的平衡是男人的睾丸"。

除了太阳、星星和涌浪,指路者还利用风来判断方向,尽管考虑到大洋上风向的变换频率,这是最不准确的(刘易斯报告说,在他从拉罗汤加岛到新西兰的途中,风向变化不下六十四次)。风罗盘是波利尼西亚东部幸存的为数不多的航海知识之一,十九世纪初在波利尼西亚东部的几个岛屿上它们被记录下来了。这些都不是实物或图画——尽管欧洲传教士曾描绘过它们——但概念体系至少在一组岛屿上,被视为地平线边缘的一系列洞,"有些大有些小,风神拉卡(Raka)和他的孩子们喜欢通过这些洞吹向别处"。

所以,对于一个西方人来说,这些都不是很难理解的,即使他不能复制被展示的技能。但是,刘易斯所描述的导航系统有一个组成部分与欧洲人的想法完全不同。它只在加罗林群岛一个地方得到证实,人类学家威廉·阿尔凯尔(William Alkire)和托马斯·格拉德温(Thomas Gladwin)在二十世纪七十年代初首次对其进行了描述,在其他任何地方可能从未以这种形式存在过。然而,这是一个有益的提醒,在天堂和地球之上,还存在有多少超出人类哲学所能预期的东西。

为了在看不到陆地的情况下跟踪远航的进展,加罗林群岛的航海者们使用了一种被称为"埃塔克"(Etak)的系统。在这个系统中,他们想象一个"参考岛"——通常是一个真实的岛屿,但也可能是想象中的——在他们所走的路径的一边,大约在出发地和目的地的中间。随着旅程的推进,这个岛在星途中的每一颗星星下"移动",而旅行者们乘坐的独木舟则静止不动。当然,航海者知道是独木舟在移动,而不是岛屿,但这是他们对航程概念化的方式。他们把所需的所有信息组织起来——包括所要航行的距离,他们旅行的速度,在旅程的每个阶段每颗恒星相对于独木舟的方位,以及相对于两端岛屿的方位——形成一个由若干埃塔克或片段组成的思维图,其中每一个都是在参考岛依次经过星途中的每颗恒星时完成的。

人类学家格拉德温写了一篇描述用这种方法航行之感觉的精彩文章。"想象一下你自己,"他建议道,"晚上在普卢瓦特独木舟上。"

> 此时天气晴朗,星星出没,但看不到陆地。独木舟是熟悉的小世界。男人们坐着聊天,或者在他们的小世界里四处走动。在独木舟的两边,水流流过,一排湍流和泡沫汇合成尾迹,消失在黑暗中。天上有永恒不变的星星。它们在天空中来回摆动,但总是在相同的地方再次出现。你可能已经乘独木舟旅行几天了,但是星星不会离开或改变它们的位置,除了它们夜间从地平线到地平线的轨迹。几小时过去了,几海里的水已经流过。然而独木舟还在下面,星星还在上面。不过,沿着尾流,你路过的岛离你越来越远,而你要去的那座岛却越来越近。你看不到它们两个,但你知道这是在发生的。你也知道在你的

两边都有岛屿,有的近,有的远,有的在前面,有的在后面。除了夜晚的星星和白天的太阳,一切都从小船边经过。

一艘独木舟停在大海的大圈上,而海洋和所有岛屿从小舟旁边滑过,这幅图像让人想起波利尼西亚的传说,在这些传说中,岛屿会漂移,或者在某个地方或某一天的某个时间出现和消失,或者必须被抓住并拴在海底。这些传说中的岛屿并不像人们想象的那样固定或稳定;从远处望去,它们更像云彩或蒸汽。在一些传说中,据说它们在地平线上盘旋,被风吹过夜空。

海洋航行难题的最后一点是一套着陆技术,有时被称为"扩大目标"。刘易斯的一位当地老师解释说,鸟类是航海者最好的朋友。如果能在大约十海里的地方看到一个低岛(即珊瑚礁),燕鸥——在夜间返回岛屿的陆地鸟类——的飞行距离就是二十海里;而在黄昏时"低飞并箭直冲向地平线"的鲣鸟,可飞至距离陆地多达五十海里的地方。据格拉德温报道,航海者希波用"彻头彻尾的深情"描述了这些鸟的行为。他解释说,当一天结束,鸟儿们开始向家里飞去的时候,"一只鲣鸟碰到一艘独木舟,就会转过身来,开始在独木舟上方盘旋,表现得好像想在上面着陆,但它没有。最后,当天空几乎是黑暗的时候,这种鲣鸟终于(也许是不情愿地)离开独木舟,直奔家去了"。这只鸟给航海者指路,它的滑稽动作甚至吸引了最不专心的水手,并引导他走上了一条"绝对正确"的航线。

除了鸟的传说,还有云的传说。云在岛上缓慢移动的方式"好像被卡住了一样",一旦越过它就会加速;或者岛上的云与海上的云相比,相对"亮度"如何;或者陆地上的云一开始和地平线上的其他云一样,只是如果你观察的时间够长,当其他云层消散或继续移动时,陆地上的云将出现悬停或继续形成。一位航海者告诉刘易斯,在无风的天气里,你有时会看到两朵"像一对眉毛"的云低低悬挂在地平线上空,或者是一朵高高的 V 形云,它们都指向陆地。云的传说中最著名的一点与颜色有关:陆地或礁石上的云据说有粉红色的色调,而环礁湖上的云则是绿色的。刘易斯回忆说,在与吉尔伯特群岛上的航海者艾特巴塔一起航行时,当他们接近塔拉瓦环礁(Tarawa)时,云层下半部分的绿色非常醒目,以至于他很惊讶航海者没有提到这一点。当被问到这个问题时,艾特巴塔犹豫了一下回答:"我不想因为提到绿色而让你难堪或侮辱你。毕竟,在某种程度上你也算是一个航海者,欧洲人都注意到了这个明显的迹象!"

其他迹象还包括陆地的"若隐若现",刘易斯将其描述为"苍白、闪烁的空气柱",以及一种被称为"水下闪电"的神秘现象。这种现象不同于普通的生物发光,物理学家甚至现在都无法解释。岛民也谈到了"海痕"——已知有江豚或其他生物觅食的地方、薄雾或能见度低的地区、漩涡、横海、水面上的闪光条纹、鲨鱼或水母聚集的地方,以及在不同洋流汇合处积聚的漂浮物。

最后,还有一种被称为"波浪导航"的技术,这是一种利用涌浪航行的方法,但在岛屿附近,波浪会被陆地反射和折射。这就产生了复杂的干扰模式,在马绍尔群岛,历史上用棕榈叶脊做成的棒状图表来对其加以描绘,用贝壳来指示岛屿的位置。这些条形图通常被称为地图,但它们不是我们想象中的地图或图表。它们是教学工具和记忆装置,是经验丰富的航海者用来交流概念的教学工具箱的一部分,而不是在海上永远依赖的东西。正如马绍尔群岛的一位人类学家所说,那里的航海者会认为"在航行中继续查阅海图是可耻的"。

密克罗尼西亚"棒状海图"是太平洋岛民航海知识的极少数物理表现形式之一,基本上属于口头知识的一部分(刘易斯强调了传统航海者大脑中令人难以置信的信息量,并指出他们中的一些人在背诵某些知识时,如果被打断,则变得恼火,一定会从头开始)。目前还不清楚这些木条组成的海图是当地人的创新,还是别处某种已经失落的导航系统的活化石。但其与欧洲制图的确没有任何联系。正如刘易斯指出的,"欧洲人没有相应图形代表这些现象(涌浪、波浪以及它们与岛屿的关系),也不可能有,因为基本原理并不为人所知"。

综合起来,这些登陆技术,也许还有其他涉及水温、颜色、漂流物和其他标志的技术,可以使探测到岛屿的距离增加一倍或两倍。在一些群岛,这些扩大的目标重叠,形成了一种"屏幕",一个训练有素的导航员很难错过。沃德、韦伯和莱文森在他们的计算机模拟设计中对这个问题进行了一些思考,提出了一个有趣的建议:这种岛屿屏幕的设想可能是图帕伊亚海图上岛屿分布背后的概念之一。他们注意到,在海图上,图帕伊亚的家乡塔希提周围有一半以上的海域被岛屿遮住了,这比实际存在的陆地密度要大得多。但也许所描绘的并不是这些岛屿本身,而是它们所代表的扩大目标。也许这不是一个准确性的问题,而是反映了航海者的信念,即海中充满了岛屿,"即便错过一个登陆点,也会出现另一个"。

在传统航海技术的叙述中,不容易理解的是,它的实践者是如何体验航海的:不是作为一系列离散的技术,而是作为"一个整体",即"来自诸如恒星、涌浪、鸟儿们等不同来源的输入的总和——通过训练和练习,可以自信地准确意识到他们在任何时候所处的位置"。这一描述本身似乎抓住了一些难点。更令人难以捉摸的是更大的概念框架,即对岛屿和海洋的深刻的、继承的文化理解,这些都是几千年来居住在海边,与大洋一起生活的人所共有的。

格拉德温写道:"当普卢瓦特人谈到海洋时,所用的词并不是指无定形的广阔水域,而是指位于各个岛屿之间的海道组合。这些海路一起构成了他所知道和理解的海洋。"从这个角度看,普卢瓦特岛"不再是干旱大陆上一个孤立的点",并且"在一个熟悉的岛屿群中占据了一席之地,这些岛屿通过海洋上的小路连在一起"。环礁的居民知道,即使他们没有去过那里,地平线之外是一个"小岛的世界。在广阔的海面上,每个岛都有自己的位置"。

这种认为海洋是一条通道而不是一道屏障的观点,加上另一座岛屿将永远矗立在地平线上的信心,当你认为遥远的大洋洲的定居者是从一个到处都是岛屿且岛屿之间相距不远的地方出发的时候,就显得合理了。在所谓的东南亚岛屿的"岛屿苗圃",这是一个他们可能很容易形成的观点。但即便如此,这也不是全部,因为无论最早的移民多么习惯于岛屿是"不可避免"的想法,他们最终要走的一些海上道路令人恐惧,空旷而漫长。

这再次提出了一个问题,不仅是怎么做的,而且是为什么。波利尼西亚和密克罗尼西亚的传统给我们提供了一整套启航的理由:寻找贵重物品、贸易、社会访问、复仇、绝望、渴望、征服和战争的欲望。十九世纪的浪漫主义者又向其中增添了对冒险的热爱,那些从人类学角度研究传统航海的人倾向于同意。"整个大洋洲,"刘易斯写道,"一种流浪的精神一直持续到今天。"格拉德温补充道,在普卢瓦特,到遥远的岛屿旅行,表面上是为了某种目的,比如去买烟草或绿海龟,但"在很大程度上,这本身就是一种目的"。远行是而且肯定是一种刺激,也是地位的标志,有时是必要的。但它也被编织成太平洋的子民对宇宙形成的理解——宇宙形成既是开始也是结束。在整个波利尼西亚,死者的灵魂将踏上旅程;在波利尼西亚的离岛蒂科皮亚,每一位海上失踪者据说都奔赴了"甜蜜的葬礼"这一宿命。1970年,刘易斯听到老朋友兼老师特瓦克失踪的消息时,虽然有些伤心,但并不感到惊讶。认识特瓦克的人都说,他"只是以蒂科皮亚人的方式划船出海,并且不打算到达彼岸而已"。

# 双体帆船
# 驶往塔希提

"欢乐之星号"试航。

实物现藏于夏威夷卡米哈米哈学校波利尼西亚航海协会档案馆。

刘易斯并不是唯一一个有兴趣对这些想法进行实证检验的人；加利福尼亚的太平洋彼岸，一个类似的航行实验也正在进行中。1965年，一位名叫本·芬尼（Ben Finney）的人类学家开始重新设计一种传统的波利尼西亚双体独木舟。加州人芬尼身材瘦长，金发碧眼，有驾驶波利尼西亚双体帆船的"现代后裔"航行的经验，就读夏威夷大学时曾是肯尼斯·埃默里的学生。和刘易斯一样，他也曾受刺激于夏普对古代波利尼西亚航行能力，尤其是糟糕的耐波性的诟病——结构脆弱，极易翻沉，无法逆风航行。"我觉得这一切都很荒谬。"他写道。但他也认识到，没有人真正知道这种船只的能力，毕竟几百年来，波利尼西亚水域再也没有这种船只出现过。于是，在加州大学圣巴巴拉分校一些学生的帮助下，他建造了一艘独木舟。

这艘独木舟被命名为"纳莱希亚号"（Nalehia），意为"熟练者"，"因为双船体可以在涌浪上优雅地滑行"。船身长四十英尺，重近一点五吨，由现代材料，包括玻璃纤维和复合橡木制成，但仍是以十八世纪探险家绘制的波利尼西亚独木舟为基础。芬尼写道，最初的想法是专注于帆船性能，"通过一系列的试验航行检验这首独木舟的可靠性，然后驾驶其或是一艘更大的（根据所学知识建造的）独木舟，从夏威夷前往塔希提岛，并原路返回"。（选择塔希提是由许多夏威夷传说和吟唱决定的，其主题是夏威夷和卡西基之间的航行——卡西基是夏威夷人对塔希提的称呼，也是神话中遥远土地的名字，还是各种祖先、巫师和神的家园。）

"纳莱希亚号"一直没能到达塔希提，部分原因是设计存在缺陷。船体由一艘旧夏威夷独木舟改造而成，呈 U 形，太浅，无法防止独木舟在迎风时"以惊人的速度侧滑"。但是芬尼仍然致力于这个项目。在二十世纪七十年代初，他回到了檀香山，并在那里和另外两个一直对独木舟感兴趣的人合作：汤米·霍尔姆斯（Tommy Holmes），一个来自檀香山的著名欧裔家庭的冲浪者；以及夏威夷艺术家赫伯·卡内（Herb Kāne），此人绘制的波利尼西亚旅行者主题的浪漫主义绘画在夏威夷非常受欢迎。他们一起创立了波利尼西亚航海协会，这个非营利组织的目标旨在"完美复制"——乘坐复制品前往塔希提岛，然后再返回。

独木舟将被命名为"欢乐之星号"，这是夏威夷群岛的天顶星——大角星——在夏威夷传统中的名字。船身长六十英尺，比"纳莱希亚号"要大，建造成本也要高出许多；最初的估计是每英尺成本一千美元，总共相当于今天的三十五万美元。芬尼申请研究经费，把项目描述为"一次实验性考古模拟"。同时，霍尔姆斯则向檀香山的上流社会募捐，卡内则印刷了数千张海报出售。额外的资金来源于《国家地理》杂志支付的版权费、多德-米德出版公司（Dodd, Mead & Company）为芬尼的新书版权提供的预付款，以及"夏威夷二百周年委员会"（Hawaii Bicentennial Commission）的拨款——该委员会将这次计划于1976年进行的远航探险定为官方的二百周年纪念活动。

从一开始，"欢乐之星号"的航行就被视为具有双重目的：它是对依传统方法建造的船只耐波能力进行实验研究的工具，同时，它将再次激发人们对夏威夷先民历史的兴趣。芬尼致力于学术辩论，全心投入实验，因为他明白独木舟对夏威夷人意味着什么。他指出，与二十世纪五十年代末他初次考虑这个项目时相比，到了二十世纪七十年代，人们对这样一个项目的兴趣要大得多。他写道，在那些早期的日子里，即使是夏威夷人，对夏威夷文化的兴趣也"微乎其微"，但在二十世纪七十年代初，这些岛屿上出现了一种新的氛围。非殖民化和土著权利运动在世界各地——包括波利尼西亚——正日益壮大。只会说英语的夏威夷人开始学习夏威夷语；对草裙舞的研究热度正在上升；夏威夷大学正式承认了夏威夷研究这一学科；积极人士正在为特定的土地进行战斗，其中最著名的是夏威夷的卡霍奥拉韦岛（Kahoʻolawe），这里曾被用作第二次世界大战后美军的轰炸靶场。

卡内从太平洋中西部返回夏威夷，反映了这种复兴，他关注的是"欢乐之星号"的象征性潜力。"这艘独木舟是旧文化的中心——一颗仍在跳动的文化心脏,"他说,"我认为,如果我们能重建这个中心文物,使其恢复生机并加以利用,将激起一股能量的涟漪。"但即使是他,也没有充分预见到独木舟对夏威夷人将会产生的影响。作为前往塔希提岛的预热,"欢乐之星号"到访了夏威夷群岛。当他们在大岛的霍瑙瑙湾(Hōnaunau)下锚时,岛民倾巢而出,以至于卡内担心"这个岛会被压得失去平衡。你看不见石头。到处都是人。他们什么也没做,没有招手,只是坐在那里看着独木舟"。就这样持续了好几天。"人来人往,但人群不减。不管我们走到哪里,情况都是如此。"

然而,这种吸引力也有阴暗的一面,因为不承认使夏威夷文化屈服的力量,就不可能庆祝夏威夷文化的复兴。夏威夷文艺复兴激起的情绪之一,便是对于既得利益者的愤怒,这些利益使夏威夷人在自己的岛屿上沦为二等或三等公民。夏威夷社群中少数人开始造势,认为整个远航项目应该交由夏威夷人,不应该允许白人驾驶"欢乐之星号",白人也不应该与之有任何关系。"没人能预见到,"一位最初参与这一项目的船员回忆,"独木舟带来的骄傲,即被重新唤起的自豪感,竟会变成占有欲。"渐渐地,项目负责人和一些船员之间开始产生分歧。后者认为,作为卡纳卡毛利人(真正的夏威夷人),他们应该掌控大局。芬尼成为泄愤的主要目标,不仅因为他是外人和白人,而且正如一位评论员后来所说的那样,还"因为他是一位似乎代表了西方科学观点的教授——他把这次航行视为某种'实验',而非一些船员认定那样,是要实现复兴梦想"。

夏威夷人卡威卡·卡帕胡勒华(Kawika Kapahule-hua)被任命为船长,这位来自尼豪岛的经验丰富的水手,能说一口流利的夏威夷语,帮助缓和了这种矛盾。但是,还有一个关键的职位,无论白人科学家还是夏威夷人都无法胜任,这就是最重要的角色——领航者。实验的目标是尽可能准确地再现传统航程,这意味着不仅要复制传统船只,还要用传统方式航行。在波利尼西亚,没有人知道怎么做,所以芬尼向戴维·刘易斯寻求建议。刘易斯建议他们在加罗林群岛寻找领航人。最终同意帮助他们的人,是时年四十多岁的一名男子。此人冷静沉着,来自萨塔瓦尔岛(Island of Satawal),这便是后来名扬天下的皮乌斯·皮亚鲁格(Pius Piailug)。

皮亚鲁格的绰号叫"毛"(Mau),是一位独木舟建造行家,也是一位著名领航者的孙子。他在密克罗尼西亚的一个环礁上长大,用传统的方式学习到他所知道的与航海有关的一切知识——听"海的谈话",跟随他的师傅,观察海洋和天空。对许多夏威夷人来说,毛似乎体现了古老生活方式的精髓。"关于毛的事……他不像一个普通人,他知道一些别人不知道的事情。"至于毛,他也认识到了他在这次冒险中的作用。他说,"我之所以参与那次航行,是为了向人们展示他们的祖先曾经知道的东西"。

1976年5月1日,"欢乐之星号"从毛伊岛起航。就在出发前,毛对船员们训话,告诉他们在途中该怎么做。"在我们离开之前,把担心的一切都丢在脑后。把你的忧虑留在陆地上。"在海洋上,他说:"我们做的每件事都是不同的。"在任何时候,船员们都听从船长的指挥:"当他说吃的时候,我们就吃东西。他说喝酒,我们就喝酒。"在三四周左右的时间里,陆地将消失在视线之外。"我们要靠携带的给养生存下来。""你们所有人,记住这些东西,"他总结道,"我们会活着看到我们要去的地方。"

船上除了船长卡帕胡勒华和毛,还有芬尼和刘易斯,前者的工作是记录这次航行,后者将记录毛的领航过程。汤米·霍尔姆斯作为船员出航,专门负责照看动物——一头猪、一条狗和一只鸡——以及各种各样的树根、插枝和幼苗(这些都用潮湿的苔藓、垫子和树皮布包裹着,以免被海水侵袭)。伴随独木舟的是一艘六十四英尺长的双体船"美泰号"(Meotai),以备不时之需,并详细记录两艘船的位置,用于日后与毛的每日估计值进行比较。

航行面临的最大挑战是,当独木舟向南长途航行时,要使它尽量与东面保持足够距离。夏威夷在塔希提岛以北两千六百多海里,但也在塔希提岛以西约五百海里。航线上的风主要来自赤道以上的东北偏东方向和赤道以下的东南方向。再加上向西的洋流,问题就很明显了。"我们的策略,"芬尼写道,"是在不损失太多速度的情况下,尽可能地迎风航行。"最主要的担心是,当他们到达塔希提岛的纬度时,他们会发现自己太偏西,然后不得不迎风返回目的地。

最大的未知数之一是毛的航海知识是否足够,因为他对这条航线完全不熟悉。"一个中世纪的塔希提人或夏威夷航海者,"刘易斯写道,"拥有的夏威夷—塔希提海道的信息,可以与皮亚鲁格掌握的关于他自己所在岛屿和邻近群岛的信息匹敌。"他会知道恒星的路径、可能遇到的风和洋流,以及一天的航行通常能走的距离。有人说,他是在自己熟悉的地方航行。但是,毛来自太平洋另一个完全不同的地方,远在西方,那里的天空、海洋和天气模式都是不同的,他的经历只涵盖了这次旅程中要穿越的一些纬度。最后一点对航行有着重要的影响,例如,北极星在加罗林群岛的航行中占据显著位置,但在赤道以下就看不见它了。因此,一旦他们穿越到南半球,毛将失去一个重要的天体参考点。刘易斯的一部分工作是帮助毛填补他在地理知识上不可避免的空白,他们的方法之一就是参观比绍普博物馆的天文馆。在那里,他们用星光投影仪模拟了独木舟从北半球到南半球时夜空的变化。"补充完这个背景知识后,"刘易斯写道,"毛便立即制定了航行线路——作为参照点的埃塔克(马克萨斯群岛)和要遵循的星途。"

离开夏威夷群岛后,毛往东南偏东航行,驶向天蝎座的"红巨星"心宿二,波利尼西亚人称之为"毛伊岛的鱼钩"。芬尼看到毛正在观察天空和大海,戏称看到一位航海者在工作是"难得的特权"。人类学家格拉德温观察到,来自加罗林群岛的航海者在航行中始终保持警觉。他写道:"你可以从航海者通红的眼睛中分辨出他的确经验丰富。"芬尼认为,"毛看起来像个狠角色",几乎从不睡觉,只是时不时地打个盹儿。"大多数时候,他倚靠着栏杆站在甲板上,或坐在甲板栏杆上,观察大海、船帆和夜晚的星星。"

虽然船上尽是一些经验丰富的水手——毛、刘易斯、芬尼——但其中很多人在夏威夷被称为"水上人",意指冲浪者、划桨者和救生员。他们水性很好,身体强壮,在海上也很自在,但基本上并未从事过专业船员的工作或参加过长途航行。就在六天之后,其中一个人的一句话让船长大吃一惊:"嘿,我们快到了吗?"事实上,他们要过三个多星期才能再次看到陆地。随着旅程的延长,这种缺乏经验的现象开始显现出来。各种小危机层出不穷——在船体的一部分发现了水;食物问题;关于收音机和大麻等违禁品的问题;关于船帆设置的争论(这暴露了指挥系统的缺陷,并让航行开始前就已经存在的隔阂与日俱增)。在经过无风带时,在很长一段时间内,弱风时断时续、变幻无常,有时无风——正如一位航海记录者所言,波平如镜的海面,"在红铜色阳光的照耀下,变得如一大片水银般光滑"——这只会使情况恶化。一名船员精神濒临崩溃,其他人则心情低落,拒绝值更,公然抗命。芬尼对手下的散漫感到恼火;毛虽然很少说话,但也对独木舟上日益紧张的局势表示担心。

离目标越来越近,刘易斯开始担心向西偏航太多。但毛似乎"冷静自信",在航行的第三十天,他预言第二天就会到达土阿莫土群岛。不久之后,一名船员便发现了一些白色的燕鸥。然后,信风开始减弱。芬尼写道:"那里有一座岛屿。但是哪个岛呢?还有多远?"第二天,"欢乐之星号"在塔希提岛以北不到二百海里的土阿莫土群岛西北边缘的马塔伊瓦登陆。

"欢乐之星号"于6月4日上午抵达塔希提岛首府帕皮提。船上人员在航行期间与世隔绝,所以他们不知道塔希提人一直在热切地追随"欢乐之星号"的进程,在海图上发布这艘独木舟每天的位置,然后把这些图贴在城内大街小巷,还在报纸、无线电广播或电视上公布这艘船航行的最新进展。法属波利尼西亚的总督宣布远航者到达的当天为公共假日。于是,学校和企业关门,港口里挤满了数百艘独木舟、小船和游艇——前一天晚上,人们便开始聚集在港口。当独木舟到达时,芬尼写道:"到处都是人,他们有的站在齐膝深的海浪中,有的翻过礁石,有的挤在岸边,有的坐在海滨建筑顶上,甚至还有的爬上水边枝叶繁茂的大树。"超过一万七千人——岛上一半以上人口——前来见证"欢乐之星号"的到来。岸上响起了欢呼声和鼓声。当独木舟驶近时,人群中一片寂静,一个教堂唱诗班高唱了一首为这一天专门创作的欢迎吟唱。据一位目击者说,随着数千名歌手的加入,其效果"摄人心魄"。

这次航行的成功是一次文化上的胜利。几百年来,波利尼西亚人的独木舟第一次在夏威夷和社会群岛之间航行。这也是一个实验性的成功:毛驾驶独木舟沿着一条未知的海上道路行驶了二千六百英里;船的性能令人钦佩;甚至连动植物都活得很好。然而,一切都不尽如人意。在他们到达塔希提岛之前不久,毛把芬尼带到一边,告诉他,自己不会像计划的那样驾驶独木舟回夏威夷。他对船员们的行为感到不满,不想直接面对他们,他录了一条语音让他们在他走后听。"当我们从毛伊岛出发时,"毛对他们说,"我说,不要把你们的问题带到航行中。好吧,当我们离开毛伊岛的时候,你们并没有把问题留在那片土地上。每个人都把问题带到了旅行中。"毛认为船员们"非常非常糟糕";尽管返航时会有不同的船员加入,但他不相信情况会有任何好转。他现在只想回家。他在留言中说道:"这是我最后一次见你们,也是你们最后一次见我,别再叫我到夏威夷来了。"

毛的离去是一个巨大的打击,没有他,就没有人能驾驶独木舟。一个月后,当"欢乐之星号"启程回家时,它必须按照惯例使用罗盘、六分仪和地图进行引导。还有其他的变化:尽管卡帕胡勒华船长将继续执掌指挥权,但芬尼和刘易斯都不会乘这艘船踏上返航之旅。好的一面是,返航人员中会有两名女性(这也是一个争论的焦点,一些传统主义者认为不该允许妇女乘坐独木舟航行;不过,正如许多人指出的那样,如果禁止载运妇女是一项规则,那么这些岛屿将如何被定居,实在不得而知)。

此刻,出现了一个人,他将在未来几年领导波利尼西亚航海运动。他的名字叫奈诺亚·汤普森（Nainoa Thompson）。跟"欢乐之星号"上的许多成员一样，他是一名桨手和冲浪手，但缺少远洋航行的经验。然而，他却出席了"欢乐之星号"的下水仪式，并观看了他们的祈祷、吹海螺壳和拿食物祭祀的仪式庆祝活动。奈诺亚后来回忆，他以前从未听说过这样的事。"我能看到我们在做什么，但我不明白我们为什么要这样做。作为一个夏威夷人，这对我来说是一次全新的经历。这些都是古代的传统，在现代的夏威夷没有得到重视。这是传统文化的重生。"

奈诺亚的父亲是夏威夷人，母亲是夏威夷和欧洲混血儿。他是一个英俊、自立的年轻人，"活力十足"。他擅长数学和科学，对空间关系颇有天赋，但他承受着挫折感的重负，这在一定程度上与二十世纪六七十年代的社会状况有关。正如他后来所说，他试图"在更大社会中理解我的地位，在那里夏威夷人被视为二等公民"。非仪器导航的挑战强烈地吸引了他，在从塔希提岛返回的航程中，他开始注意观察海浪和星星。

回到檀香山后，奈诺亚继续思考这些问题，让星空知识烂熟于胸，并在短途出海中测试自己的航海知识。他以毛和刘易斯为榜样，参观了主教博物馆的天文馆，在那里他与一位名叫威尔·凯尔斯卡（Will Kyselka）的讲师交上了朋友。每周有两三次，他会去天文馆研究夜空，在凯尔斯卡操作投影仪时记下星星的位置。奈诺亚的笔记本很快就满了，但真正的努力范围才刚刚开始显现出来。

284　"学得越多,就越明白,"他在从塔希提岛回来的路上写道,"越明白,就越知道天空有多复杂。"

1978年,波利尼西亚航海协会决定第二次航行到塔希提岛。芬尼在1976年出访后辞职,这次"欢乐之星号"将完全由夏威夷土著人担任船长、船员和向导。奈诺亚将充当航海者(或指路员),只使用传统技术,但独木舟也将配备一名带着导航仪的领航人,除非为了船员的安全,否则他不会透露他们的位置。与第一次航行计划不同的另一点是,独木舟将不配备护航船。当时的波利尼西亚航海协会主席本·扬(Ben Young)回忆:"我们以为可以不需要护航船,因为这条船上一次的往返航行没有任何问题。"

出发时间定在3月中旬,但启航时间一到,就刮起了大风,连雨和白浪都看不见了。一位目击者回忆:"当时大风吹得天昏地暗。""怒海扁舟,处处告急。"几个人认为这艘原定天黑后出发的"欢乐之星号"超载。芬尼是来观看独木舟出海的,目睹这一切也感到惊慌。他后来回忆:"没有护航船,没有毛,超载,汹涌的大海和夜晚。""剩下的都写在历史里了。"

午夜时分,在风速高达三十节、浪高达十英尺的"莫洛卡"(Molokaʻi)海峡,"欢乐之星号"在距拉纳伊岛十七海里处倾覆。水进入其中一个船壳,并导致其沉没,然后另一个船壳失去平衡悬挑在空中。"几秒钟之内,事情就发生了,"一名船员回忆,"就像一艘霍比式帆船翻了个底朝天那样。"船员们设法爬上翻倒的船壳,虽然没有立即发生独木舟沉没的危险,但也没有办法纠正它。"我们当时坐在独木舟的龙骨上,"奈诺亚回忆,"狂风呼号。束手无策,只能保持冷静。"

整晚,船员们紧紧抓住独木舟,偶尔放出信号弹,同时他们从航道和商业航线上漂得越来越远。第二天早上十点左右,一个名叫艾迪·艾考(Eddie Aikau)的船员——冲浪冠军和救生员——自愿去寻求帮助。奈诺亚记得当时的感觉很矛盾。"我们累了,有点不敢相信,我们拒绝接受现实。"但是艾迪"就像一个奇迹,他可以做任何事。我记得我抓住他的手,紧紧地握着他的手。他说,不会有事的。'一切都会好起来的'"。艾迪乘冲浪板出发了。那天一整天,其他船员都坐在翻倒的船体上。没有一架飞机看见他们,也没有任何一艘经过的船只在视线范围内。在檀香山,人们认为他们是在遵守无线电静默,这与旧有的做事方式一致。到了傍晚,船员们知道他们有麻烦了。

然后,晚上八点左右,夏威夷航空公司从科纳起飞的一架飞机的飞行员碰巧从窗口向外看,看到水面上有一道闪光。他转过身去看个究竟,发现了一艘遇险船只的信号弹。当飞机转向他们并闪烁灯光时,落水者们知道自己被发现了。几个小时后,一架海岸警卫队的直升机赶到,把冰冷疲惫的水手们从海上救出来。但每个人心中的问题是:艾迪在哪里?

艾迪·艾考的尸体一直没有找到,他的失踪改变了波利尼西亚航海协会的每一个人。事故发生后,社团内部出现了分裂:一派认为整个项目太危险了,而另一派主张如果他们不继续下去,艾迪的牺牲将是徒劳的。艾迪在航行的准备工作阶段告诉奈诺亚,他只想"看到塔希提岛从海平线浮现"。他的想法类似于将岛屿从海洋中拉出来的神话般的想象。在他死后,这个想法成为奈诺亚的试金石。"对我来说,"他回忆,"我们是否应该继续航行是没有问题的,问题是如何继续航行。"

# 导航进化

## 奈诺亚·汤普森

"奈诺亚·汤普森",肯·伊格(Ken Ige)摄于1989年。

《檀香山星公报》(*Honolulu Star-Bulletin*)档案。

在艾迪·艾考死后,负责波利尼西亚航海协会的人是奈诺亚·汤普森的父亲。作为一名社会工作者和社群领袖,迈伦·汤普森(Myron "Pinky" Thompson)知道夏威夷人需要一些东西来恢复他们的文化自豪感,而"欢乐之星号"已经证明了它所具有的激励能力。他认为,如果"欢乐之星号"不再航行,"如果这艘独木舟的传奇以悲剧收场,那只会证实夏威夷人无论做什么都会失败的标签式预期"。与此同时,奈诺亚回到了天文馆,开始加倍努力学习。在那里,他和凯尔斯卡研究了当独木舟向南航行时,天相是如何变化的,即穹顶在他们身后如何向后旋转——或者,正如奈诺亚喜欢思考的那样,他们前面的地平线会如何下降——尽管当地球围绕太阳旋转时,恒星升起和下降的时间每天都会提前几分钟。他们把投影仪向后调整到一千年前的星空背景,想看看从南方而来的航海者第一次发现夏威夷时,天空是什么样子的。然后他们又调回到三千年前的天空,就像汤加和萨摩亚的第一批定居者那样,仰望星空。

三千年前,当拉皮塔人横渡西太平洋时,夜空与现在大不相同。

由于地轴的缓慢摆动,现在基本上静止不动的北极星曾有规律地上升和下降,而今天任何身处迈阿密以北的人都无法看到的南十字星,曾高悬空中,以至于连生活在阿拉斯加的人都能看到。这意味着,早期的星体轨迹与今天航海者所使用的星途会有很大不同,而相应的航海口诀,假设能够流传到现代,对现代航海者来说也没有什么用处。这也可以在部分上解释为什么恒星或星座的名称,没有像船舶零部件或食品名称或捕鱼术语那样可以在语言学意义上保持一以贯之。不仅天空是当地的——不同地方的天空是不一样的——就连星星本身,也的确处于绝对的变化运动过程中。

最后,奈诺亚意识到了自己在天文馆里只能学到这么多。"光靠知识,"凯尔斯卡写道,"无法指引航程。除了亲自航海,你还有什么办法知晓风向呢?"奈诺亚需要一个有经验的导航员来言传身教,而他认识的唯一的领航人,便是毛。在孤注一掷的情况下,奈诺亚飞到密克罗尼西亚,询问毛是否会回到檀香山来指导自己。起初,毛未置可否,只是说会好好考虑,但几个月后,他居然出现在了夏威夷。"我会训练你找到塔希提岛,"他告诉奈诺亚,"因为我不想让你白白送命。"

这次的经历与上次截然不同。奈诺亚堪称完美的学徒,更重要的是,努力的感觉已经发生了变化。这在很大程度上要归功于老汤普森的教导,他鼓励船员和支持者在把独木舟看成属于夏威夷人的宝贵财富的同时,也要认识到其具有广泛的包容性。"你需要定义你的社群，"他告诉这些人，"社群永远不是什么把你、你的种族或文化，与其他人、其他人的种族或文化区分开来，而是把你们联系在一起的东西。"毛也发现这些家伙适用了一套全新的价值观，正如奈诺亚所说，"船员中不再充斥种族矛盾"。

1980年，"欢乐之星号"再次出发前往塔希提岛。毛乘舟随行，但航行完全掌握在奈诺亚的手中。整个航程，毛只介入了一次：在航程的第三十一天，他们距土阿莫土的登陆地点只有一个小时的航程时。当时，奈诺亚知道船和陆地离得很近，但不太清楚岛的具体位置。前一天晚上，他看到鸟儿向南飞，回家过夜，这意味着独木舟仍然在它们想去的地方的北边。第二天早上，天还没亮，所有的人都站在甲板上，盯着鸟出现的迹象。但是，尽管等了又等，却没有鸟儿出现。奈诺亚写道："二十出头，初次航行的我，几近崩溃。"然而，毛却非常平静。

最后，有人看到了一只孤独的海鸟，它再次向南飞去。因为现在是早晨，应该是鸟儿出海捕鱼的时候，奈诺亚将这种现象解释为自己所驾驶的帆船在夜里不知不觉漂过了小岛，现在小岛已经在身后了。慌乱中，他告诉船员们把独木舟转过来，"去寻找鸟从哪个岛上来的"。他们把独木舟掉头，"现在我们正向北航行，往夏威夷前进"。就在这个时候，毛给出了指示。"把独木舟转过来，跟着那只鸟。"他说。奈诺亚完全搞不清楚状况。"我不知道为什么。他没有告诉我原因，但我们把独木舟掉头，现在我们看到其他鸟向南飞。"毛说:"再等一个小时,你就会发现一个岛。"一个小时后,他站起来说:"岛就在那里。"

"视野",奈诺亚写道,"与其说只是涉及寻找,还不如说是与知道该找什么有关。这是经验。毛看到鸟的嘴里衔着一条小鱼,他知道鸟是在筑巢,所以那天早上比我们预想出来得更早,以便在给自己找食物之前把食物带回幼崽身边。他只是在我们的培训计划中没有告诉我这一点而已。"

这是一个惊人的成就。没有海图、仪器或记录设备,甚至连纸和笔都没有,一位见习航海者——至少近半个世纪第一个从夏威夷来的学徒领航员,驾驶独木舟行驶了两千五百多英里,跨越了超过三十五个纬度,并在土阿莫土群岛的一个环礁上登陆。第一个完成这项壮举的毛,凭借的是自己三十多年作为领航员的航海经验。事后看来,在某种程度上,奈诺亚的成就确实引人注目,并不是完全虚构。当然,他也不是完全按照传统的方式航行,而是把两种截然不同的传统结合在一起——他把从学校、书本和天文馆学到的一切,与从毛身上学来的观察地平线、感受风浪这类对物质世界的体验结合起来。

芬尼曾在二十世纪七十年代不无沮丧地写道,认为"科学研究和文化复兴的目标可以很容易地结合起来"的观点是"幼稚"的,波利尼西亚航海协会体现了两种貌似矛盾的看待世界的方式,围绕这一观点始终存在对立。但是,事实上,几乎所有关于"欢乐之星号"的事情,从一开始就纠缠在了一起。这条独木舟本身,是基于十七、十八世纪欧洲观察家测绘记录的,由曾在芝加哥艺术学院研修的夏威夷艺术家赫伯·卡内解读的传统设计,是用玻璃纤维和胶合板等现代材料建造的。围绕航程的吟唱和仪式融合了当代夏威夷文化习俗、波利尼西亚其他地区的仪式以及亚伯拉罕·方南德和珀西·史密斯等人在十九世纪记录的传统资料。而最令人激动的融合例子是由奈诺亚开创的导航方法,这一方法随后被传授给太平洋各地的航海者:混合了毛的加罗林群岛传统航海知识、现代天文信息和这位年轻的夏威夷人的自我创新。

奈诺亚使用的星相罗盘,以萨塔瓦尔岛民使用的传统星相罗盘为基础,但改进后的罗盘具有几何特征,存在三十二个等分,根据基点定位(加罗林群岛的传统罗盘存在不规则的部分,根据重要恒星的上升点和降落点定位)。而这一罗盘在恒星、方向和星座上的名称,杂糅了传统夏威夷术语、他自己设计的名称和西方天文学家使用的术语(而这些西方术语本身也是由阿拉伯语、拉丁语、希腊语混合而来)。毛的一些方法被证明对这位年轻人来说缺乏可行性;毫不奇怪,奈诺亚发现埃塔克就是一个"困难的概念",并在整个航程中保持与预先确定的"参考航向"相关的方向。奈诺亚在寻找陆地时严重依赖鸟类,以之为导引,而且,据他自己承认,学习如何识别涌浪是一项挑战。但是,在天文馆里的长时间工作得到了回报,因为他发现了一种新技术,可以利用特定成对恒星的上升和下降时间来确定纬度。

奈诺亚经常说,一开始他更多地依赖于几何学和分析数学,因为他不知道如何按照毛的方式导航。这不仅是因为他缺乏毛的丰富经验,而且还因为从小就被培养出了一套不同的思考方式。奈诺亚和刘易斯都描述过,他们思考地理问题的习惯方式和传统航海者看待问题的方式之间的差异令人震惊。为了说明这一点,刘易斯列出了他与加罗林群岛导航者希波的一次谈话。刘易斯试图确定一个被称为恩盖蒂克(Ngatik)的岛屿的位置。缺乏这一地区的海图,而且在希波所生活的岛屿上,没有人去过那里。但因为它被用作埃塔克,即参照路标,其恒星方位广为人知。利用这些信息,刘易斯画出了一份海图,"来说明恩盖蒂克岛必然位于这些埃塔克参照系相交的地方"。他写道:"希波根本不能理解这个想法。他的概念是完全动态的移动岛屿,这可能就是他几次问我岛屿是如何进入海图的原因。"

据观察,刘易斯对这一问题的构想涉及关于"问题解决者与解决问题的空间之间的关系"的某些假设。刘易斯为希波绘制的图表以鸟瞰的方式观察情况,这种视角实际上是不可能实现的,除非你站在天上往下看。然而,这是西方航海者最习惯的角度,正如刘易斯提醒我们的那样,"我们很容易忘记,海图到底有多抽象"。加罗林岛民的导航系统相当抽象,毕竟埃塔克这种参照系属于"相当高阶"的抽象,但的确是围绕着不同的视角所构建的。海民的视角是"以自我为中心"的,也就是说,它占据了"真实局部空间的真实视角",只在与观测者相关的情况下,观察其他一切(恒星、岛屿、参考物体)。因此,"埃塔克的恒星方位从航海者自己向外辐射",而且"不能用三角法来确定岛上的位置,因为所有这一切的唯一焦点,就是观察者本身"。

这似乎是一种奇怪的地理思维方式。但有人可能会争辩说,"以自我为中心"的观点实际上是默认的观点,即使在地图使用很普遍的社会中也是如此。有一个有趣的实验,一组纽约人被要求描述他们公寓的布局。他们的叙述分为两类,研究人员称之为"地图类"和"导游类"。在地图类叙述中,可能会这样描述自己的公寓:"厨房就在餐厅旁边,与衣柜隔着一条走廊。"相比之下,在导游类描述中,可能会说"你走进大厅,然后左转进入客厅"。绝大多数接受调查的纽约人用导游类描述他们的公寓情况;只有极少数(约为百分之三)的人选择使用地图类描述对情况加以说明。

导游类思维有时被理解为不同于地图思维,正如口头表达不同于书面叙述一样。我们还可以看到,非工具导航的特点是如何与口头文化中的其他知识管理系统重叠的:第一人称视角,对经验的强调,叙事形式的信息编码。毛基本上来自一个口头文化系统,他学到了很多以口头叙述方式传承的技术知识——星途、方位、涌浪的名称。当想要回忆一些具体的事情时,他往往会通过低吟浅唱的方式"重温信息"。

一些被加罗林群岛导航者使用的传统吟唱——其名字一般为"抓住海鲈""安装拦截游鱼的枝条篱""面包果采摘者的系索"——被记录了下来。这些吟唱段落主要以故事的形式呈现,但其主要功能是将大量航海信息编入"可管理的知识库"。典型的例子,如"暗礁洞探测"。这个例子描述了一种生活在某个岛上暗礁洞里的鹦鹉鱼的活动。当一根棍子被插进洞里时,鱼受到惊吓,逃到下一个岛上,躲在一个新的暗礁洞里。棍子又来了,鱼又逃到了下一个岛上。就这样,一直绕着岛链,直到最后,鱼回到第一个岛,在那里它被抓住了。每次鱼游走时,它都会在"下一个岛的合适的恒星方位下"游走,通过这种方式——一种非常明确的"旅行"——为航海者提供了在整个群岛旅行所需的方向。

对夏威夷人来说,毛的寻路能力、准确的方向感、预测天气的能力、对天空和海洋的知识宝库似乎都是不可思议的。一些人试图通过援引精神层面的东西来解释这一点;另一些人则认为毛可能有某种第六感。但最常用的术语是"直觉",这是一种不依赖证据或理由的难以理解的认识形式。

几乎从一开始,奈诺亚就得出结论,他作为一名航海者的成功取决于这种直觉的形成。他讲了一个有趣的故事,发生在1980年他作为一名航海者首航过程中的一个晚上。独木舟停滞不前,天空漆黑一片,倾盆大雨,一阵阵风速高达二十五节的风先从一个方向吹来，然后又从另一个方向吹来。船员们都在找他询问航向，但奈诺亚已经筋疲力尽，不知道该走哪条路了。然后，"我突然感觉到了这种温暖"，他写道。"天那么黑，看不见月亮，但我能感觉到月亮在哪里。我把独木舟引向了一条新的航道，然后，就在那一刻，云层中出现了一个洞，月光照进了我预期的地方。"

奈诺亚把这描述为他意识到他可以"超越分析，超越用眼睛看"而借助某物的特殊时刻，对此，无法从科学的角度来解释。人们可以简单解释为"善于猜测"的例子，这是另一种思考直觉的方式，但对奈诺亚来说这更像是用另一种方式认知。他引用夏威夷语中的词汇"纳瑙"（na'au）——字面意思是"内脏"，指的是身体的一部分，在某些波利尼西亚传统中，身体的这部分被视为"直接的感觉器官"和"所有印象第一次被接受的地方"——来加以阐释。他对物质世界的理解达到了一个更直观的水平。他不仅用意识思考，而且用身体思考，从某种意义上说，他是在感觉自己横渡大洋的航线。这一想法对奈诺亚而言意味着他距离以"远古方式"航行已越来越近。

正如芬尼多年后所说，将这两种认知方式结合在一起，结果"比我们想象的要更令人满意"。在接下来的几十年里，"欢乐之星号"将继续进行一系列壮观的航行。在二十世纪八十年代中期，"欢乐之星号"开始为期两年的"重新发现之旅"，从夏威夷到塔希提岛和库克群岛,再到新西兰、汤加和萨摩亚,环游整个波利尼西亚。然后,它踏上了一直被认为是最复杂的古代海上航线之一:向东逆着信风航行,从萨摩亚到塔希提岛(事实证明,解决方案就像图帕伊亚对库克描述的那样:等待西风,事实上,西风偶尔会吹来)。

  独木舟所到之处,都会有一群兴高采烈的岛民前来迎接。这一事件激发了整个太平洋地区的热情,以至于到了二十世纪九十年代中期,在夏威夷、塔希提岛、库克群岛和新西兰又建造了七艘航行独木舟。足够多的训练有素的航海者组成了一支泛波利尼西亚舰队,于1995年从马克萨斯群岛集体航行到夏威夷。1999年,"欢乐之星号"艰难到达复活节岛,这标志着它结束了波利尼西亚三角的探查之旅。接下来的是2007年到密克罗尼西亚和日本的航行。在2013年至2017年,它迎来了最终的挑战——"关注海岛"环球航行。尽管十八世纪和十九世纪欧洲船舶的到来结束了许多波利尼西亚社会的与世隔绝状态,但"欢乐之星号"的航行以不同的方式使他们重新团结起来。当独木舟最终到达复活节岛时,一位女士这样说:"你没有关闭波利尼西亚三角,你已经为我们打开了它!"

  在研究方面,似乎探索已经在这里结束了。这应该是故事的尾声:毕竟他们做到了!事实上,"欢乐之星号"的航行并没有——准确来讲,并不能——证明遥远的过去发生了什么。它只是证明了非仪器导航作为一种方法的稳健性和一般航行的可行性。毫无疑问,这表明一个训练有素、能力不俗的航海者,仅仅利用恒星、风向和涌浪,就能把握航向,计算航程,以足够的精度达到一个小目标,并将所有必要的信息整合到一个思想结构中。这种结构既足够灵活,具有适应性,又足够体系化,值得被传承。这项最初是作为对安德鲁·夏普等怀疑论者的回应的实验性航行运动,消除了人们对史前航海者技术能力的任何挥之不去的怀疑:他们是否能够穿越太平洋的漫长海道?他们能否逆盛行风航行?冒险进入未知世界后,他们是否可以回到自己的家乡?如果说夏普将波利尼西亚人从海员"降格"为随波逐流者,那么波利尼西亚航海协会便是将他们重新提升为航海者和探险者。

# 第六部分

# 现状如何

# (1990—2018)

审视最新科学成果,反思这对于回答遥远过去的宏大命题,究竟有何助益。

# 全新科技
# DNA 与断代

坎特伯雷博物馆考古小组于1964年在新西兰怀劳条地挖掘。
照片由唐·米勒(Don Millar)拍摄,桑迪·米勒(Sandy Millar)提供。

实验性航行使每个人都清楚地意识到太平洋史前长途旅行的合理性,并令人信服地展示了具体的实现过程。但这并没有给关于第一批航行者(在先祖的意义上)是谁,或这一切是何时发生的永恒争论增添任何内容。还有其他疑问尚未解决:最初的殖民人数是多少?先民是按什么顺序在这些岛屿上定居的?波利尼西亚人真的到达了南美?这些问题虽然都是老调重弹,但在二十世纪的最后几十年里,遗传学和放射性碳年代测定两个领域的繁荣,预示着在这些领域中的若干方面取得了进展。

当谈到波利尼西亚人是谁,也就是说,在全球芸芸众生中的相对身份,这个问题最终归结为他们是否与亚洲人或美拉尼西亚人有最为密切的亲缘关系,因为他们与美洲土著人口有密切关系的想法在很大程度上遭到了否认。人类学家认为,这个问题可以用相互竞争的移民理论来表述。有一种理论,通俗地称为"去往波利尼西亚的快车"——著名生物学家和地理学家贾雷德·戴蒙德(Jared Diamond)发明的一个短语——认为波利尼西亚人的祖先起源于东南亚诸岛,然后,带着他们所有的文化财富,即食物、植物、语言和风俗习惯,穿越美拉尼西亚,深入遥远的太平洋。

然而,对一些人来说,这种观点似乎并不那么可信,其中就包括人类学家约翰·特雷尔。他提出了一种被称为"混杂的河岸"的替代方案。特雷尔认为,快车模式并没有反映出人类历史的实际上演方式。借用达尔文的话:"观察一块混杂有多种生物的堤岸十分有趣,地上覆盖有各种植被,蠕虫在潮湿的地下土壤中穿梭往来,鸟类在树枝间鸣唱,各种各样的昆虫在树林间喧闹飞腾。"①他认为,遥远的大洋洲的定居历史,和其他大规模的人类运动一样,处于"一系列相互联系、不断扩大,有时会收缩和不断变化的相互作用",即一种"相互依存且复杂"的混乱状态。

从生物学的角度来看,这两种理论暗示了截然不同的基因遗传。在"快车模式"中,最终成为波利尼西亚人的南岛人以极快的速度穿过美拉尼西亚这个中间区域,以至于没有出现基因杂交的现象。另外,"混杂的河岸模式"认为两个人种——迁徙的南岛人和当地的美拉尼西亚人——紧密地交织在一起,以至于很难加以区分,并设想波利尼西亚人正是从这种文化和民族的纠缠中脱颖而出的。从本质上讲,这与二十世纪二三十年代困扰路易斯·沙利文和彼得·巴克的问题是一样的:波利尼西亚人和美拉尼西亚人之间有多大的联系?二者是完全不同的群体吗?或者他们更像是表亲?

---

① [英]查尔斯·达尔文:《物种起源》,钱逊译,江苏人民出版社2011年版,第25页。

亚洲/南岛的血统占比多大？当然，随着人类基因组的测序，这个问题有望得到一劳永逸地解决。

波利尼西亚遗传学的最初调查，涉及线粒体DNA的变异。线粒体DNA是一种独特的DNA，只沿母系遗传。二十世纪九十年代初，人们已经清楚地认识到，几乎所有的波利尼西亚人都携带着一种独特的线粒体DNA突变组合，即所谓的"波利尼西亚模式"，而这种突变可以追溯到印度尼西亚和菲律宾群岛。这一发现为"快车模式"提供了依据。但就在几年后，研究人员用另一种基因方法得出了与之相矛盾的结论。

如果线粒体DNA完全是从母体遗传的，那么Y染色体（只在男性身体中发现）表明是通过父系遗传的。与波利尼西亚人的线粒体DNA不同，波利尼西亚人的Y染色体并没有暗示"来自亚洲"的可能，而是指向了美拉尼西亚内部的祖先来源（二十世纪八十年代的一项早期研究也发现，美拉尼西亚人的基因，以与疟疾抗原性相关的突变形式进入了波利尼西亚人的基因。这种突变在波利尼西亚人中出现的频率极高，这显然是出乎意料的，因为波利尼西亚并不是疟疾流行地区。然而，美拉尼西亚的确蚊蝇肆虐，疟疾盛行）。

这些相互矛盾的结果促使研究人员提出了第三种迁徙模式，有时被称为"慢船"。根据这一模式，波利尼西亚人的祖先起源于亚洲，但他们并没有心无旁骛地直接快速前往遥远大洋洲，而是在旅途中偷了懒,"留下了他们的基因,并融合了许多美拉尼西亚人的基因",然后才前往更广阔的太平洋。顺便说一句,为什么波利尼西亚人的母系和父系遗传之间会有这种差异,目前还不清楚。但有一种可能是,迁徙的南岛人可能容忍了外来男性的加入,同时将女性继续留在自己的社群之内,这种模式在殖民时期也曾出现过。

这些早期的基因研究是基于还活着的波利尼西亚人的 DNA,但重要的是要认识到,现代人的基因可能不会揭示我们想知道的关于过去人的一切。在成百上千年的时间里,波利尼西亚人经历了许多遗传瓶颈,人口突然急剧减少。任何时候,只要一小群人从一个岛上出发去殖民另一个岛,这种情况就会发生;这可能是自然灾害的结果。这肯定发生在殖民时代,像马克萨斯群岛这样发生人口锐减的地方。结果,原始殖民者的全部遗传多样性可能不再在现代人的 DNA 中表现出来,他们的一些基因历史已经在这一过程中消失了。

解决这个问题的一个办法是直接观察古代波利尼西亚人的基因。但在太平洋地区很难做到这一点,原因有很多,其中一个重要原因是温暖潮湿的热带地区极不适于保存古代 DNA。含有合适遗传物质的地点很少,这就是为什么 2003 年在太平洋发现最古老的墓地是一件大事。这个被称为"特欧玛"的考古现场,位于瓦努阿图的埃法特岛一个废弃的椰子种植园里,被一个在海虾养殖场挖土的推土机司机意外发现。他看到的从地上伸出来的不是一块骨头,而是一大块装饰过的陶器。他把残片交给了一位曾在瓦努阿图文化中心工作过的朋友,这位朋友立刻认出了这是什么。因此,特欧玛不仅是拉皮塔陶器(平底盘子、圆柱架,以及造型优雅的大型容器)的伟大宝库之一,而且是一个埋葬着将近七十具遗体的墓地。

每个人都想知道这些古代骨骼的 DNA 能告诉我们什么。当结果最终出现时,多少有些令人惊讶。来自特欧玛的第一个古代 DNA 结果显示,所有三个被测试的女性都带有"波利尼西亚模型",并且基因上与菲律宾的土著居民相似。但她们也表明,这些早期拉皮塔人基本上没有美拉尼西亚血统。这似乎表明,波利尼西亚人在后来的某个时期获得了美拉尼西亚人的遗传特征。但在哪里、何时、如何获得,仍然是个未知数。

研究人类 DNA 可能非常困难,而这并非纯粹基于技术原因。关于土著族群的生物学研究的历史并不是一段特别愉快的历史,许多土著社群对 DNA 研究表示怀疑,认为自己被当成"标本"已经有相当长的时日,而且貌似也没有从中得到任何好处。此外,在波利尼西亚的许多地方,人们对与祖先和死者有关的任何事情都有高度的文化敏感性。其中一个地方,所有这些已经相当戏剧化地结合在一起,是所谓怀劳条地的恐鸟猎人考古现场。

二十世纪四五十年代,吉姆·艾尔斯和罗杰·达夫在怀劳条地发现的许多考古材料,包括恐鸟蛋、青铜器、装饰件以及"kōiwi tangata"(即人类遗骸),都由当时的遗址所有者和租约持有人悉数交给了坎特伯雷博物馆,进行"安全和长期地保存"。达夫声称得到了当地毛利人部落"兰吉塔恩·怀劳"(Rangitāne o Wairau)的合作。随着时间的推移,当地人开始对他们的"tūpuna"(即祖先)受到的干扰,以及宗族的"taonga"(即宝物)被搬走感到不满。在二十世纪六十年代末,他们封锁了该遗址,拒绝了所有进一步的挖掘请求。

这意味着,在整个二十世纪七十至九十年代——遗传学和放射性碳年代测定都取得重大科学进展的时期——怀劳条地的考古学证据基本上没有被纳入研究范围。2008年,兰吉塔恩部落与奥塔哥大学和坎特伯雷博物馆达成协议。为了顺应世界范围内文物、艺术品,特别是人类遗骸的归还趋势,博物馆将归还此前被收集的人类遗骸(尽管不包括装饰品或工具)。作为交换,部落方面将允许对骨骼材料进行全面的生物学评估,并在遗体正式重新安置之前,将骨骼和牙齿的小样本取出进行DNA分析。这些早期人类的尸骨将重新回归大地,入土为安。而人类学家们将获得一个全新的机会,去看看能发现什么。

令兰吉塔恩部落成员感到高兴的一个发现是,他们中的一些人与这些遗骸存在直接的遗传联系,但另一个有趣的发现是,在怀劳条地这个新西兰发现的最古老人类遗址埋葬的人的基因之丰富,远超任何人的想象。这反过来又表明,新西兰古代人口比预期的要多,不会是同乘一条独木舟迁至此地的家族的近亲,更可能是有数百名彼此并无血缘关系的外来移民。值得一提的是,塔希提岛和库克群岛原住民的先祖数量同样众多,基因同样丰富。在经历了长达一个世纪的期望不断落空之后,岛际航行次数越来越少,最初定居的人口越来越少,越来越孤立,互动越来越少,这使得故事回到了十九世纪"英雄"叙事,即频繁的往返航行以及大型的殖民船队。

然而,除了分析人类DNA,还存在一个绝妙的替代解决方法,能够避免重蹈覆辙。这个方案由奥塔哥大学人类学家伊丽莎白·马迪苏·史密斯(Elizabeth Matisoo Smith)首创,涉及研究所谓的"共生"动物的基因——也就是说,与人类一起旅行的动物的迁徙史,可以作为其人类宿主移居的代表。当波利尼西亚人航行到太平洋时,他们带来了各种各样的生物,包括猪、狗、鸡和老鼠。在这些动物中,理想的研究动物是"流浪"的太平洋鼠——埃克苏兰鼠。

除非有人类的陪伴,否则这种埃克苏兰鼠不能到达岛屿。而且它不会与欧洲人带到太平洋的黑鼠(Rattus Rattus)和挪威鼠杂交。太平洋鼠不喜欢潮湿的地方,人们认为,它不太可能寄居于欧洲船只的船舱并随之航行。总而言之,这意味着今天生活在岛屿上的太平洋鼠很可能是第一批波利尼西亚航海者带来的老鼠的直系后代。最重要的是,在波利尼西亚群岛的考古遗址里有大量的老鼠骨头,没有人会介意你把它们挖出来或者销毁,以提取它们的DNA。

对老鼠DNA的研究证实,社会群岛、库克群岛或南方群岛是中太平洋和东太平洋岛民的"大本营"——即所谓的"哈瓦基",毛利人、马克萨斯人、拉帕努伊人和夏威夷人从这里出发,踏上他们伟大旅程的最后一程。研究还显示,新西兰的老鼠和怀劳条地上的人类遗骸一样,基因差异惊人,这意味着它们很可能是由许多不同的独木舟携带大量不同的老鼠种群而被多次引入的。然而,在复活节岛上,老鼠的故事却完全不同。复活节岛上的老鼠几乎没有遗传变异,它们可能是一次性被引入岛上的,甚至可能是由一艘独木舟上的人引进的,然后,这些人就此与世隔绝。

到目前为止,遗传学在某些情况下已经证实了我们认为我们已经知道的事情;在另一些情况下,它已经开始改变似乎已经确定下来的叙述。但是,我们还处在这些发现的最初阶段,而在这个问题上,有一点似乎是不容置疑的,那就是这项研究有巨大潜力。正如一位 DNA 研究人员最近所说:"这就像在一个黑暗的洞穴里打开电灯,之前那里只有一些摇曳的小蜡烛"。

近年来引起人们极大关注的另一个问题,是遥远的太平洋诸岛何时首次被定居。当二十世纪四十年代末五十年代初放射性碳年代测定法首次发展起来时,这算是一个惊人的突破:第一种客观、可证实的方法,可以为没有书面记录的人类历史时期建立年表。但是,与其他任何技术一样,都有改进的空间,而且在此后的几十年里,相关技术已经取得了重大进展。现在可以对像单个种子这样的小东西进行测定,这意味着整个过程的破坏性要小得多。新的方法也越来越精确,误差范围仅为以前的一小部分,而且对潜在的误差来源有了更好的理解。所有这些改进,尤其是近期的一些技术完善,使得人们对波利尼西亚群岛最初定居时间的思考发生了重大转变。

二十世纪五十年代,波利尼西亚第一批放射性碳年代测定结果出现时,针对中太平洋和东太平洋群岛的一些非常早的断代数据被研究者获得了。这包括萨戈斯根据从马克萨斯人壁炉前的地面采集的木炭所断定的公元前150年这一令人吃惊不已的年代划定,以及艾默里凭借夏威夷大岛沙丘中的历史遗存所得出的公元124年这一断代结论。早期的断代结果本来就令人兴奋,借此可以照亮过去最暗淡的角落。这些发现具有双重意义,它们代表了人类何时首次在遥远太平洋殖民这一问题的第一个科学答案。再加上后来的一系列日期,共同构成了传统意义上太平洋岛民迁徙年表的基础,结果大致是这样的:拉皮塔人在公元前1000年左右到达汤加及萨摩亚地区,随后大约有一千年的停顿;公元前几个世纪,逐渐扩展到波利尼西亚三角的周边地区。这是一个似乎有意义的叙述,使波利尼西亚文化有足够多的时间在汤加及萨摩亚地区"定格"——也就是说,拉皮塔人成为波利尼西亚人——也为波利尼西亚人探索太平洋上最广阔、最空旷、最具航海挑战性的海域留出了充足时间。

但是,在二十世纪九十年代早期,一群修正主义考古学家开始质疑这个时间轴。至此,大量的波利尼西亚放射性碳数据已经积累下来，但它们是在不同时间、不同地点，由不同研究人员采用不同标准，利用不同实验室，也采用不同方案，在不同的条件下产生的。考古学家们认为，现在是时候重新评估这组日期了，"剔除"那些不可靠的日期，"用剩下的数据建立一个安全的年表"。他们用考古冷幽默把这个计划称为"年表消毒"计划。

一开始，他们建议二十世纪五六十年代的所有放射性碳测年结果都应该被"相当谨慎"地对待。他们拒绝任何对鱼类、人类或动物骨骼、海胆刺、陆地蜗牛、淡水贝壳和其他可能"严重受旧碳吸收影响"的物质的断代结果。他们拒绝了基于长寿树种变成的木炭的定年结果，以及来自日本学习院大学放射性碳测年实验室的所有早期运行日期（理由是这些结果奇怪地不一致，或者太早，或者太晚）。他们拒绝接受由一种以上物质组成的样本，如木炭和烧焦的泥土，或甘蔗、剑叶朱蕉和芦苇；也拒绝接受没有任何明确文化背景的样本，例如与任何人类活动无关的随机木炭块。他们还排除了与同一背景下的其他日期没有两个标准差重叠的日期，以及地层倒转的日期，还有在其他方面异常的日期。

很多东西都需要摒弃，之前建构传统年表的诸多依据都被一扫而光。在总计一百零九个夏威夷断代结果中，只有二十一个被认为值得保存；马克萨斯群岛和复活节岛的总共二十三个定年结论中，只有十个最终幸存。萨戈斯对马克萨斯群岛的开创性早期断代结论被排除；达夫依据在怀劳条地获得的物品所作的断代结果，同样被认为无法成立;埃默里对夏威夷所作的早期断代结果亦被剔除;海尔达尔的复活节岛断代结果同样不被接受。对于剩下的东西进行重新调查,情况看起来完全不同。拉皮塔人仍然被认为是在公元前900年左右到达萨摩亚和汤加的,但波利尼西亚中部和东部最初出现定居者的时间已经接近现代。根据修正后的标准说法,波利尼西亚中部和东部的群岛(社会群岛、夏威夷群岛、马克萨斯群岛、复活节岛、库克群岛)都被认为是在公元前1000年以后首次出现人类定居的迹象,而新西兰被人类发现和定居的时间,则被推后到了公元1200年左右。

这些更晚的断代结果的含义令人好奇。紧随着闪电般快速的拉皮塔扩张,是在汤加及萨摩亚地区的长期停顿,现在看起来这似乎更加神秘。他们已经深入太平洋,是什么让他们在那里坐等了将近两千年？虽然萨摩亚以东的海洋确实变得越来越空旷,但他们已经进行的航行远非微不足道。很明显,他们有技术;他们似乎缺乏的是欲望或需要。然后,就好像他们突然被派去行动一样,是什么让他们踏上并征服了波利尼西亚三角这大约一千万平方海里的大洋？他们是如何在短短几百年内做到这一点的？

现在,存在一些有趣的尝试来解释这一新的时间轴,从气候变化的角度来说,天气的变化可能在不同的时间跨度内促成或阻碍了航行。计算机模拟研究了"厄尔尼诺-南方涛动"在波利尼西亚之行中可能扮演的角色:温暖的厄尔尼诺现象减少了西太平洋的降水量,使向东航行(例如,从萨摩亚到塔希提岛)更容易,而较冷的拉尼娜年有利于从中太平洋向西南方向的新西兰迁移。第二项研究表明,可能存在持续一个世纪或更长时间的"气候窗口",在此期间,太平洋地区的天气以某种方式发生了变化,这促使移居者选择在某些众所周知的困难航线上航行。

这一较短时间的另一个含义是,从波利尼西亚人发现这些岛屿到第一批欧洲目击证人到来之间,时间肯定要短得多——如果是新西兰,也许只有四百年。但是,这段时间是否足以让岛上的居民充分繁衍,改变岛屿的自然生态样貌(在某些情况下会发生戏剧性的变化),导致不同种类的生物灭绝,使栽培活动适应当地条件(易受干旱影响的复活节岛,以及寒冷的新西兰),发展出不同的风俗习惯和语言,放弃长途旅行,失去地理知识,最终变成与欧洲人初次相遇时的乐于留在家园的土著?阅读早期欧洲探险家的描述,人们不会觉得,他们在波利尼西亚群岛发现的原住民才刚刚抵达那里。但这一计算方法是可行的:肇始之初(比如说 5 艘独木舟)250 人的人口数量,以每年 1.5% 的速度增长,将在 400 年内达到近 10 万之巨。

但也许新通说最有趣的一点是,它似乎证实了从波利尼西亚口述史中提取的年表。亚伯拉罕·方南德和珀西·史密斯都根据十九世纪记录的波利尼西亚族谱为大洋洲的定居制定了时间表。二人都描述了一个两步定居的场景:一个模糊不清、证据不足的早期发现阶段,紧接着是在公元前 1000 年结束前后一个明确的殖民时期。方南德特别指出,关于"大胆的探险、激动人心的冒险和到遥远陆地上的航行"这一故事的高潮,他从中推断出一个在公元1000年左右的"国家动荡"和"部落骚乱"的时代。史密斯同样提出了一个混乱的新西兰早期定居阶段,但他的第一批被命名的毛利人祖先到达的日期是1150年和1350年,正好与材料清理后的放射性碳年代表中提出的新西兰定居日期重叠。因此,你可能会说,取代了旧科学的新科学,与前者保持着惊人的一致。

# 尾 声
## 两种理解之路

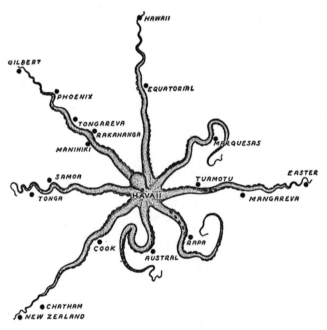

波利尼西亚地图,参见彼得·巴克著,《日出维京人》

(*Vikings of the Sunrise*,1954 年)。

新西兰奥克兰惠特库尔斯书店(Whitcoulls)慷慨提供。

最新的科学技术,使一切反而更接近波利尼西亚人的口述史,对此应该感到惊讶吗?距离欧洲人上一次像波利尼西亚人一样认真对待这些吟唱和传说,已经过去了大约一百年。在二十世纪的大部分时间里,这些口述史基本上被学者们忽视,他们倾向于把波利尼西亚的传说视为"基于除纪念真实事件以外的任何目的而创作的神话"。他们将其视为文学作品、宗教洗脑或政治鼓吹,是隐喻、象征或寓言,但绝不是简单的档案记录。

在某种程度上,这是二十世纪总体转向科学的结果:对十九世纪浪漫主义倾向部分加以否定,转而重视可证明和可量化的数字和计算。但这也与南太平洋传统——以及其所代表的世界——随着时代的发展而不断衰弱有关。十九世纪的欧洲人尽管存在种种缺点,却一直与口述史及其传承人关系密切。但大约从二十世纪三十年代之后,可以明显感觉到,这种知识,这种亲密感,正在悄悄流逝。我们在二十世纪五六十年代看到的转向对口述传统有用性和波利尼西亚人航行能力的怀疑态度之艰难,就可以被用来作为这种转变的一个衡量标准。

二十世纪七十年代,波利尼西亚口述史作为历史资料的威望被进一步削弱,因为研究表明,相关叙事存在编辑和臆造,并对其真实性提出了新的质疑。后现代主义者认为,既然人们总是在创造他们自己的历史,那么真正的传统实际上根本就不存在。这一观点使得上述情况更加严重,同时也令许多土著学者深恶痛绝。

然而,实验性航海运动的成功,给前述弱化趋势提供了有力的平衡。在实践层面上,"欢乐之星号"和其他独木舟的航行验证了波利尼西亚和密克罗尼西亚传统知识体系和问题解决方法的有效性。而且,虽然他们没有证明库佩、莫伊卡哈(Moʻikeha)、霍图·马图阿(Hotu Matua)或其他任何传奇人物确实曾在太平洋的海路上航行过,但强烈支持这样一种观点,即正如芬尼所说,传统"实际上可以反映出波利尼西亚水手往返航行的那个时代"。

在过去的几年里,人们对波利尼西亚神话的兴趣重新抬头[迪斯尼动画电影《海洋奇缘》(Moana)的流行可资见证],这也可以直接追溯到实验性航海运动的成功。但是,即使是在科学家中,潮流已经发生了转变,现在即使是最深奥的学术论文——比如说,关于用X射线荧光法寻找岩屑文物的地球化学来源的文章——也常常引用一些传统的知识。不管这些手势在字面上是否总是有意义的,它们的象征意义都是重要的,因为它表明了不同思维方式之间的融合,不仅仅是关乎我们知道了什么这一结果,而且还关乎我们是如何知道的这一过程。

波利尼西亚的起源,从来就不是一个容易考察的问题,还有一些疑问亟待解决。例如,我们不太可能知道一些最偏远的群岛最初是如何被发现的,或者在这漫长而艰苦的殖民过程中损失了多少独木舟。然而,从某种程度上说,这段历史已经被解开,这要归功于完全不同种类的投入。在这一知识谱系的一端,是数学模型:计算机模拟、化学分析、统计推断、科学所固有的客观性以及周期性失误。另一端,故事和歌曲从某人记忆中传递到另一人的记忆中:层次分明、微妙而困难的口述传承,虽然可能存在各种不同的解读,但也或多或少具备直接从被外部世界接触前的那个波利尼西亚与我们对话的独特能力。

这两个角度在许多方面是对立的,在过去两个世纪的大部分时间里,这两个角度之间的争论一直摇摆不定,因为一开始是后者,随后是前者被认为是通往真理的坦途。事实上,二者都对波利尼西亚移民的可信历史之展开起到了至关重要的作用,正如本书结尾提到的大胆航海实验那样:十六、十七、十八世纪的探险家们的叙述,让我们得以窥视波利尼西亚的原貌,而二十世纪的实验航海者们则开始重新发现远古时代第一批远洋探险者笃定掌握的天机。

简言之,口述传统在不同的人手里幻化为不同的工具,即便如此,这条道路仍然充斥着分岔路与死胡同。一些最好的想法早在开端便告出现(库克对波利尼西亚人亚洲起源的早期见解),而一些最差的思路在当时看起来却无比正确(波利尼西亚人有印欧血统的观念)。这应该提醒我们,误入歧途是多么容易,而现在要区分孰是孰非又有多么困难。但是,回顾三个世纪的调查,有趣的是,许多最为引人注目的见解都出现了趋同,两种不同的看待问题的方式——实际与抽象、古代与现代、人文与科学、欧洲与波利尼西亚——开始融会贯通,交织在一起。

一直以来,图帕伊亚和库克船长在"奋进号"船舱里共处一室的画面都让人心潮澎湃(暂且不论两个人的举止言谈多么让对方不爽:两个傲慢的人,都习惯了权力,怎么会有其他的方式呢?)。我喜欢想象他们站在桌边,面前摊开海图和地图,试图找到一些共同认可的航海点。或者亚伯拉罕·方南德,深夜在拉海纳港,仔细研读手中的夏威夷文献,思索不可思议的解决方案——解开所有神话的钥匙——而他具有一半夏威夷血统的爱女,此刻正酣睡在旁边。或者医生兼水手戴维·刘易斯,弓着腰蹲坐在帆船的甲板上,试图从土著航海者塔瓦克的言传身教中学会分辨汹涌的海浪、指路的鸟儿,以及代表岛屿的隆起。或者,举一个最重要的例子,彼得·巴克,他体现了不同观点的问题,尽管他经常说自己是两种文化的"融合体",但倾向于将自己的经历描述为两种截然不同甚至不可调和的观点之间的震荡,而不是融合或综合。正如他曾经说过的那样,他有能力从一方或另一方"分离"自己,成为毛利人或欧洲人,但绝不是两者兼而有之。事实上,这两样东西都是他本原的样子。

近几十年来流行的说法是,"波利尼西亚起源问题"一直是欧洲人的追求,"是调查欧洲过去、现在和未来的一个持续的载体"。问题从来不是"他们从哪里来的?"而是"他们的存在对我们意味着什么?"这当然是有道理的。我们永远无法回避这样一个事实,即这一调查是在殖民时期展开的,或者它所涉及的问题只能由从别处来到太平洋的人提出。在外人来到太平洋之前,波利尼西亚人自己从来没有问过"波利尼西亚人是谁"的问题。关于起源的疑问会被神话回答——我们是来自太保的人,来自特图姆(Te Tumu)的人,来自塔罗亚的人,或者我们来自哈瓦基——并且没有任何人询问,波利尼西亚的地理界限是什么?波利尼西亚人和哪些人关系最密切?事实上,几乎没有任何方法来构建这样的调查,因为没有相关术语,甚至没有我们所说的"波利尼西亚人"的概念。

整个研究,都以局外人的视角为前提。而这也源于一种思想传统,即过去的事件(历史事实)基本上是客观存在的,可供研究者予取予求。在启蒙运动后的欧洲传统中,历史是由理论上任何人都可以随意使用的元素组成的。但这一观点与人们可能称之为"传统的"波利尼西亚人对过往事情的看法相冲突。根据波利尼西亚人的观点,历史不是随意挑选的各种数据点,而是一种更接近知识产权的东西。波利尼西亚的历史可能是流动的,但并不是每个人都有权平等地利用它们。正如毛利学者特皮恩·欧立根(Tipene O'Regan)所说:"要探究我的历史或我的民族的历史,你必须调查我的'Whakapapa'(即我的'族谱')。我的'tupuna'(即'祖先')可能已经死了,但他们在我心中,依然活着。没有我的同意,过去不可能尘封于他界,不可以由后现代科学的法官席上那些家伙随意审查。我是我过去的主要所有者。"

这一立场给欧洲学者制造了难题,实际上剥夺了他们研究波利尼西亚民族历史的"绝对权利"。人们很难不同情这样一种观点,即过去"首先属于受其影响的人"——特别是在发生了大量冲突,并且一个群体遭受了另一个群体制造的痛苦的情况下。怎么能相信欧洲人讲述的关于被他们征服和剥夺家园的民族的故事呢?哪怕不考虑故意歪曲或压制的问题,又怎么能相信某些人讲一个他们可能不完全理解的故事呢?

历史学家朱迪思·宾尼(Judith Binney)在谈到这些困难时总结道,这里存在根本无法解决的矛盾。她写道:"我们无法将他者的历史转化为我们自己的历史。""我们只能将二者并置。"总有一种感觉,即这是一个欧洲的故事;也有一种感觉,即这也是波利尼西亚的故事。我们唯一能做的就是承认这种复杂性,正如人类学家肯尼斯·埃默里曾经说过的那样,"让我们的大脑尽可能敏锐地感受到每一股思想带来的微风"。

回顾这段历史时,能看到的并不是知识朝着某个真理的终点稳步前进,而是试图弄清楚事情的复杂过程——一个犬牙交错、相互纠缠的共生体,一组不同知识背景、不同思维方式的不同叙事主体基于不同求知动因而展开的对话。在某种程度上,我突然意识到,整件事是一个接触的故事,一个关于人们试图仔细考察(如果不总是跨越)文化鸿沟的故事。库克和图帕伊亚是这样;许多无名的牧师和酋长是这样,他们把他们最神圣的知识托付给欧洲人;传教士、旅行者和殖民地官员是这样,他们煞费苦心地把这一切写下来;人类学家是这样,他们的工作就是试图破解别人思维方式的密码;而最明显的例子是,实验航海者亦如此,他们为了追寻史前的秘密,把自己的生命置于险境。

威尔·凯尔斯卡曾经说过,奈诺亚·汤普森"注定要陷入谜团",而在我看来,这的确说到了点子上。毕竟,再次回首图帕伊亚时,我们能够看到的究竟是什么?图帕伊亚出于一种强烈的好奇心——我们只能推测——而离开了自己的家园;或者是带着马克萨斯人素描本的威洛迪安·汉迪;或者是带着铲子和水桶的吉福德和舒特勒?在我看来,尤其值得一提的是,方南德在他所处的时代,付出了非凡的努力,试图解决他几乎无法理解的问题。但即使是面对资料分类如同乱麻般混乱的可怜人儿沙利文,或坚持疯狂的雅利安之"牛"物语的特雷格尔,所进行的调查都具有这种特质,而这种不可动摇的热情,堪称前无古人。

事实上,每一个曾经思考过波利尼西亚起源问题的人都被两件不同的事情深深吸引:第一,对于这些看似不可能的迁徙纯粹好奇——动辄数千海里的惊涛骇浪,途中能够供人类落脚的海岛为数甚少,相距甚远;第二,对于这样一个故事究竟如何被知晓的智力上的困惑。对他们来说如此,对我来说也是一样,这段历史的吸引力在于,将人类伟大冒险的浪漫与冷静、理智的意识结合在一起,这种理性的意识告诉我们,只有通过筛选大量的证据,才有可能了解在朦胧神秘、遥不可及、令人着迷、勾魂摄魄的过去发生了什么。

之所以用凯阿拉凯夸湾来作为这本书的引子,是因为在那里我第一次真正领悟到了波利尼西亚三角的全部意涵,以及它对我丈夫和儿子们的意义,彼时我正试图弄清楚他们无比厚重的族谱。这个地方教会了我一些关于波利尼西亚的最重要的东西。不过,在我去过的所有地方中,脑海中首先闪回的是努库希瓦岛北侧的一个海湾——阿纳霍(Anaho)。

阿纳霍在马克萨斯群岛可谓绝无仅有:这是一处背风海湾,有着一条长长的奶白色镰刀状沙洲,以及一汪清澈见底的浅水。这里位于岬角的背风面,可以免受风暴和海浪的双重侵袭,东侧有一条漫长蜿蜒而贫瘠的岩石山脊。这里没有公路,唯有走海路,或者从邻近的海醍醐村(Hatiheu)沿着山脊上的小路艰难步行,才能到达。山脊高约七百英尺,站在上面,可以看到海湾在脚下延展开来,岛屿长长的分叉宛如手臂伸向大海,中间捧起深蓝色的水缝。再远一些,海洋像金属一样闪闪发光;更远处,天水交汇的地方,地平线上空旷的巨大曲线横亘在可见世界的边缘。从那里,脚下的小径又一次穿过一片干燥的森林,树叶在脚下嘎吱作响,光线渗过树冠,暗淡而斑驳。走下山来,你会突然闯进一片开阔天地,发现自己徜徉在满是香蕉树和椰子树的宽阔的草地边,海滩就在一箭之遥的地方。

1888年,罗伯特·路易斯·史蒂文森就是在阿纳霍下缆抛锚。他包租了一条长达九十四英尺的纵帆船,名为"卡斯科号",在南太平洋作告别之旅,而马克萨斯群岛是他的第一站。此前,史蒂文森的健康状况一直不好,每况愈下,他相信,正如他后来写到的那样,自己"已经看到了来世,只有护士和殡仪馆的人可供期待"。事实上,这种估算并不算错得离谱,因为他只会再活六年。但是,南太平洋使他的身心复苏,健康状况足以支撑他在那里享受无限的乐趣,这是他的第一个停靠港。他写道:"我在世界上许多地方曾目睹过黎明的来临,看到黎明照耀阿纳霍湾,不由得感慨万千。"当第一天的朝阳徐徐升起时,他看到了晨晖照耀下海湾上方的群山。"山峦或呈现藏红色,或呈现硫黄色,或呈现紫红色,或呈现玫瑰红色,泛出缎子般的光泽;在较浅的色调上,似乎漂浮着一抹重色;而在更黑暗的地方,则浮现出肃穆的花样效果。"

今天的阿纳霍湾几乎和史蒂文森在1888年时所描述的一样:零星的房屋和独木舟棚,几座花园,西端散落一个小村庄。东边是他喜欢消磨时光的地方;站在浅滩上,温暖的海水涌向膝盖,贝壳和鹅卵石在双脚间翻滚。静谧的午后,艳阳当空,四周白热,棕榈树

"微醺浅醉",慵懒地斜靠在沙滩上。不时有鸟儿在森林深处独自鸣叫;海浪轻浮。在这样的时刻,史蒂文森写道:"世界的面貌,宛如史前般虚无;生活似乎一成不变,彻骨地与世隔绝。"这当然是一种幻觉;他甚至不是一个人在海滩上,更不用说坐拥整座岛了。但在阿纳霍,人们很容易感觉到仿佛从时间的裂缝中失足跌落,回到了寂静统治着马克萨斯群岛的原始岁月——彼时,风啸鸟鸣,寂静曾经持续了几十万年,甚至几百万年。

我坐在史蒂文森最喜欢的海滩上,思考着波利尼西亚令人费解的历史。赛文穿过山脊向东走去,到了罗伯特·萨戈斯发现他那五件神奇的陶器的海湾。孩子们戴着呼吸管和面罩浮潜在水里。我想到了历史上所有的点点滴滴——吟唱、骨头、鱼钩、染色体、木炭——我们所能做的就是把它们组合在一起,就像把一个破碎的瓮那些碎片黏合在一起。我在想,波利尼西亚的深邃历史——也许所有的人类时代都一样——生活在知识和想象之间的有趣领域。它不仅仅是事实的故事,而且是解释的故事,是对已知事物的想象性延伸。我们之所以选择马克萨斯群岛作为我们的第一站,是因为这是欧洲人发现的首个波利尼西亚岛屿,也因为萨戈斯有趣地发现了本不该有的陶器。然而,我没有料到的是,这个地方本身的力量使我回到考古挖掘和传教日志之前,超越第一批目击证人的到来,超越几个世纪的波利尼西亚人定居生活,回到故事的黎明,回到棕榈叶沙沙作响,第一艘独木舟搁浅的时代。

久而久之，遥远的太平洋岛屿上的火山、珊瑚环、古代冈瓦纳大陆的遗迹一直与世隔绝，远远超出了人类能够到达的范围。没有人踏上那里被太阳晒白的海岸，也没有人穿过那里的森林。风和雨侵蚀了山脉；珊瑚生长起来，包围了海岸；鸟类和植物漂浮在海草上，或被风吹动，到达并扎根，以意想不到的奇怪方式进化。这些岛屿非常适合居住，甚至胜过许多人已经定居的地方。那里气候温暖，草木茂盛，很少受到暴风雨的侵袭，周围的海洋充满了生机。但它们位于世界上最大的海洋中央，与世隔绝，数万年来人类无法企及。后来，有一天，一艘独木舟出现了，从地平线上的薄雾中冒出来。没有人在海滩上看到它——没有人看到它。没有人记录它的到来，也没有人知道它是什么。岛上的声响是风和海的声音，鸟的叫声。片刻过后，空气中充满了说话声和脚步声，以及船身被拖上岸时因为摩擦而产生的隆隆声。

## 致　谢

首先,需要由衷感谢太平洋历史和人类学领域的若干学者。其中,人类学家帕特里克·柯奇(Patrick Kirch)所撰写的大量波利尼西亚考古学相关著作,为本书提供了坚实的基础;而新西兰历史学家凯利·豪从三万英尺高空俯瞰所得的调查成果,有助于澄清许多重要的联系。除此之外,本人经常参考比格霍尔、奥斯卡·斯佩特(O. H. K. Spate)、安妮·萨蒙德和尼古拉斯·托马斯等学者的研究,以确证自己的探索方向,而对莫里斯·索伦森(M. P. K. Sorrenson)和艾伦·霍华德(Alan Howard)等学者研究的整体把握,对理清叙事的不同脉络宝贵异常。本人从主持参与澳大利亚国立大学"海洋词典项目"(Oceanic Lexicon Project)的马尔科姆·罗斯(Malcolm Ross)、安德鲁·帕利(Andrew Pawley)和梅雷迪思·奥斯蒙德(Meredith Osmond)的语言学工作中受益匪浅。本人还参阅了一些学人(包括托尔·海尔达尔、罗伯特·萨戈斯、威洛迪安·汉迪和本·芬尼)的传记与自传,其中很多文字读来令人动容;在此也期待更多的专家能够不吝笔墨,将各自精彩的因缘际会用平实的笔调记述下来。同样,还要特别感谢纪录片制作人萨姆·洛(Sam Low)与本人分享他的大作《哈瓦基与我一起升起》(*Hawaiki Rising with Me*);读过此书的人都会意识到,本书在相当程度上存在对其加以借鉴的事实。

虽然我本是一介书女,但进入这个研究领域,尤其是在其刚刚萌芽的阶段便一头扎了进来,显然十分重要。在此,我想感谢在本人筚路蓝缕之时慨然施助的学友:"爱斯派尔澳新旅行社"(Aspire Downunder)的雪莱·马德森(Shelley Madsen)不厌其烦而精心设计的极其复杂的行程安排;劳拉·汤普森(Laura Thompson)在夏威夷的热忱;萨特基(Sateki)、范·乌西克(Fine Uasike)以及已故的安娜·乌西克(Ana Uasike)在汤加不期而至的好客;马修·斯普里格斯和斯图亚特·贝德福德带领本人参观了特欧玛的考古挖掘现场;罗伯特·哈马尔(Robert Hammar)热心提供了莫雷阿岛上的房子;罗丝·科瑟(Rose Corser)在马克萨斯群岛提供的建议和帮助;帕拉吉(Parangi)家族在新西兰始终热情真挚的欢迎;安、乔尔、伊莎贝尔和戴维在夏威夷的陪伴;凯蒂·林泽·克罗(Linzee Crowe)和已故的芭芭拉·马丁帮助我们的小船成功下水;泰莎和丹尼尔·费舍尔(Daniel Fisher)夫妇在我们返回时提供了急需的防撞垫。需要感念的还有已故的母亲,她一直在等待我们回家;感谢哥哥,在我们不在的时候帮忙看家;感谢儿子阿帕拉哈马、马修和丹尼尔,他们都是优秀的体育健将;当然,还有赛文,他和我一起踏上旅途,一如既往地帮助我以不同的方式看待事物。

这本书从构思到最终付梓,颇费时日,在此过程中,若干机构提供了至关重要的帮助。感谢提供项目启动资助,使本人能够探访从未见过的梦想之地的"国家艺术基金会"(National Endowment for the Arts)和"澳大利亚艺术理事会"(Australia Council for the Arts)。我还想对 2015 年授予本人"公共学者奖"(Public Scholar Award)的"国家人文基金会"(National Endowment for the Humanities)表示深深的感谢;事后来看,如果不是当年暂时舍弃了其他职责,我将永远无法到达如今所处的终点。最后,非常感谢霍顿图书馆的负责人威廉·史通曼(William Stoneman)和汤姆·海瑞(Tom Hyry)慷慨批准本人告假,也非常感谢克洛伊·加西亚·罗伯茨(Chloe Garcia Roberts)、劳拉·希利(Laura Healy)以及《哈佛评论》(Harvard Review)的其他团队成员,他们在我离开的时候一直默默耕耘。

许多朋友同事,事无巨细,帮助良多:首先,创作团队的长期成员伊丽莎白·格林斯潘(Elizabeth Greenspan)、格雷格·哈里斯(Greg Harris)和莎拉·斯图尔特·约翰逊(Sarah Stewart Johnson)远超本分,反复校阅本书各个章节。还要感谢苏珊·法鲁蒂(Susan Faludi)和戴维·阿米塔格(David Armitage)在关键时刻给予的支持,以及许多专家[如罗伯特·萨戈斯、基林·威廉姆斯(Glyn Williams)、马修·斯普里格斯、迈克尔·莱文森、伊丽莎白·马迪苏·史密斯、凯文·麦克格莱斯(Kevin McGrath)]不厌其烦地细致解答本人不时冒出来的愚蠢问题。哈佛大学的几位教授[包括罗恩·弗莱德(Rowan Flad)、贾森·乌尔(Jason Ur)、迈克尔·维策尔(Michael

Witzel)、杰里米·劳(Jeremy Rau)、大卫·阿米蒂奇(David Armitage)和约翰·胡特(John Huth)]欣然允许我旁听他们的课。本人有时会说,在撰写本书的过程中自学了诸多学科的知识,但实际上是前述师友教会了本人需要知道的一切。

如果没有哈佛大学图书馆系统收藏整理的海量珍稀资源,本书恐怕永远无法完成。本人所阅读的几百本书籍中,只有屈指可数的几本在哈佛大学资料库里找不到,但哈佛图书馆立即通过馆际互借的方式为本人提供了这些晦涩的文献。本人得到许多人的分外帮助,包括普林斯顿历史地图收藏馆(Historic Maps Collection at Princeton)的约翰·德兰尼(John Delaney)、哈佛大学皮博迪博物馆的戴安娜·兹拉塔诺夫斯基(Diana Zlatanovski)、夏威夷大学太平洋岛屿研究中心(University of Hawai'i's Center for Pacific Islands Studies)的扬·伦塞尔(Jan Rensel)、霍顿图书馆的约翰·奥弗霍尔特(John Overholt)和苏珊·哈尔珀特(Susan Halpert),以及克里斯蒂娜·蒙法萨尼(Cristina Monfasani),还有本人努力工作的哈佛大学继续教育学院(Harvard Extension School)的诸位同侪。卡尔顿学院(Carleton College)的弗雷德·哈格斯特罗姆(Fred Hagstrom)一直是这项研究工作的坚定支持者,本人对此感戴莫名。

方方面面在版权许可事宜上极为大度:本尼迪克特·菲茨杰拉德(Benedict Fitzgerald)、克里斯托夫·桑德、桑迪·米勒、卡罗尔·艾薇、亨利·劳伦斯(Henry Lawrence)、纳阿莱胡·安东尼和"卡拉马库出版社"(Kalamaku Press)的丹尼斯·卡瓦哈拉达(Dennis Kawaharada)。还要感谢下列机构的慨然应允,包括奥克兰大学的波利尼西亚学会、夏威夷物语博物馆(Story of Hawaii Museum)、普林斯顿大学图书馆、达尼丁公共图书馆、《檀香山星公报》和新西兰惠特库尔斯书店。波利尼西亚航海协会的索尼娅·斯文森·罗杰斯(Sonja Swenson Rogers)和伯尼斯·比绍普博物馆的蒂娅·雷伯(Tia Reber)耐心回答了本人无数关于相关图像资料的问题。瑞秋·阿海恩(Rachel Ahearn)在帮助准备出版的图片方面非常热心。再次感谢哈佛地图收藏中心的斯科特·沃克为本书提供相关地图,并感谢老朋友和合作伙伴劳拉·希利设计了地图。

感谢哥哥艾略特·汤普森(Elliott Thompson)成为本书的最早一批读者,帕特里克·柯奇对于手稿进行了勘误。当然,无心之疏在所难免,作者文责自负。最后,要对一直以来始终态度乐观的经纪人布雷特恩·布鲁姆(Brettne Bloom)和态度坚定、眼光清晰的编辑盖尔·温斯顿(Gail Winston)说:没有你们,整个事情只会是一缕缥缈的海雾,一瞥岛屿的梦想,到头来一场空。感谢"图书小组"(Book Group)①、哈珀的整个团队,还有我的家人,他们知道需要如此忍受多久。

---

① 成立于2015年的一个美国版权代理机构。

# 注 释*

### 序言:凯阿拉凯夸湾

5 "整个海湾,岸边人头攒动":James Cook, The Voyage of the Resolution and Discovery, 1776–1780, vol. 3 of *The Journals of Captain James Cook on His Voyages of Discovery*, ed. J. C. Beaglehole, 4 vols. (London: Cambridge University Press, 1967), part 1, 491.

5 对于个中原委,存在不同的解释:参见 Gananath Obeyesekere, *The Apotheosis of Captain Cook: European Mythmaking in the Pacific* (Princeton, NJ: Princeton University Press, 1992), and Marshall Sahlins, *How "Natives" Think* (Chicago: University of Chicago Press, 1995).

7 "编造谎言来消遣他们":引自 Anne Salmond, *The Trial of the Cannibal Dog* (New Haven, CT: Yale University Press, 2003), 409.

11 "……所有岛屿上生存扎根":James Cook, The Voyage of the Resolution and Adventure, 1772–1775, vol. 2 of *The Journals of Captain James Cook on His Voyages of Discovery*, ed. J. C. Beaglehole, 4 vols. (London: Cambridge University Press, 1969), 354.

11 "如果波利尼西亚航海者的传说被完整地记录下来":Elsdon Best, *Polynesian Voyagers: The Maori as a Deep-Sea Navigator, Explorer, and Colonizer* (Wellington: R. E. Owen, Government Printer, 1954), 15.

### 无垠之海:发现大洋洲

19 他们有专门的词汇来形容绳索:参见 Malcolm Ross, Andrew Pawley, and Meredith Osmond, *The Lexicon of Proto Oceanic: The Culture and Environment of Ancestral Oceanic Society*, vol. 2 (Canberra: ANU E Press and Pacific Linguistics, 2007), chaps. 4, 8. 亦参见 Patrick Vinton Kirch, *The Lapita Peoples: Ancestors of the Oceanic World* (Malden, MA: Blackwell, 1999), esp. chaps. 1, 7.

20 他们可能会对其中的一部分加以命名:参见 Rev. J. M. Osmond, "The Birth of New Lands after the Creation of Havai'i (Raiatea)," *Journal of the Polynesian Society* 3, no. 3 (1894): 136.

20 可以称之为"Tasik":Ross, Pawley, and Osmond, *Lexicon of Proto Oceanic*, 2:88–89.

22 "一片广阔到人类心智几乎无法想象的汪洋大海":J. C. Beaglehole, introduction to The Voyage of the Endeavour, 1768–1771, vol. 1 of *The Journals of Captain James Cook on His Voyages of Discovery*, ed. J. C. Beaglehole (London: Cambridge Universi-

---

* 注释中的页码为英文原书页码,即本书边码。

22 "如果不是圣主和圣母垂怜": Antonio Pigafetta, *Magellan's Voyage: A Narrative Account of the First Circumnavigation,* trans. R. A. Skelton (New York: Dover, 1994), 57.
26 "在恒星中毁灭": 引自 Glyndwr Williams and Alan Frost, "Terra Australis: Theory and Speculation," in *Terra Australis to Australia,* eds. Glyndwr Williams and Alan Frost (Melbourne: Oxford University Press Australia, 1988), 4.
26 几乎从一开始: 参见 Williams and Frost, "Terra Australis," 4, n. 9.
27 "像整个欧洲和亚洲加在一起那般辽阔":: Alexander Dalrymple, *An Account of the Discoveries Made in the South Pacifick Ocean* (1767; repr., Sydney: Hordern House, 1996), 2–3; Quirós 引自 Williams and Frost, "Terra Australis," 10.
27 "不断起伏,下沉,消失,再上升的海浪": Joseph Conrad, *Lord Jim* (1900; repr., Harmondsworth, UK: Penguin, 1957), 185.

## 初次接触:门达尼亚到访马克萨斯群岛

30 "在一天中的任何时候": Robert Louis Stevenson, *In the South Seas* (1896; repr., Rockville, MD: Arc Manor, 2009), 69.
31 但是,马克萨斯的考古遗址显示: Patrick Vinton Kirch, *The Evolution of the Polynesian Chiefdoms* (Cambridge: Cambridge University Press, 1984), 89.
31 "密密麻麻": Pedro Fernández de Quirós, *The Voyages of Pedro Fernandez de Quiros,* 1595 to 1606, trans. Sir Clements Markham, 2 vols. (London: Hakluyt Society, 1904), 1:20.
31 正如为后来支持法王路易十五主张马克萨斯群岛主权的法国人所言: 参见 "Le Voyage Autour du Monde du Capitaine Étienne Marchand," in *Bulletin de Géographie Historique et Descriptive* (Paris: Imprimerie Nationale, 1896), 280. 原文为 "我的目的是以国王的名义夺取该岛,尽管我从来没有想过,一个警察国家如何有权在没有征得其居民同意的情况下夺取一块有人居住的土地。"
32 "半品脱水": 引自 O. H. K. Spate, *The Spanish Lake* (Canberra: Australian National University Press, 1979), 125.
32 "陷入了一种宗教式的麻木状态": Spate, *Spanish Lake*, 127, 130.
33 "压"在水面上: Quirós, *Voyages*, 1:16.
33 舷外托架可追溯到: I. C. Campbell, "The Lateen Sail in World History," *Journal of World History* 6, no. 1 (1995): 12.
33 "以极快的速度愤怒地": Quirós, *Voyages*, 1:16–17.
33 "些许友好建议": Robert C. Suggs, *The Hidden Worlds of Polynesia* (London: Cresset Press, 1963), 31.
33 "他们笑容满面地看看那些船": Quirós, *Voyages*, 1:17–18.
33 "绝对算是值得一看的景象": 同上, 1:17–18.
34 马克萨斯人和门达尼亚的邂逅: 同上, 1:29, 21, 24.
34 "精美绝伦": 引自 Greg Dening, *Islands and Beaches: Discourse on a Silent Land, Marquesas, 1774–1880* (Chicago: Dorsey Press, 1988), 126.
35 "跟这片大洋抑或这个地球上任何一个民族同样优秀": Cook, *Journals*, 2:373.
36 当然,这就是文身: Willowdean Chatterson Handy, *Tattooing in the Marquesas* (Honolulu: Bishop Museum, 1922), 14.
36 甚至比以美貌著称的利马女士更加可爱: Quirós, *Voyages*, 1:152.

37 "他们告诉我们":同上。
37 "而我们却完全不知道的岛屿":引自 E. S. Craighill Handy, *The Native Culture in the Marquesas* (Honolulu: Bishop Museum, 1923), 19.
37 "某个粮食供应不足的国家":G. S. Parsonson, "The Settlement of Oceania," in *Polynesian Navigation*, ed. Jack Golson, 3rd ed. (Wellington: A. H. & A. W. Reed, 1972), 30–31.
38 "土地"。丹宁将马克萨斯群岛称为"Henua te Enata",但有两种方言:北部将这些岛屿称之为"Te Henua 'Enana",而在南部,这些岛屿被称为"Te Fenua 'Enata"。Dening, *Islands and Beaches*.
38 "其他岛屿连成岛链":引自 Parsonson, "Settlement of Oceania," 12–13.

### 方寸之岛:土阿莫土环礁群

42 派水手到索具上充当人肉船帆:Baron George Anson, *Anson's Voyage Round the World in the Years 1740–44*, ed. Richard Walter (New York: Dover, 1974), 75.
42 "这波涛汹涌的海洋":William Bligh, *A Voyage to the South Sea* (Dublin: H. Fitzpatrick, 1792), 48.
43 遵循同一航线的不同变体:Beaglehole, *introduction to Journals of Captain James Cook*, 1:xxxiv.
44 "像海面上漂浮的木板一样平坦":Stevenson, *In the South Seas*, 95.
44 "漫长明亮的白色海滩":Charles Darwin, *The Voyage of the Beagle* (1839; repr., New York: Dutton, 1979), 386, 47.
44 微小生物:参见 D. R. Stoddart, "Darwin, Lyell, and the Geological Significance of Coral Reefs," *British Journal for the History of Science* 9, no. 2 (1976): 200.
45 "如此庞大的珊瑚礁盘,到底建立在什么基础之上?":Darwin, *Voyage of the Beagle*, 449.
45 当时流行的一种理论是:参见 Stoddart, "Darwin, Lyell," 204.
47 他们对土阿莫土人的观察结果往往是这样的:参见 Quirós, *Voyages*, 1:204; Jacob Le Maire, *The East and West Indian Mirror*, trans. J. A. J. de Villiers (London: Hakluyt Society, 1906), 192; Charles de Brosses, *Terra Australis Cognita*; or, *Voyages to the Terra Australis, or Southern Hemisphere, During the Sixteenth, Seventeenth, and Eighteenth Centuries*, 3 vols. (Edinburgh: Hawes, Clark, and Collins, 1766), 2:237; Jacob Roggeveen, T*he Journal of Jacob Roggeveen*, ed. Andrew Sharp (London: Oxford University Press, 1970), 97.
47 "双方都对彼此的想法一无所知":De Brosses, *Terra Australis Cognita*, 2:236.
47 "迁徙习性":引自 Parsonson, "Settlement of Oceania," 30.
48 "从岛内"划出:Gaspar de Leza,引自 Quirós, *Voyages*, 2:336.
48 "迄今为止保存最完整的最古老的波利尼西亚独木舟":A. C. Haddon and James Hornell, *Canoes of Oceania* (Honolulu: Bishop Museum Press, 1975), 65.
49 "做工非常精细":引自 Haddon and Hornell, *Canoes of Oceania*, 80.
49 "提醒人们牢记那些之前在海上生活过的先辈的勇气、耐力和丰功伟绩":Katharine Luomala, *Voices on the Wind: Polynesian Myths and Chants* (Honolulu: Bishop Museum Press, 1955), 173.
49 "许多小块木头组成":Roggeveen, *Journal*, 91–92, n. 1.

### 世界尽头：新西兰与复活节岛

52 新西兰的三种蝙蝠中有两种显然是南美蝙蝠的后代：参见 Timothy Fridtjof Flannery, *The Future Eaters* (Melbourne: Reed Books, 1994), 64.

52 "长颈鹿、袋鼠、绵羊、条纹负鼠、长喙针鼹和老虎的生态等价物"：Flannery, *Future Eaters*, 55.

54 "一块巨大陆地拔地而起"："Tasman's Journal or Description," trans. M. F. Vigeveno, in *Abel Janszoon Tasman and the Discovery of New Zealand* (Wellington: Department of Internal Affairs, 1942), 33, 45.

55 "粗犷的喊声"：同上，49

55 "因为这里有良好的锚地"：同上，50.

56 "我们今天所熟知的'毛利人'"：参见 *An Encyclopaedia of New Zealand*, ed. A. H. McLintock (Wellington: R. E. Owen, Government Printer, 1966), https://www.teara.govt.nz/en/1966/maori-pakeha-pakeha-maori.

56 "上面铺着木板或其他座位"：Abel Janszoon Tasman, *The Journal of Abel Janszoon Tasman*, ed. Andrew Sharp (London: Oxford University Press, 1968), 121–22.

56 "非常灵巧地"："Tasman's Journal or Description," 50.

57 "可憎行径"：同上，53.

57 "从身体中间到大腿都涂成黑色"：Tasman, *Journal*, 153–56.

58 对于"猪"一词，他们记录的当地称呼为"Pouacca"：参见 James Burney, *A Chronological History of the Discoveries in the South Sea or Pacific Ocean*, 5 vols. (London: L. Hansard, 1803–1817), 2:440–45.

59 "未知南部大陆延伸海岸的预兆"：Roggeveen, *Journal*, 89–93.

60 尽管罗赫芬发现：参见 Jared Diamond, *Collapse* (New York: Viking, 2005), 103–7.

61 "太平洋地区森林破坏最极端的例子之一"：同上，107.

61 其中一个论点指出：参见 Diamond, Collapse, chap. 2, 以充分解释这一论点。

61 "高温、干燥、风雨"：Jared Diamond, "Easter Island Revisited," *Science* 317 (September 21, 2007): 1692.

61 另一些解释则部分回应了：参见 Terry Hunt and Carl Lipo, *The Statues That Walked* (New York: Free Press, 2011), esp. chap. 2. 针对最后遭到砍伐的棕榈树的观点，参见 Diamond, *Collapse*, 114.

62 "在各方面都与帕斯兰特（荷兰语对于复活节岛的一种说法）的居民相似的岛民"：Roggeveen, *Journal*, 138n., 151.

63 "为了总结我们所发现的有人定居的所有岛屿"：同上，154.

### 塔希提岛：波利尼西亚之心

67 此类"访问"：O. H. K. Spate, *Paradise Found and Lost* (Rushcutters Bay: Australian National University Press, 1988), 204–8.

69 "一位被宠爱的幸运儿"：Beaglehole, introduction to *Journals of Captain James Cook*, 1:cxii.

70 "塔希提岛，一个著名的名字"：J. C. Beaglehole, *The Life of Captain James Cook* (Stanford, CA: Stanford University Press, 1974), 132–33.

70 塔希提是一组被统称为"社会群岛"的高岛中面积最大的一个：给社会群岛命名的是库克船长，并不像人们常说的那样是皇家学会，尽管二者关系密切。

71 "这让我们很不安"：George Robertson, *The Discovery of Tahiti*, ed. Hugh Carrington

(London: Hakluyt Society, 1948), 136.
71 对于跟欧洲探险者接触前的太平洋诸岛人口的估计: Donald Denoon, "Lives and Deaths," in *Cambridge History of the Pacific Islanders* (Cambridge: Cambridge University Press, 1997), 113.
71 "保守估算": Robertson, *Discovery of Tahiti*, 154.
71 "无风不起浪": 同上, 142.
72 "脾气有些暴躁": 同上, 136-38.
72 "有岛民认为这是一个浮岛": W. N. Gunson, "Cover's Notes on the Tahitians, 1802," *Journal of the Polynesian Society* 15, no. 4 (1980): 220.
73 "以任何客观的论述标准衡量,都无非是有根据的猜测": Greg Denning, "Possessing Tahiti," *Archaeology and Physical Anthropology in Oceania* 21, no. 1 (1986): 107. 亦参见 Anne Salmond, "Their Body Is Different, Our Body Is Different," *History and Anthropology* 16, no. 2 (2005).
73 "似乎至少在一开始: 参见 Salmond, "Their Body Is Different," 171.
73 向所谓的太保"打开了道路": Anne Salmond, *Aphrodite's Island* (Berkeley: University of California Press, 2009), 54.
74 "把我们所有的人都吸引到炮井上看他们": Robertson, *Discovery of Tahiti*, 154.
74 "我们的甲板上就堆满了大大小小的石头": 同上, 154. 亦参见 Joan Druett, *Tupaia: Captain Cook's Tahitian Navigator* (Santa Barbara, CA: Praeger, 2011), 17.
74 "恐惧和惊讶": Gunson, "Cover's Notes," 220.
74 塔希提舰队开始溃散: Robertson, *Discovery of Tahiti*, 156; John Hawkesworth, *An Account of the Voyages Undertaken by the Order of His Present Majesty: For Making Discoveries in the Southern Hemisphere*, 2nd ed., 3 vols. (London: W. Strahan and T. Cadell, 1773), 1:225.
75 "温和的气候": Louis-Antoine de Bougainville, *The Pacific Journal of Louis-Antoine de Bougainville*, 1767-1768, trans. and ed. John Dunmore (London: Hakluyt Society, 2002), 63.
76 "我被带进了伊甸园": Louis-Antoine de Bougainville, *A Voyage Round the World: Performed by the Order of His Most Christian Majesty, in the Years 1766, 1767, 1768, and 1769*, trans. John Reinhold Forster (London: J. Nourse, 1772), 228-29, 244, 269, 239.

## 博学之士:库克结识图帕伊亚

78 "像英国的春天一样温和舒适": Joseph Banks, *The Endeavour Journal of Joseph Banks, 1768-1771*, ed. J. C. Beaglehole, 2 vols. (Sydney: Angus and Robertson, 1962), 1:235.
79 "我们今天看到的鸟": Richard Pickersgill 引自 Cook, *Journals*, 1:65, n. 2.
79 "沿着岸边行进": 同上, 1:70.
80 "给养之外的任何物品": 同上, 1:76
80 "可可树和面包果树果实累累": Banks, *Journal*, 1:252.
80 "最佳人选,出身高贵": 同上, 1:312.
81 "作为岛上最聪明的人之一": 引自 Salmond, *Aphrodite's Island*, 36, 175.
81 "博学之士": Banks, *Journal*, 1:381.

81 塔希提语中对应的概念是"塔胡阿":参见 E. S. Craighill Handy, *Polynesian Religion* (Honolulu: Bishop Museum, 1927), 149.
81 不同的神的名字和等级:Banks, *Journal*, 1:381.
81 "具有实验倾向的本土知识分子":Nicholas Thomas, *Cook: The Extraordinary Voyages of Captain Cook* (New York: Walker and Co., 2003), 21.
82 "南海狗在味道":Banks, *Journal*,1:343, 335, 348.
83 "如果我们可以相信当地岛民":同上,1:366.
83 "费努·阿乌拉"这个名字:Beaglehole, *Life of Cook*, 174, n. 1; Cook, *Journals*, 1:291-94. 亦参见 Anne Salmond, "Voyaging Exchanges: Tahitian Pilots and European Navigators," in *Canoes of the Grand Ocean*, ed. Anne Di Piazza and Erik Pearthree (Oxford: Archaeopress, 2008), 38-46.
83 清单上的一些岛屿:参见 Salmond, Aphrodite's Island, 203-4; Paul Geraghty, "Pulotu, Polynesian Homeland," *Journal of the Polynesian Society* 102, no. 4 (1993): 362.
84 有些名称以前缀开头:参见 H. A. H. Driessen, "Outriggerless Canoes," *Journal of Pacific History* 19, no. 4 (1984): 27.
84 "他后来所做的任何工作":Beaglehole, *Life of Cook*, 69.
85 "模糊且不确定":Cook,*Journals*, 1:138, 117.
85 "和我一起从塔希提来的印第安人图帕伊亚":Salmond, *Aphrodite's Island*, 175; Druett, *Tupaia*, xi.
85 "天生的宇宙公民":Horatio Hale, *Ethnography and Philology*, vol. 6 of *United States Exploring Expedition during the Years* 1838, 1839, 1840, 1841, 1842 (Philadelphia: Lea and Blanchard, 1846), 14.
86 "谢天谢地":Banks, *Journal*, 1:312-13.
87 "是最有可能帮助我们实现目标的人":Cook, *Journals*, 1:117.
87 "出海碰碰运气":Banks,*Journal*, 1:329.

## 秘境航图:两种不同观察向度

89 "埃托帕":Banks, *Journal*, 1:329, n. 2.
90 "但我们发现":Cook,*Journals*, 1:157.
90 "所有这些种类的海鸟":同上,1:159.
91 "丝毫看不到陆地的迹象":同上,1:161.
91 "现在我真希望":Banks, *Journal*, 1:396.
91 "加以铭记":Johann Reinhold Forster, *Observations Made during a Voyage round the World*, eds. Nicholas Thomas, Harriet Guest, and Michael Dettelbach (Honolulu: University of Hawai'i Press, 1996), 310-11.
92 甚至在他们离开塔希提岛之前:Salmond, *Aphrodite's Island*, 204-5.
92 "不可避免带有跨文化背景导致的含混不清":Gordon R. Lewthwaite, "The Puzzle of Tupaia's Map," *New Zealand Geographer* 26 (1970): 1.
93 "虽然不准确,但通过对其方位和距离的关注,我们能加以识别":Hale, *Ethnography and Philology*, 122.
93 稍微难以理解的关键术语是"特劳":Ross, Pawley, and Osmond, *Lexicon of Proto Oceanic*, 2:136-37.
93 因此自然得出结论:Hale, *Ethnography and Philology*, 122.

⁹⁶ 信息汇总图:Anne Di Piazza and Erik Pearthree, "A New Reading of Tupaia's Chart," *Journal of the Polynesian Society* 116, no. 3 (2007): 321, 324. 亦参见 Geraghty, "Pulotu, Polynesian Homeland," 354–55.
⁹⁶ "以不变的方向轴切割代表地平线的圆圈":C. Frake, 引自 Edwin Hutchins, *Cognition in the Wild* (Cambridge, MA: MIT Press, 1995), 99.
⁹⁷ 使用这种模型:Di Piazza and Pearthree, "A New Reading," 327.

### 醍醐灌顶:塔希提人在新西兰

⁹⁹ "有些堆积在一起":Banks, *Journal*, 1:395–97.
¹⁰⁰ "许多团巨大的烟雾":同上,1:400.
¹⁰¹ 一百多个当地人全副武装:Cook, *Journals*, 1:169, n. 2.
¹⁰¹ "巨大的优势":Ibid., 1:291.
¹⁰² "他们的历史和祖先的传说":Banks, *Journal*, 1: 454, 462–63.
¹⁰² "尽管也存在着区别":同上,2:37.
¹⁰³ "这真是太不可思议了":Cook, *Journals*, 2:354.
¹⁰⁴ "所有岛屿的居民都说同一种语言":Ibid., 2:373, 275.
¹⁰⁴ "亲和力":William T. Jones,引自 Benjamin W. Fortson IV, *Indo-European Language and Culture* (Malden, MA: Blackwell, 2004), 8.
¹⁰⁶ 希腊语词根:参见 Calvert Watkins, *How to Kill a Dragon: Aspects of Indo-European Poetics* (New York: Oxford University Press, 1995), 4; Fortson, *Indo-European Language*, 1.
¹⁰⁷ "非常柔和动听":Banks, Journal, 1:370.
¹⁰⁸ 数字"2":参见 Fortson, *Indo-European Language*, 131.
¹⁰⁸ 班克斯的语言汇总:参见 Banks, *Journal*, 1:371.
¹⁰⁸ 今天,汤加语依然在这些岛屿上使用:参见 Robert Blust, *The Austronesian Languages* (Canberra: Research School of Pacific and Asian Studies, Australian National University, 2009), 44.
¹⁰⁸ 这里的语言图景要复杂得多:参见 John Lynch, *Pacific Languages* (Honolulu: University of Hawai'i Press, 1998), map 9.
¹⁰⁹ "居住在众多岛屿上的人来自同一个地方":Banks, *Journal*, 1:371.
¹⁰⁹ 我们知道南岛语系有一千多种语言:参见 Lynch, *Pacific Languages*, 45.
¹¹⁰ "长途跋涉":Joseph Banks,引自 Salmond, *Aphrodite's Island*, 212.

### 大陆沉没:十九世纪之太平洋

¹¹⁶ 主要的停靠地:参见 I. C. Campbell, *Worlds Apart: A History of the Pacific Islands* (Christchurch, NZ: Canterbury University Press, 2003), 73–74.
¹¹⁸ 济慈和柯勒律治:参见 Richard D. Fulton, "The South Seas in Mid-Victorian Children's Imagination," in *Oceania and the Victorian Imagination*, eds. Richard D. Fulton and Peter H. Hoffenberg (Burlington, VT: Ashgate, 2013).
¹¹⁹ "如果[社会群岛]的居民在其西面二三百'里格'的岛屿":Cook, *Journals*,1: 288, 154.
¹²⁰ "容易得多":引自 K. R. Howe, *The Quest for Origins* (Honolulu: University of Hawai'i Press, 2003), 123.
¹²⁰ 早在 1775 年:参见 Forster, *Observations*, 190.
¹²⁰ 其他观察人士:参见 J. A. Moerenhout, *Travels to the Islands of the Pacific Ocean*,

trans. Arthur R. Borden Jr. (1837; repr., Lanham, MD: University Press of America, 1983), 411. 亦参见 Alan Howard, "Origins and Migrations," *Polynesian Culture History: Essays in Honor of Kenneth P. Emory*, eds. Genevieve A. Highland et al. (Honolulu: Bishop Museum Press, 1967), 49.

[120] 一位名叫威廉·埃利斯的英国传教士：参见 William Ellis, *Polynesian Researches during a Residence of Nearly Six Years in the South Sea Islands*, 2 vols. (1829; repr., Cambridge: Cambridge University Press, 2013), 2:49.

[121] "火的居所"：Julien Marie Crozet, *Crozet's Voyage to Tasmania, New Zealand, the Ladrone Islands, and the Philippines in the Years 1771–1772*, trans. H. Ling Roth (London: Truslove & Shirley, 1891), 70–71.

[121] "假设有幸存者侥幸逃生"：William Wyatt Gill, *Life in the Southern Isles* (London: Religious Tract Society, 1876), 21.

[121] 但从来没有任何科学证据证明太平洋海底存在着一块失落的曾有人居住的大陆：即使是现在，仍不时有报告表明太平洋上有一块失落的大陆，包括最近发现的被称为"泽兰迪亚"（Zealandia）的水下大陆。这是冈瓦纳大陆古代超大陆的一块碎片，现在人们发现它比以前认为的延伸到海洋下面更远。然而，这片大陆与中太平洋的火山岛毫无关系，它比人类在太平洋上的定居早了几千万年。例见："Scientists Claim Existence of Drowned Pacific Ocean Continent," Reuters, February 18, 2017, https://www.reuters.com/article/us-new-zealand-continent/scientists-claim-existence-of-drowned-pacific-ocean-continent-idUSKBN15X044.

[121] "商人冒险家"：Borden, preface to *Travels to the Islands*, xi.

[122] "突然被海水所淹没"：Moerenhout, *Travels to the Islands*, 390.

[122] "莫伦豪特先生快出来！"：同上, 189–90。

[123] 我当时怀揣着：同上, 191。

[124] "唯有通过多听几遍"：同上, 194。

[124] "曾有一人"：同上, 210。

[124] "极端拔高"：同上, 382–83。

## 无字世界：波利尼西亚的口述史

[127] 写作的出现常常被视为人类历史上的分水岭之一：参见 Walter J. Ong, *Orality and Literacy* (New York: Routledge, 2002), chaps. 3, 4.

[128] 随着时间的推移：S. Percy Smith, *Hawaiki: The Original Home of the Maori*, 4th ed. (Auckland: Whitcombe & Tombs, 1921), 16–17.

[129] "接近人类当下的生活世界"：Ong, *Orality*, 49.

[129] "圆"或"正方形"这样的抽象术语：同上, 50–51.

[130] "对现象的抽象顺序、分类、解释性审查"：同上, 8–9.

[130] "科学的经验主义元素"：John Huth, "Losing Our Way in the World," New York Times, July 20, 2013, Sunday Review, 6.

[130] 简而言之：参见 Ong, *Orality*, 45.

[130] "主观和客观反应"：Handy, *Polynesian Religion*, 6.

[131] 特雷格尔出生在英国：参见 K. R. Howe, "Tregear, Edward Robert," *Dictionary of New Zealand Biography*, 1993 年首次出版, *Te Ara—The Encyclopedia of New Zealand*, https://teara.govt.nz/en/biographies/2t48/tregear-edward-robert.

131 "白人从未见过的东西": Edward Tregear, "Thoughts on Comparative Mythology," *Transactions and Proceedings of the New Zealand Institute* 30 (1897): 56-57. 亦参见 Margaret Orbell, *Hawaiki: A New Approach to Maori Tradition* (Christchurch, NZ: Canterbury University Press, 1991), 1-2.

132 听众好奇的问题: Niel Gunson, *Messengers of Grace: Evangelical Missionaries in the South Seas, 1797-1860* (Melbourne: Oxford University Press, 1978), 192-93.

134 我不知道这些事情: Elsdon Best, *Maori Religion and Mythology*, part 1 (1924; repr., Wellington: Te Papa Press, 2005), 60.

135 "自暗黑深处开始": Martha Warren Beckwith, ed. and trans., *The Kumulipo: A Hawaiian Creation Chant* (Chicago: University of Chicago Press, 1951), 7, 44-45.

135 太保-内: Best, *Maori Religion and Mythology*, part 1, 59.

136 "潜在存在的王国": Māori Marsden, 引自 Agathe Thornton, *The Birth of the Universe* (Auckland: Reed Books, 2004), 226.

136 "无限和永恒的观念意味着空间和时间的无限性": Thornton, *Birth of the Universe*, 225.

136 "最初的生成物": Teuira Henry, *Ancient Tahiti* (1928; repr., Millwood, NY: Kraus Reprint, 1985), 341, 340. 对于该诗进行了部分改动,以使其更为易读。

137 在夏威夷: 参见 Beckwith, *Kumulipo*, 58.

137 树丛与树干的交合,诞下了木犀树。Alfred Métraux, *Ethnology of Easter Island* (Honolulu: Bishop Museum, 1940), 321.

138 收集者和线人: D. R. Simmons and B. G. Biggs, "The Sources of 'The Lore of the Whare-Wananga,'" *Journal of the Polynesian Society* 79, no. 1 (1970): 24.

## 雅利安毛利人:挑战不可能的理论

139 根据这个流传甚广的毛利人神话:例见 Sir George Grey, *Polynesian Mythology and Ancient Traditional History of the New Zealand Race, as Furnished by Their Priests and Chiefs*, 2nd ed. (Auckland: H. Brett, 1885; repr., Elibron Classics, Adamant, 2005), 1-3.

140 层层叠加,直至高耸的树干能够直立: Henry, *Ancient Tahiti*, 411, 347.

140 并用他的脚,把他的父亲兰吉推上天空: Homer, *Odyssey*, trans. Robert Fagles (New York: Penguin Classics, 1997), Book I, lines 63-64. 在《吠陀经》中,造物主以同样的方式开天辟地,类似的传说还包括古斯堪的纳维亚传说中的巨树之神。

140 他们也完全熟悉:参见 E. J. Michael Witzel, *World Mythology: The Origins of the World's Mythologies* (Oxford and New York: Oxford University Press, 2013), 129.

140 "地是空虚混沌": Gen. 1:2 (AKJV).

140 "在海、陆以及覆盖一切的苍天": Ovid, *Metamorphoses*, trans. Brookes More (Boston: Cornhill, 1933), 3.

141 其他学者: Hesiod, "Theogony," *The Homeric Hymns and Homerica*, trans. Hugh G. Evelyn-White (London: William Heinemann, 1920), 87; "最初的混乱确实出现了,但接下来便诞生了包容万物的地球,所有一切的基础永远都是确定的。混沌孕育了黑暗之神;而暗夜催生出白昼和太生。" Rigveda, 引自 Witzel, *Origins*, 107-9: "当时既没有'存在'也没有'非存在',既没有中间状态,也没有超越中间状态的天堂。是什么改变了? 哪里? 在谁的保护下? 有水吗? ——只有深渊。" Snorre, *The Younger Edda*, trans. Rasmus B. Anderson (1901), Project Gutenberg, http://www.gutenberg.org/files/18947/18947-h/18947-h.htm, chap. IV: "It was Time's morning, /

When there nothing was; / Nor sand, nor sea, /Nor cooling billows. / Earth there was not, / Nor heaven above. / The Ginungagap was, / But grass nowhere."

[141] 另一个有趣的命题是:Witzel, *Origins* , 410.

[141] "具有迁徙交流的显著天性":M. P. K. Sorrenson, *Maori Origins and Migrations* (Auckland: Auckland University Press, 1979), 14-15.

[142] 直到久而久之:Rev. Richard Taylor, *Te Ika a Maui, or New Zealand and Its Inhabitants* (London: Wertheim and Macintosh, 1855), 12, 8.

[142] "现代文明之母":Edward Tregear, *The Aryan Maori* (Wellington: George Didsbury, Government Printer, 1885), 6.

[143] 我们可以推断出:Fortson, *Indo-European Language* , 16-44.

[144] 就像是对学历史的学生一样,极具价值:Tregear,*Aryan Maori* , 5.

[145] "曾经统治亚洲广大地区的一个种族的残余":John Rae, 引自 K. R. Howe, "Some Origins and Migrations of Ideas Leading to the Aryan Polynesian Theories of Abraham Fornander and Edward Tregear," *Pacific Studies* 11, no. 2 (1988): 71.

[145] "听起来很奇怪":引自 Howe, "Some Origins," 73.

[146] "游牧民族的后代":引自 K. R. Howe, *Singer in a Songless Land: A Life of Edward Tregear, 1846-1931* (Auckland: Auckland University Press, 1991), 40.

[146] 英语中的一个例子:Tregear, *Aryan Maori* , 27.

[146] "我知道毛利人对某些动物并不熟悉":引自 Howe, *Singer* , 41.

[146] 梳理毛利人词汇:Tregear, *Aryan Maori* , 28.

[146] "天堂的斗篷":参见 Tiaki Hikawera Mitira, *Takitimu* (Wellington: Reed, 1972), 131, http://nzetc.victoria.ac.nz/tm/scholarly/tei-MitTaki-t1-body-d2-d10.html.

[147] "性情乖僻但非常聪明":Howe, *Singer* , 56-57. 参见 A. S. Atkinson, "The Aryo-Semitic Maori," T*ransactions and Proceedings of the New Zealand Institute* 19 (1886): 556-76; Howe, "Some Origins," 68.

[148] "中亚摇篮":Sorrenson, *Maori Origins* , 18; review of An Account of the Polynesian Race , vol. 1, by Abraham Fornander, Saturday Review of Politics, Literature, Science and Art 45 (February 9, 1878): 180-81.

[148] 最古老的权杖:Howe, *Quest for Origins* , 168.

[148] "在奇怪的星图下寻找新的家园"。Tregear, *Aryan Maori* , 82.

### 热带维京:亚伯拉罕·方南德

[151] 粗犷勇敢的冒险部族:R. J. McLean, *A Book of Swedish Verse* (London: Athlone Press, 1968), 57.

[151] "我从来不会提及自己所经历的艰难困苦":Eleanor Harmon Davis, *Abraham Fornander: A Biography* (Honolulu: University of Hawai'i Press, 1979), 32, 31.

[151] 1847年,他迈出了非比寻常的一步:Davis, *Abraham Fornander* , 49-51.

[152] "我有一个在这里土生土长的妻子和家庭":*Honolulu Times* , December 13, 1849, 引自 Helen Geracimos Chapin, *Shaping History: The Role of Newspapers in Hawai'i* (Honolulu: University of Hawai'i Press, 1996), 49.

[152] "最神圣的记忆":引自 Davis, *Abraham Fornander* , 123.

[153] 疫病大流行:参见 Alfred W. Crosby, *America's Forgotten Pandemic: The Influenza of 1918* (New York: Cambridge University Press, 1989), 235, 256.

153 早在十九世纪三十年代：参见 William Ellis, *Polynesian Researches during a Residence of Nearly Eight Years in the Society and Sandwich Islands*, 4 vols. (New York: J. & J. Harper, 1833), 1:89–93.

153 "没有足够多的健康村民"：引自 Robert C. Schmitt and Eleanor C. Nordyke, "Death in Hawai'i: The Epidemics of 1848–1849," *Hawaiian Journal of History* 35 (2001): 1–3.

154 从十九世纪初 250000 左右的高峰：参见 Stephen J. Kunitz, *Disease and Social Diversity: The European Impact on the Health of Non-Europeans* (New York: Oxford University Press, 1994), appendix 3-1.亦参见 Dening, *Islands and Beaches*, 239.

154 罗伯特·路易斯·史蒂文森：Stevenson, *In the South Seas*, 26–27.

154 "死亡大潮奔涌袭来"：同上, 24。

154 "作为对她母亲祖先的纪念，也是父爱的象征"：Abraham Fornander, *An Account of the Polynesian Race: Its Origins and Migrations*, 3 vols. (1877–1884; repr., Rutland, VT: Charles E. Tuttle, 1969), dedication.

154 "与古代历史、宗教和人民风俗有关"：同上, 1:iv.

155 "在这些问题上有着最大程度的保留"：同上, 1:v.

155 "透露给了一个'凡人'"：Edward Shortland, *Maori Religion and Mythology* (London: Longmans, Green, 1882; repr., New York: AMS Press, 1977), viii; Michael Reilly, "John White, Part Two: Seeking the Elusive Mohio: White and His Maori Informants," *New Zealand Journal of History* 24, no. 1 (1990): 47.

155 在古代：引自 Jane McRae, "Maori Oral Tradition Meets the Book," in *A Book in the Hand: Essays on the History of the Book in New Zealand*, eds. Penny Griffith, Peter Hughes, and Alan Loney (Auckland: Auckland University Press, 2000), 5–6.

156 "防腐"：Michael Reilly, "John White: The Making of a Nineteenth-Century Writer and Collector of Maori Tradition," *New Zealand Journal of History* 23, no. 2 (1989): 167.

156 "正在迅速趋近的孤立和遗忘"：Fornander, *Account*, 1:ix.

156 "印度人、伊朗人和印欧家族的祖先"：同上, 1:iv.

156 "库什特人宗教思想的独特产物"：同上, 1:iv, 43。

156 "离开的方式或原因"：同上, 2:3–4。

157 这个族群的神话传说：同上, 2:6。

157 "迁徙浪潮席卷了太平洋的岛屿世界"：同上, 1:198.

158 "几乎无法穿越的传统、传说、谱系和吟唱丛林"：同上, 2:v.

158 周期性日历：参见 Ross, Pawley, and Osmond, *Lexicon of Proto Oceanic*, 2:287.

159 即使是更常见的二三十代谱系：口头传递的信息能够准确传递的时间被认为是两百年左右。这通常被称为"传不过三代"。例见 Elizabeth Vandiver, *Herodotus: The Father of History, The Great Courses*, The Teaching Company Limited, 2000, compact disc.

159 "连接到过去的岩石、树木、溪流"：Beckwith, *Kumulipo*, 7.

160 "有目的地进行的"：Fornander, *Account*, 2:19–20, 8–9.

160 "讲述了不同群体之间通航的波利尼西亚民间传说"同上, 2:20。

航海传说：历史与神话

162 同时，这些传说：Teuira Henry and Others, *Voyaging Chiefs of Havai'i*, ed. Dennis Kawaharada (Honolulu: Kalamaku Press, 1995), 54–56.

162 "首先为独木舟建造者购买佳肴": Henry, *Ancient Tahiti*, 481, 492, 493; Smith, Hawaiki, 216.

162 以塔希提岛的神"汝"为例: Henry, *Ancient Tahiti*, 459-65. 在早期版本中, 两人只发现了社会群岛; 但根据1854年收集的一个传说, 可能受到新信息的影响, 两人被认为发现了波利尼西亚的所有岛屿。

163 按照正确的地理顺序依次到达其他岛屿: Martha Beckwith, *Hawaiian Mythology* (1940; repr., Honolulu: University of Hawai'i Press, 1970), 169.

163 关于他的传说: Henry, *Ancient Tahiti*, 502-3; Beckwith, *Hawaiian Mythology*, 263-75.

163 人类航行的代价: The place name is cognate with Rarotonga, a name made up of the words raro, meaning "down" or "under" (i.e., "downwind"), and tonga, meaning "south."

164 "我们是来打听与库拉有关的传说": Karl von den Steinen, *Von den Steinen's Marquesan Myths*, trans. Marta Langridge, ed. Jennifer Terrell (Canberra: Target Oceania and the Journal of Pacific History, 1988), 13.

164 "我们是马海蒂维的儿子佩佩乌和乌图努伊": Von den Steinen, *Marquesan Myths*, 18-19, 14. 在这个描述中, 恒星的不同名称似乎很难区分, 但其中一个名称, 即"塔库乌阿"(Taku'ua), 则可以适用于很多明亮的导航恒星, 如"金星"(Takurua-i-te-ahiahi)——夜晚之星, 以及"北河星"(Takurua-to-vae-nga-rangi)——中天之星。参见 Maud Worcester Makemson, *The Morning Star Rises: An Account of Polynesian Astronomy* (New Haven, CT: Yale University Press, 1941), 254-55, 259-60.

164 死了二十个人: Von den Steinen, *Marquesan Myths*, 15.

165 跟后来与他合作的特雷格尔一样: M. P. K. Sorrenson, "A Short History of the Polynesian Society," The Polynesian Society, http://www.thepolynesiansociety.org/history.html.

165 "所有传统都是以事实为基础": Smith, *Hawaiki*, dedication, 13.

167 这些都是同一名称的变体: Henry, *Ancient Tahiti*, 344; Antony Alpers, *Legends of the South Seas* (New York: Thomas Y. Crowell, 1970), 100, 139; Orbell, Hawaiki, 14; von den Steinen, *Marquesan Myths*, 17, 73.

167 "关键词": Hale, *Ethnography and Philology*, 120-21.

167 黑尔相信: 在西部群岛萨摩亚和汤加, 超凡脱俗, 物产丰富, 灵魂之所的集合名词, 是"普洛图"(Pulotu)而不是哈瓦基。在汤加的故事中, 人们去普洛图寻找孩子, 或是采购某种树的木材, 或是获取红色羽毛、山药或用人的骨头建造的房子。似乎当你到达萨摩亚和汤加时, 哈瓦基的热度不再, 但有可能找到一条通往更远西部的普洛图的道路。参见 Edward Winslow Gifford, *Tongan Myths and Tales* (Honolulu: Bishop Museum, 1924), 153-80; Geraghty, "Pulotu, Polynesian Homeland," 343-84.

168 史密斯创作的传说: 参见 S. Percy Smith, *The Lore of the Whare-wananga*, 2 vols. (1915; repr., New York: AMS, 1978), 2:57-59; H. W. Williams, "The Maruiwi Myth," *Journal of the Polynesian Society* 46, no. 3 (1937): 110-11; Henry, *Ancient Tahiti*, 123.

168 "令人惊异": Smith, *Hawaiki*, 216.

169 一句不无讽刺的谚语: Orbell, *Hawaiki*, 28.

169 "毛利人历史上最著名的事件": Te Rangi Hiroa, *The Coming of the Maori* (Welling-

169 "通往哈瓦基的禁忌之海被彻底切断":Orbell, *Hawaiki*, 17.
170 口头叙述:参见 Agathe Thornton, *Maori Oral Literature, As Seen by a Classicist* (Otago, NZ: University of Otago, 1987), 69, charts 2 and 4.
170 "简洁、隐晦":McRae, "Maori Oral Tradition," 7.
170 一份颇为严密的文本研究:D. R. Simmons, *The Great New Zealand Myth* (Wellington: A. H. & A. W. Reed, 1976), 3, 59, 58, 108, 316.
171 偏爱"事实"而不是"传言":Hiroa, *Coming of the Maori*, 41.

## 人体之学:体质人类学的评估测量

176 "从根本上说是一个田野问题":Herbert E. Gregory, "Progress in Polynesian Research," *Science*, New Series 56, no. 1454 (1922): 529.
176 "对波利尼西亚起源问题的第一次大规模全面进攻":"Polynesian Origins: Results of the Bayard Dominick Expedition," *Journal of the Polynesian Society* 32, no. 4 (1923): 250.
178 "信息宝库":Willowdean C. Handy, *Forever the Land of Men* (New York: Dodd, Mead, 1965), 5.
178 "大骗子":同上,70–71。
179 "覆盖了从头顶到脚底的每一个人体特征":同上,55。
179 威洛迪安经常被自己所面临的工作搞得不知所措:同上,56。
181 约翰·布鲁门巴赫将人类划分为五种不同的经典类型:Alfred C. Haddon, *History of Anthropology* (London: Watts & Co., 1934), 17–18.
181 包括对六百万德国学童的眼睛和头发颜色的普查:Haddon, *History*, 28.
181 在生物学和人类学中:Yasuko I. Takezawa, "Race," Encyclopedia Britannica, http://www.britannica.com/topic/race-human.
181 基因研究:更细微的观点是,"在多个特征中,不同人群之间的平均遗传差异并不小",但是"种族词汇定义不清,历史负担过重,无法提供帮助。"参见 David Reich, *Who We Are and How We Got Here: Ancient DNA and the New Science of the Human Past* (New York: Pantheon, 2018), 253.
182 "形成了波利尼西亚人的生理类型":Gregory, "Progress in Polynesian Research," 527.
182 是白种人、蒙古人和黑人元素的某种组合:Louis R. Sullivan, *Marquesan Somatology with Comparative Notes on Samoa and Tonga* (Honolulu: Bishop Museum, 1923), 212–15.
183 "与欧洲种族具有亲缘关系":Louis R. Sullivan, *A Contribution to Samoan Somatology* (Honolulu: Bishop Museum, 1921), 18, 20.
183 当谈到汤加人时:Louis R. Sullivan, *A Contribution to Tongan Somatology* (Honolulu: Bishop Museum, 1922), 3.
184 沙利文的所有计算:Patrick Kirch, personal communication.
185 "毫无疑问,这至少展现了……——照片证明了这一点":Sullivan, *Marquesan Somatology*, 19.
186 "只有一种方法可以让我们获得最终的理解":Peter H. Buck (Te Rangi Hiroa), *Vikings of the Sunrise* (New York: Frederick A. Stokes, 1938), 13.

188 父亲是盎格鲁-爱尔兰人：J. B. Condliffe, *Te Rangi Hiroa: The Life of Sir Peter Buck* (Christchurch: Whitcombe & Tombs, 1971), 51, 55.

189 "天人交战"：同上，54.

189 "内在视角"：同上，151; Na to Hoa Aroha, *From Your Dear Friend: The Correspondence Between Sir Apirana Ngata and Sir Peter Buck, 1925–50*, 3 vols., ed. M. P. K. Sorrenson (Auckland: Auckland University Press, 1986-1988), 1:48.

189 "禁足区"：Buck, Vikings, 14. 几乎可以肯定本通知的作者是解剖学教授斯科特，他于1893年撰写了一篇关于毛利人骨学的论文，该论文有点奇怪地发表在《新西兰研究所学报和会报》的"动物学"部分。

190 借助弗洛尔发明的颅骨测量仪：Hiroa, "Maori Somatology: Racial Averages," *Journal of the Polynesian Society* 31, no. 1 (1922): 37-38.

191 "尽管我对母亲一方的传奇充满热爱"：Hiroa, *Coming of the Maori*, 36, 48, 38, 43; Buck, *Vikings*, 25.

191 他认为理论应该从证据开始：Condliffe, *Te Rangi Hiroa*, 209.

191 "前辈人用手制作的物品"：Te Rangi Hiroa, *Coming of the Maori*, 2.

191 "但手指和思想会在母亲传给她的文化技巧中表达出来"：Buck to Ngata, ov. 20, 1928, Na to Hoa, 1:146.

191 "伯尔尼的一名学生写了一篇关于汤加纺织品的论文" Condliffe, *Te Rangi Hiroa*, 178, 182-83.

192 "最好方法是先按步骤"：同上，189, 109。

192 "事实的拥挤仓库"：Ngata, 引自上文 190; 亦参见 205。

193 "环礁满布的路线"：Buck, *Vikings*, 307, 49.

193 "一种成本最低的解释"：Patrick Vinton Kirch, *On the Road of the Winds* (Berkeley: University of California Press, 2002), 26.

194 "一类人相貌更美丽"：Forster, Observations, 153.

194 "铜色人种"：Jules-Sébastien-César Dumont d'Urville, "Sur les Isles du Grand Océan," *Bulletin de la Societé de Géographie* 17 (1832): 5-6. 迪维尔将澳大利亚也纳入进来，但后来的研究者将澳大利亚与美拉尼西亚区分开来，认为二者分属不同的文化区。

195 "狼之于狗"：Hale, *Ethnography and Philology*, 50. 亦参见 Nicholas Thomas, "The Force of Ethnology: Origins and Significance of the Melanesia/Polynesian Divide," *Current Anthropology* 30, no. 1 (1989): 31.

195 "我们知道毛利人是波利尼西亚人和美拉尼西亚人混血的杂种"：John H. Scott, "Contribution to the Osteology of the Aborigines of New Zealand and of the Chatham Islands," *Transactions and Proceedings of the New Zealand Institute* 26 (1893): 5; Louis R. Sullivan, "The Racial Diversity of the Polynesian Peoples," *Journal of the Polynesian Society* 32, no. 21 (1923): 83. 亦参见 Moira White, "Dixon, Skinner and Te Rangi Hiroa," *Journal of Pacific History* 47, no. 3 (2012).

195 "我是一个混血的幸运儿"：Buck, *Vikings*, 260; Te Rangi Hiroa 引自 John S. Allen, "Te Rangi Hiroa's Physical Anthropology," *Journal of the Polynesian Society* 103, no. 1 (1994): 20.

195 "充满了最深的虚伪"：Buck to Ngata, Feb. 11, 1934, *Na to Hoa*, 3:126.

¹⁹⁶ 波利尼西亚人的审美观：Te Rangi Hiroa, "Maori Somatology: Racial Averages, III," *Journal of the Polynesian Society* 31, no. 4 (1922): 164; Te Rangi Hiroa, "Maori Somatology," 39; 亦参见 Buck, Vikings, 15.
¹⁹⁶ "较为古老的居民"：Forster, *Observations*, 187.

### 恐鸟猎人：茹毛饮血

¹⁹⁹ 很长一段时间以来：参见 Kirch, *On the Road of the Winds*, 20-23.
²⁰⁰ "大型化石"：Joel S. Polack, 引自 Roger Duff, *The Moa-Hunter Period of Maori Culture*, 2nd ed. (Wellington: Government Printer,1956), 291-92.
²⁰⁰ "某种可怕的动物"：Rev. William Colenso, 引自 Duff, *Moa-Hunter Period*, 293. 亦参见 T. Lindsay Buick, *The Mystery of the Moa* (New Plymouth, NZ: Thomas Avery, 1931), 52.
²⁰⁰ "比如用餐巾纸包着送到研究台上"：引自 Buick, *Mystery of the Moa*, 65-72.
²⁰¹ "好像是人为地形成了一个洞"：W. B. D. Mantell, 引自 Duff, *Moa-Hunter Period*, 251.
²⁰² "体型硕大的厚皮动物和其他巨型动物"：Julius von Haast, "Moas and Moa-Hunters. Address to the Philosophical Institute of Canterbury," *Transactions and Proceedings of the New Zealand Institute* 4 (1872): 67.
²⁰² 哈斯特认为：Haast, "Moas and Moa-Hunters," 67, 84.
²⁰² 他认为，许多毛利人：引自 Duff, *Moa-Hunter Period*,250, 298, 306-7, 331-32.
²⁰³ "非常完美"：James Hector, "On Recent Moa Remains in New Zealand," *Transactions of the New Zealand Institute* 4 (1872): 110-11.
²⁰³ "如果新西兰岛上的新来者"：Duff, *Moa-Hunter Period*, 298, 333.
²⁰³ 根据史密斯的描述：Smith, *Lore of the Whare-wananga*, 2:71-75.
²⁰⁴ "许多当时古物丰富的埋藏地点，现在已经基本没有什么价值可言"：Janet Davidson, *The Prehistory of New Zealand* (Auckland: Longman Paul, 1984), 6.
²⁰⁵ 他们注意到这些早期人类使用土灶：David Teviotdale, "The Material Culture of the Moa-Hunters in Murihuku," *Journal of the Polynesian Society* 41, no. 2 (1932): 102-3.
²⁰⁵ "新西兰最早的"：Hallie R. Buckley et al., "The People of Wairau Bar: A Re-examination," *Journal of Pacific Archaeology* 1, no. 1 (2010): 1.
²⁰⁶ "江河入海的年代"：Duff, *Moa-Hunter Period*, 22-23.
²⁰⁶ 艾尔斯的发现：Jim R. Eyles, *Wairau Bar Moa Hunter* (Dunedin, NZ: River Press, 2007), 64.
²⁰⁷ 地表下大约十二英寸的地方：Duff, *Moa-Hunter Period*, 33, 35.
²⁰⁷ "一个偶然的、孤立的发现"：Eyles, *Wairau Bar*, 81.
²⁰⁷ 这些"神秘"的物体：Duff, *Moa-Hunter Period*, 2, 6.
²⁰⁹ "一艘独木舟"：Davidson, *Prehistory of New Zealand*, 56-57.

### 碳十四法：断代难题

²¹⁰ "天赐之物"：Colin Renfrew, *Before Civilization: The Radiocarbon Revolution and Prehistoric Europe*, 2nd ed. (New York: Cambridge University Press, 1979), 48.
²¹¹ 这种情况发生的速度是已知的：同上, 49-52, 266; 亦参见 R. E. Taylor and Ofer Bar-Yosef, *Radiocarbon Dating: An Archaeological Perspective*, 2nd ed. (Walnut Creek, CA: Left Coast Press, 2014), 19-23.

211 "封闭系统":Renfrew, *Before Civilization*, 50-51.
212 "我将非常有兴趣看看":Taylor and Bar-Yosef, *Radiocarbon Dating*, 284.
213 玛格丽特:Bob Krauss, Keneti (Honolulu: University of Hawai'i Press, 1988), 170-71.
213 "免于炸弹袭击":同上,293。
213 美国参战后不久:同上,295-96。
214 埃默里的这本小书,引发了公众的极大热情:同上,297-98。
215 "一个全新的可能性前景":同上,338。
216 "穷人版 IBM":同上,359-60。
217 "多少考古研究机会":Ralph Linton, *Archaeology of the Marquesas Islands* (Honolulu: Bishop Museum, 1925), 3.
217 "放眼望去,几乎到处都是马克萨斯文化的遗迹":Suggs, *Hidden Worlds*, 3.
218 "纠缠在一起的木槿花缠结":同上,81-82。
218 "一些非常奇特的石斧":同上,104-7。
219 结果显示:Harry L. Shapiro and Robert C. Suggs, "New Dates for Polynesian Prehistory," *Man* 59 (1959): 12-13.
219 "根据最可靠的族谱":Robert Carl Suggs, *The Archaeology of Nuku Hiva, Marquesas Islands, French Polynesia* (New York: American Museum of Natural History, 1961), 174.
219 "一块砖红色物质的扁平碎片":Suggs, *Hidden Worlds*, 87-89.
220 "波利尼西亚史前时期的面貌":Suggs, *Archaeology of Nuku Hiva*, 95-96.
220 现在最大的问题是:Suggs, *Hidden Worlds*, 88.

### 拉皮塔人:关键一环

221 "我,一名卑微的隐士":引自 Kirch, *The Lapita Peoples*, 6.
222 跟随库克船长第二次远航的博物学家:Georg Forster, *A Voyage Round the World*, 2 vols. (London: B. White, 1777), 1:471.亦参见 Cook, *Journals*, 2:451.
222 "多孔、轻烧、易碎的器皿":W. C. McKern, *The Archaeology of Tonga* (Honolulu: Bishop Museum, 1929), 116-17.
222 业余的鸟类学家和贝壳学家:Patrick V. Kirch, "E. W. Gifford and Pacific Prehistory: An Appreciation," in *L'Expédition Archéologique d'Edward W. Gifford et Richard Shutler Jr. en Nouvelle-Calédonie au Cours de l'Année 1952*, by Christophe Sand and Patrick V. Kirch (Nouméa, New Caledonia: Service des Musées et du Patrimoine de Nouvelle-Calédonie, 2002), 25; Wilhelm G. Solheim II, "Edward Winslow Gifford," *Journal of the Polynesian Society* 68, no. 3 (1959): 177.
223 "文化的继承":E. W. Gifford, *Archaeological Excavations in Fiji* (Berkeley: University of California Press, 1951), 189, 225.
223 和新西兰一样:Flannery, *Future Eaters*, 43-48.
224 "沿海餐食灰坑":E. W. Gifford and Dick Shutler Jr., *Archaeological Excavations in New Caledonia* (Berkeley: University of California Press, 1956), 1.
224 "恐怕":Christophe Sand, "Petites et Grandes Histoires Autour de l'Expédition Archéologique de 1952 en Nouvelle Calédonie," in Sand and Kirch, *L'Expédition Archéologique*, 174-75, n. 1.3.
225 "和平利用":"The Michigan Memorial Phoenix Project," University of Michigan En-

ergy Institute, http://energy.umich.edu/about-us/phoenix-project.

[225] 具有相当大的意义:E. W. Gifford, "A Carbon-14 Date from Fiji," *Journal of the Polynesian Society* 61 (1952): 327.

[225] "远远优于":Gifford and Shutler, *Archaeological Excavations in New Caledonia*, 75.

[225] 陶器装饰繁复至极:参见 Maurice Piroutet, *Études Stratigraphique sur la Nouvelle Calédonie* (Mâcon, France: Imprimérie Protat, 1917), 260; M. H. Lenormand, "Découvert d'un Gisement de Poteries a l'Ile des Pins," *Bulletin Periodique de la Société d'Études Mélanésiennes* 3 (1948): 57.

[226] "拉皮塔是这个遗址上村庄的名字":Sand, "Petites et Grandes Histoires," 146.

[226] 在最后报告中:Gifford and Shutler, *Archaeological Excavations in New Caledonia*, 94. For the complex history of who realized what when, 亦参见 Lenormand, "Decouvert d'un Gisement de Poteries," and Jacques Avias, 引自 Gifford and Shutler, *Archaeological Excavations in New Caledonia*, 94.

[226] 这些遗址的年代:Kirch, *On the Road of the Winds*, 93-97.

[228] 这条路无人问津:Kirch, *Lapita Peoples*, 98-99.

[228] 这个语系的海洋分支的分裂:Ross, Pawley, and Osmond, *Lexicon of Proto Oceanic*, 1:2. 亦参见 Blust, *Austronesian Languages*, 23-28.

[229] 他们似乎对一天中的两个特定时段有专门术语:Ross, Pawley, and Osmond, *Lexicon of Proto Oceanic*, 2:310-14, 126-31, 166-70; 亦参见 vol. 1.

[229] 并不是所有这些概念:同上, 2:89, 189; Arthur Grimble, 引自上文 2:191.

[230] 一个显著特点是:R. C. Green, "Near and Remote Oceania—Disestablishing 'Melanesia' in Culture History," in *Man and a Half: Essays in Pacific Anthropology and Ethnobiology in Honour of Ralph Bulmer*, ed. A. Pawley (Auckland: Polynesian Society, 1991), 499.

[231] "生物旅行箱":Alfred W. Crosby, *Ecological Imperialism: The Biological Expansion of Europe, 900-1900* (Cambridge: Cambridge University Press, 1986), 89; Kirch, *Lapita Peoples*, 218-19.

[231] "第四纪晚期脊椎动物灭绝最极端的例子":David W. Steadman, "Extinction of Birds in Eastern Polynesia: A Review of the Record, and Comparisons with Other Pacific Island Groups," *Journal of Archaeological Science* 16 (1989): 201; Kirch, *Lapita Peoples*, 222-25.

[232] "拉"进了未知的世界:Kirch, *On the Road of the Winds*, 97; Peter Bellwood, "Hierarchy, Founder Ideology and Austronesian Expansion," in *Origins, Ancestry and Alliance: Exploration in Austronesian Ethnography*, eds. James J. Fox and Clifford Sather (Canberra: ANU E Press, 1996), 29.

[233] "可能是 3000 年前":Bellwood, "Hierarchy," 30-31.

### 康提基号:海尔达尔的木筏

[237] "最荒谬地":John Dunmore Lang, *View of the Origins and Migrations of the Polynesian Nation* (London: Cochrane and M'Crone, 1834), 79-82.

[238] "锁链":Thor Heyerdahl, *Fatu Hiva* (Harmondsworth, UK: Penguin, 1976), 11.

[238] "很奇怪":Thor Heyerdahl, *The Kon-Tiki Expedition* (Harmondsworth, UK: Penguin, 1963), 12.

[239] "远处海浪低沉轰鸣":同上,13。

[239] "一个代表繁衍人类": Handy, *Native Culture*, 244–45; Handy, *Polynesian Religion*, 121.

[240] "决定性因素不是距离":Kon-Tiki, directed by Thor Heyerdahl (Sweden: Artfilm, 1950).

[242] "不管是公元还是公元前 1947 年,突然间变得毫无意义":Heyerdahl, Kon-Tiki, 130, 89.

[242] "海浪、鱼、太阳和星星来来去去":同上,121, 130。

[243] "奇怪的静止云":同上,165, 169。

[243] "邪恶的红色礁盘":同上,174。

[243] "问题变成了如何活命":同上,183, 186, 196。

[244] 我们这个时代少有的伟大著作":Arnold Jacoby, *Señor Kon-Tiki* (n.p.: Rand McNally, 1967), 267–68, 278–79.

[245] "一次不错的冒险":同上,288。

[245] 海尔达尔的论点不能:Lowell D. Holmes, "An Appraisal of the Kon Tiki Theory," *Oceania* 29, no. 2 (1958): 128.

[246] 海尔达尔对自己理论的不可抑制的热情:Ralph Linton, review of American Indians in the Pacific: The Theory behind the Kon-Tiki Expedition, by Thor Heyerdahl, *American Anthropologist*, New Series 56, no. 1 (1954): 123.

[246] "每根可用的救命稻草都被抓住":Edward Norbeck, review of American Indians in the Pacific: The Theory behind the Kon-Tiki Expedition, by Thor Heyerdahl, *American Antiquity* 19, no. 1 (1953): 93.

[246] "避免从这部作品中解读出种族主义":同上,93。

[247] "最穷的土著人会把它们白白扔到我们的船上":引自 D. E. Yen, *The Sweet Potato in Oceania* (Honolulu: Bishop Museum Press, 1974), 311.

[247] "绝对植物学证据":同上,9。

[247] 植物学家长期以来一直认为:对此存在大量争论,经常会出现新的证据推翻之前的观点。相关总结,参见 Terry L. Jones, Alice A. Storey, Elizabeth A. Matisoo-Smith, and José Miguel Ramírez-Aliaga, eds., *Polynesians in America: Pre-Colombian Contacts with the New World* (Lanham, MD: Altamira Press, 2011).

[248] 最近,甚至有人:参见 Pablo Muñoz-Rodríguez et al., "Reconciling Conflicting Phylogenies in the Origin of Sweet Potato and Dispersal to Polynesia," *Current Biology* 28, no. 8 (April 23, 2018): 1246–56.e12, https://www.cell.com/current-biology/fulltext/S0960-9822(18)30321-X.

[248] "美洲是在罗马帝国":Heyerdahl, *Kon-Tiki*, 151; Robert Suggs, *The Island Civilizations of Polynesia* (New York: Mentor/New American Library, 1960), 224.

[248] "如果今天进行民意调查":Howe, *Quest for Origins*, 122.

[249] "古波利尼西亚人是伟大的航海者":Heyerdahl, *Kon-Tiki*, 150–51.

[249] "系统性地低估了":Linton, review of *American Indians in the Pacific*, 124.

## 随波逐流:安德鲁·夏普

[250] "太平洋历史上最具争议的研究之一":K. R. Howe, "The Sharp-Lewis Debate," Texts and Contexts, ed. Doug Munro and Brij V. Lal (Honolulu: University of Hawai'I Press, 2006), 66.

250 "不存在有计划殖民":Andrew Sharp, *Ancient Voyagers in the Pacific* (Wellington: Polynesian Society, 1956), 2.
251 "白天星星不发光":Sharp, *Ancient Voyagers in the Pacific*, 22–23, 34.
252 "这种情况":Cook, *Journals*, 3.1:87.
252 "从我们所能了解到的所有资料来看":同上,1:154。
253 "变得疲惫不堪":Beaglehole, introduction to *Journals of Captain James Cook*, 3.1:cliv.
253 讲述了许多波利尼西亚漂流者的传说:Sharp, Ancient Voyagers in the Pacific, 4, 63, 125, 93, 42, 45.
253 他详细讲述了一个传说:同上,43–44。
254 "选择"航行的方向:同上,15, 49, 115。
254 "没有任何波利尼西亚人":同上,115, 90, 140。
255 "源于远古的偏见":Parsonson, "Settlement of Oceania," 24.
255 "我对这本书主题的第一反应":Pei Te Hurinui Jones, "A Maori Comment on Andrew Sharp's 'Ancient Voyagers in the Pacific,'" *Journal of the Polynesian Society* 66, no. 1 (1957): 131.
255 "我作为一个异教徒站在你们面前!":Howe, *Quest for Origins*, 99.
255 "一百多份用稿通知":Andrew Sharp, *Ancient Voyagers in Polynesia* (Sydney: Angus and Robertson, 1963), 序言.
256 "波利尼西亚人":Sharp, *Ancient Voyagers in the Pacific*,85, 84; Orbell, *Hawaiki*,29–30.
256 "其实恰恰呼应了许多":L. M. Groube, review of Ancient Voyagers in Polynesia, by Andrew Sharp, *Journal of the Polynesian Society* 75, no. 1 (1966): 143.
257 "心底的回声":Te Rangi Hiroa, "The Value of Tradition in Polynesian Research," *Journal of the Polynesian Society* 35 (1926): 187.
257 "精准性和确定性":Robert W. Williamson, "Origins of Polynesian Culture," in Essays in Polynesian Ethnology, by Robert W. Williamson, ed. *Ralph Piddington* (Cambridge: Cambridge University Press, 1939), 286.
258 "无条件的是或否":Michael Levison, R. Gerard Ward, and John W. Webb, *The Settlement of Polynesia: A Computer Simulation* (Minneapolis: University of Minnesota Press, 1973), 11.
258 "各种各样的人":Michael Levison, personal communication; Michael Levison, "Computing in the Humanities: The Early Days," unpublished manuscript, 2016.
259 "风险概率表":Levison, Ward, and Webb, *Settlement of Polynesia*, 20–21. 对这一模型的系统描述,参见 pp. 13–27.
259 "艰巨的任务":同上,vi。
259 "一周一次":Michael Levison, *personal communication*.
259 超过十二万次:Levison, *Ward, and Webb, Settlement of Polynesia,* 50, 42.
260 还有一些岛屿:同上,53。
260 "漂流的独木舟也不可能":同上,55, n. 52。
260 至于复活节岛:同上,54, 46–48。
261 成功穿越波利尼西亚:同上,8, 60, 62。

务实之道:戴维·刘易斯的试验

262 "因缺乏事实而变得呆板":David Lewis, *We, the Navigators: The Ancient Art of*

*Landfinding in the Pacific*, 2nd ed. (Honolulu: University of Hawai'i Press, 1994), 12.

263 "大多数学者都是旱鸭子":Ben Finney, *Hokule'a: The Way to Tahiti* (New York: Dodd, Mead, 1979), 12.

263 在温暖的红色沙滩中:Lewis, *We, the Navigators*, 18.

263 "受到太过理论化的方法的阻碍":同上, 18, 19。

264 "单凭眼睛看星星和太阳":同上, 21, 23。

264 "一项最不寻常的奖学金":Finney, *Hokule'a*, 59.

264 一个满脸皱纹的老人:Lewis, We, *the Navigators*, 31, 30.

265 "知识碎片":同上, 24。

266 "北河三":同上, 90。

266 他描述了这些通常被称为领航员的人:同上, 123, n. 3。

267 "缓慢、膨胀的起伏":同上, 126。

267 "相向移动穿过彼此":同上, 127-28。

267 刘易斯报告说:同上, 133。

268 "有些大有些小":William Wyatt Gill, *Myths and Songs from the South Pacific* (London: Henry S. King, 1876), 319-20.

268 "想象一下你自己":Thomas Gladwin, *East Is a Big Bird* (Cambridge, MA: Harvard University Press, 1970), 182.

269 在一些传说中:参见 Bacil F. Kirtley, *A Motif-Index of Traditional Polynesian Narratives* (Honolulu: University of Hawai'i Press, 1971), 319; Martha Warren Beckwith, ed., *Kepelino's Traditions of Hawaii* (Honolulu: Bishop Museum, 1932), 189; Beckwith, *Hawaiian Mythology*, 71-72.

269 "扩大目标":Lewis, *We, the Navigators*, 252, 205, 207.

270 "彻头彻尾的深情":Gladwin, *East Is a Big Bird*, 197.

270 "好像被卡住了一样":Lewis, *We, the Navigators*, 216-20.

270 "苍白、闪烁的空气柱":Ibid., 222; on underwater lightning, 参见 John Huth, *The Lost Art of Finding Our Way* (Cambridge, MA: Harvard University Press, 2013), 422-27.

270 岛民也谈到了:Lewis, *We, the Navigators*, 291.

271 一位人类学家所说:引自 Ben Finney, "Nautical Cartography and Traditional Navigation in Oceania," in Cartography in the Traditional African, American, Arctic, Australia, and Pacific Societies, ed. David Woodward and G. Malcolm Lewis, vol. 2, book 3 of *The History of Cartography* (Chicago: University of Chicago Press, 1998), 485.

271 "欧洲人没有相应图形代表这些现象":Lewis, *We, the Navigators*, 248.

272 "即便错过一个登陆点, 也会出现另一个":Levison, Ward, and Webb, *Settlement of Polynesia*, 63-64. 他们提出这个概念首先来自人类学家罗杰·格林。

272 "一个整体":Lewis, We, *the Navigators*, 48.

272 "当普卢瓦特人谈到海洋时":Gladwin, *East Is a Big Bird*, 34, 33.

273 "整个大洋洲":Lewis, *We, the Navigators*, 298; Gladwin, *East Is a Big Bird*, 37.

273 "甜蜜的葬礼":Raymond Firth, We, the Tikopia, 2nd ed. (New York: Routledge, 2011), 32.

273 "不打算到达彼岸而已":Lewis, *We, the Navigators*, 356.

双体帆船:驶往塔希提

274 "我觉得这一切都很荒谬":Finney, *Hokule'a*, 13.

275 "双船体可以在涌浪上优雅地滑行":同上,15。
275 "以惊人的速度侧滑":同上。
275 "一次实验性考古模拟":引自 Sam Low, *Hawaiki Rising* (Waipahu, HI: Island Heritage Publishing, 2013), 31.
277 我们能重建这个中心文物:同上,61,66。
277 "没人能预见到":Dave Lyman,引自上文78。
277 毛似乎体现了古老生活方式的精髓:同上,82。
278 至于毛,他也认识到了:Shorty Bertelmann,引自 ibid., 57.
278 "我之所以参与那次航行":Mau Piailug in "The Navigators: Pathfinders of the Pacific," directed by Sam Low (Educational Resources, 1983), YouTube, uploaded by maupiailugsociety, https://www.youtube.com/watch? v = uxgUjyqN7FU; Ben Finney, "Hawai'i to Tahiti and Back," Voyaging Traditions, Polynesian Voyaging Society, http://archive.hokulea.com/holokai/1976/ben_finney.html.
278 "在我们离开之前,把担心的一切都丢在脑后":引自 Low, *Hawaiki Rising*, 89.
278 汤米·霍尔姆斯:"Tommy Holmes, a Founder (1945–1993)," Hawaiian Voyaging Traditions, Polynesian Voyaging Society, http://archive.hokulea.com/index/da_crew/tommy_holmes.html; Lewis, *We, the Navigators*, 333–34; Finney, *Hokule'a*, 194.
279 "我们的策略":Finney, "Hawai'i to Tahiti and Back."
279 "一个中世纪的塔希提人或夏威夷航海者":Lewis, *We, the Navigators*, 317.
280 "补充完这个背景知识后":同上,318;亦参见 Finney, *Hokule'a*, 127.
280 "红巨星":Finney, *Hokule'a*, 121, 119.
280 "你可以从航海者通红的眼睛中分辨出他的确经验丰富":Gladwin, *East Is a Big Bird*, 2.
280 在船体的一部分发现了水:Finney, *Hokule'a*, 122.
281 "变得如一大片水银般光滑":Low, *Hawaiki Rising*, 91, 95.
281 "冷静自信":Finney, *Hokule'a*, 223.
281 "到处都是人":同上,251-53; Low, *Hawaiki Rising*, 101-2.
282 "当我们从毛伊岛":Finney, *Hokule'a*, 260-61; Low, *Hawaiki Rising*, 104-5.
283 "我能看到我们在做什么":引自 Low, *Hawaiki Rising*, 51.
283 "理解我的地位":同上,43。
283 "学得越多,就越明白":同上,134。
284 "我们以为可以不需要护航船":同上,157。
284 "当时大风吹得天昏地暗":Harry Ho and Ben Finney,引自上书159。
284 "几秒钟之内":Snake Ah Hee and Nainoa Thompson,引自上书163。
285 "我们累了":Stuart Holmes Colman, *Eddie Would Go: The Story of Eddie Aikau, Hawaiian Hero and Pioneer of Big Wave Surfing* (New York: St. Martin's, 2001), 222.
285 "看到塔希提岛从海平线浮现":Nainoa,引自上书211,246。

### 导航进化:奈诺亚·汤普森

287 "如果这艘独木舟的传奇以悲剧收场":引自 Low, *Hawaiki Rising*, 181-82.
287 三千年前:参见 Ross, Pawley, and Osmond, *Lexicon of Proto Oceanic*, vol. 2, chap. 6, esp. 189-91.
287 "光靠知识":Will Kyselka, *An Ocean in Mind* (Honolulu: University of Hawai'i Press, 1987), 53, 56, 58.

287 "我会训练你找到塔希提岛":Nainoa Thompson, "Recollections of the 1980 Voyage to Tahiti," Polynesian Voyaging Society, http://archive. hokulea. com/holokai/1980 / nainoa_to_tahiti.html.

287 "你需要定义你的社群":引自 Low,*Hawaiki Rising*, 182, 193.

288 "二十出头":Thompson, "Recollections of the 1980 Voyage."

289 观点是"幼稚"的:Finney, Hokule'a, 37; 亦参见 Ben Finney, *Voyage of Rediscovery: A Cultural Odyssey through Polynesia* (Berkeley: University of California Press, 1994), 93.

289 这条独木舟本身:参见 Ben Finney, *Sailing in the Wake of the Ancestors: Reviving Polynesian Voyaging* (Honolulu: Bishop Museum Press, 2003), 62–74.

290 加罗林群岛的传统罗盘:芬尼指出,传统罗盘上的点有时被描绘成等间距,有时则不是,这种差异可能"简单地反映了研究人员的不同方法。"Finney, "Nautical Cartography and Traditional Navigation in Oceania," 464.

290 "来说明恩盖蒂克岛必然位于":Lewis, *We, the Navigators*, 184.

291 "问题解决者与解决问题的空间":Hutchins, Cognition in the Wild, 80–81.

291 "我们很容易忘记,海图到底有多抽象":Lewis, *We, the Navigators*, 184

291 "相当高阶":Gladwin, *East Is a Big Bird*, 220.

291 "真实局部空间的真实视角":Hutchins, Cognition in the Wild, 80–81.

291 有一个有趣的实验:Experiment by C. Linde and W. Labov, described in Michel de Certeau, The Practice of Everyday Life (Berkeley: University of California Press, 1984), 119. 亦参见 C. Linde, "The Organization of Discourse," in Style and Variables in English, ed. Timothy Shopen and Joseph M. Williams,*Center for Applied Linguistics* (Cambridge, MA: Winthrop, 1981), 104–6.

292 导游类思维:参见 Woodward and Lewis, *introduction to Cartography in the Traditional African, American, Arctic, Australian, and Pacific Societies*, 4, n. 9.

292 "重温信息":Thompson, "Recollections of the 1980 Voyage."

292 "可管理的知识库":Saul H. Riesenberg, "The Organisation of Navigational Knowledge on Puluwat," *Journal of the Polynesian Society* 81, no. 1 (1972): 19–22.

293 "我突然感觉到了这种温暖":Thompson, "Recollections of the 1980 Voyage."

293 "直接的感觉器官":Elsdon Best, *Maori Religion and Mythology*, part 2 (Wellington: Te Papa Press, 2005), 45.

293 "远古方式":Thompson, "Recollections of the 1980 Voyage"; Kyselka, *An Ocean in Mind*, 206.

293 "比我们想象的要令人满意":Finney, *Voyage of Rediscovery*, 309.

294 "你没有关闭波利尼西亚三角,你已经为我们打开了它!":Finney, *Sailing in the Wake*, 147.

295 "降格":同上,8。

### 全新科技:DNA 与断代

300 "去往波利尼西亚的快车":Jared M. Diamond, "Express Train to Polynesia," *Nature* 336, no. 24 (1988): 307–8. 戴蒙德将这个重要想法归功于彼得·贝尔伍德(Peter Bellwood),但这个表述明显是他本人提出来的。

300 "混杂的河岸":John Terrell, "History as a Family Tree, History as an Entangled Bank: Constructing Images and Interpretations of Prehistory in the South Pacific," Antiquity 62

(1988): 642-57.
301 一项早期研究：David Addison and Elizabeth Matisoo-Smith, "Rethinking Polynesian Origins: A West-Polynesia Triple-I Model," *Archaeology in Oceania* 45 (2010): 3.
301 "留下了他们的基因"：Manfred Kayser et al., "Melanesian Origin of Polynesian Y chromosome," *Current Biology* 10 (2000): 1237.
302 许多遗传瓶颈：参见 Elizabeth Matisoo-Smith and K. Ann Horsburgh, *DNA for Archaeologists* (Walnut Creek, CA: Left Coast Press, 2012), 133.
302 这个被称为"特欧玛"的考古现场：Stuart Bedford, Matthew Spriggs, and Ralph Regenvanu, "The Teouma Lapita Site and the Early Human Settlement of the Pacific Islands," *Antiquity* 80 (2006): 822; Stuart Bedford and Matthew Spriggs, "Birds on the Rim: A Unique Lapita Carinated Vessel in Its Wider Context," *Archaeology in Oceania* 42 (2007): 12-21.
303 第一个古代 DNA：参见 Pontus Skoglund et al., "Genomic Insights into the Peopling of the Southwest Pacific," *Nature* 538 (October 27, 2016): 510-13; Mark Lipson et al., "Population Turnover in Remote Oceania Shortly after Initial Settlement," *Current Biology* 28, no. 7 (April 2, 2018): 1157-65,https://doi .org/10.1016/j.cub.2018.02.051.
304 在哪里、何时、如何获得：Frédérique Valentin et al., "Early Lapita Skeletons from Vanuatu Show Polynesian Craniofacial Shape: Implications for Remote Oceanic Settlement and Lapita Origins," *Proceedings of the National Academy of Sciences* 113, no. 2 (January 12, 2016): 292-97.
304 感到高兴一个发现：Elena McPhee, "Marlborough Rangitane o Wairau Iwi Related to Wairau Bar Ancestors," *Marlborough Express* , December 5, 2016, https://www .stuff.co.nz/national/87142104/marlborough-rangitane-o-wairau-iwi-related-to -wairau-bar-ancestors.
304 但另一个有趣的发现是：Thomas Higham, Atholl Anderson, and Chris Jacomb, "Dating the First New Zealanders: The Chronology of Wairau Bar," *Antiquity* 73 (1999): 425-26; Elizabeth Matisoo-Smith, "The Human Landscape: Population Origins, Settlement and Impact of Human Arrival in Aotearoa/New Zealand," in *Atlantis Advances in Quaternary Science: Landscape and Quaternary Environmental Change in New Zealand* , ed. J. Shulmeister (Paris: Atlantis Press, 2017), 305.
305 埃克苏兰鼠：参见 Elizabeth Matisoo-Smith, "The Commensal Model for Human Settlement of the Pacific 10 Years On—What Can We Say and Where to Now?," *Journal of Island and Coastal Archaeology* 4 (2009): 151-63.
305 对老鼠 DNA 的研究：Matisoo-Smith, "Human Landscape," 296.
305 在复活节岛上：S. S. Barnes, E. Matisoo-Smith, and T. L. Hunt, "Ancient DNA of the Pacific rat (Rattus Exulans) from Rapa Nui (Easter Island)," *Journal of Archaeological Science* 33, no. 11 (2006): 1536 - 40; Matisoo-Smith, "Human Landscape," 305; Higham, Anderson, and Jacomb, "Dating the First New Zealanders," 425-26.
306 "这就像在一个黑暗的洞穴里打开电灯"：Stephanie Dutchen, "Coming Into Focus," interview with David Reich, Harvard Medical School, February 21, 2018, https://hms.harvard.edu/news/coming-focus.
306 这包括萨戈斯：Patrick V. Kirch, "When Did the Polynesians Settle Hawai'i? A Review of 150 Years of Scholarly Inquiry and a Tentative Answer," *Hawaiian Archaeology* 12 (2011): 9-11.

[307] "剔除":Matthew Spriggs, "The Dating of the Island Southeast Asian Neolithic: An Attempt at Chronometric Hygiene and Linguistic Correlation," *Antiquity* 63 (1989): 590.

[307] "年表消毒":斯普里格斯宣称从"能言善辩"的威尔弗莱德·肖克罗斯(Wilfred Shawcross)处借鉴了这一表述,参见 Matthew Spriggs, "Archaeology and That Austronesian Expansion: Where Are We Now?," *Antiquity* 85 (2011): 510.

[307] "相当谨慎":Spriggs, "Dating of the Island Southeast Asian Neolithic," 604.

[307] 他们拒绝接受由一种以上物质:Matthew Spriggs and Atholl Anderson, "Late Colonization of East Polynesia," *Antiquity* 67 (1993): 207.

[307] 在总计一百零九个夏威夷断代结果中:Ibid., 208–10; Atholl Anderson, "The Chronology of Colonization in New Zealand," *Antiquity* 65 (1991): 783.

[308] 根据修正后的标准说法:Kirch, "When Did the Polynesians," 16–18; Anderson, "Chronology of Colonization," 792. 晚近的研究将这一断代结果进一步向后推迟,分别是公元一千年和一千三百年。例见 Matisoo-Smith, "Human Landscape."

[308] 计算机模拟研究:Álvaro Montenegro, Richard T. Callaghan, and Scott M. Fitzpatrick, "Using Seafaring Simulations and Shortest-Hop Trajectories to Model the Prehistoric Colonization of Remote Oceania," *Proceedings of the National Academy of Sciences* 113, no. 45 (November 2016): 12685–90, https://doi.org/10.1073/pnas.1612426113.

[309] 第二项研究表明:Ian D. Goodwin, Stuart A. Browning, and Atholl J. Anderson, "Climate Windows for Polynesian Voyaging to New Zealand and Easter Island," *Proceedings of the National Academy of Sciences* 111, no. 41. (October, 2014): 14716–21.

[309] "大胆的探险":Fornander, *Account*, 2:6.

[310] 新科学:格雷格·哈里斯发明了这一颇显智慧的新词汇。

## 尾声:两种理解之路

[311] "基于除纪念真实事件以外的任何目的而创作的神话":Finney, *Voyage of Rediscovery*, 317–18.

[312] "实际上可以反映出波利尼西亚水手往返航行的那个时代":同上,318。

[314] "分离"自己:Allen, "Te Rangi Hiroa's Physical Anthropology," 14.

[314] "持续的载体":Howe, *Quest for Origins*, 36.

[315] "他们的存在对我们意味着什么":Brian Durrans, "Ancient Pacific Voyaging: Cook's Views and the Development of Interpretation," in *Captain Cook and the South Pacific*, ed. T. C. Mitchell (London: British Museum, 1979), 139.

[315] "要探究我的历史或我的民族的历史":Tipene O'Regan, "Who Owns the Past?," in *From the Beginning: The Archaeology of the Maori*, ed. John Wilson (Auckland: Penguin, 1987), 142.

[316] "首先属于受其影响的人":Greg Dening, "Respectfulness as a Performance Art: Way-finding," *Postcolonial Studies*, 11.2 (2008): 149.

[316] "我们无法将他者的历史转化为我们自己的历史":Judith Binney, "Maori Oral Narratives, Pakeha Written Texts," in *The Shaping of History*, ed. Judith Binney (Wellington: Bridget Williams Books, 2001), 13.

[316] "让我们的大脑尽可能":Krauss, *Keneti*, 249.

[317] "注定要陷入谜团":Kyselka, *An Ocean in Mind*, 235.

[318] "已经看到了来世":Stevenson, *In the South Seas*, 9.

[318] "我在世界上许多地方曾目睹过黎明的来临":同上,20。

[319] "世界的面貌":同上,21。

# 索 引*

*Account of the Polynesian Race, An* (Fornander), 154—60, 161
*Account of the Voyages... , An* (Hawkesworth), 28
*Afrikaansche Galei* (ship), 62
Ahutoru (Tahitian), 85
Aikau, Eddie, 285, 286
Aitken, Robert, 177
Alanakapu Kauapinao (Pinao), 152, 153
Aleutian Islands, 120
Alkire, William, 268
*American Indians in the Pacific* (Heyerdahl), 245—46
American Museum of Natural History, New York, 191
Anaa Island, 48
*Ancient Voyagers in the Pacific* (Sharp), 250—51
*Ann Alexander* (ship), 151
Anson, Commodore George, 41—42
Antarctica, 4, 26, 27, 52
anthropology, 175—87, 316
   Bayard Dominick Expedition and, 176—82
   competing migration theories, 300—301
   human "races," 181—82, 337n181
   Sullivan's data and, 182—86
   Te Rangi Hiroa and, 188—98, *188*
Aotearoa. *See* New Zealand
archaeology, 199—209
   fish hooks, *210*, 215—16
   Ha'atuatua site, 217—20
   human remains, 302, 303, 304
   Lapita patterns from Site 13, *221*
   moa sites, 199—209, *199*, 303
   New Zealand and, 199, 201, 303
   pottery, 215, 219—33, *222*, 302
   radiocarbon dating and, 210—20, 306—8, 347n307
   seriation, 215
   South Point site, *210*, 216
   stratigraphy, 204, 215, 307
   Teouma site, 302
   Wairau Bar site, 206—7, 210, 217, 218, *299*, 303—4, 308
architecture, 24, 36—37, 103, 177
art and sculpture, 85, *85*, 177, 239
   stone statues (*moai*) of Easter Island, 24, 60, 122, 240, 246
*Aryan Māori, The* (Tregear), 139, 146
Aryan or Indo-Aryan theory, 142—49, 156, 182, 186, 192, 314, 316
Atiu Island, 252
Atlantic Ocean, 20, 21, 42, 263
Austral Islands, 89, 94, 177, 220, 305
Australia, 25, 26, 41, 52, 54, 87, 188, 258, 337n194
   Cook and, 4, 110
   first migrants arrive, 18, 197
   land bridge and, 18, 197

Balboa, Vasco Núñez de, 20
Bali, 18
Banks, Joseph, 69, 85, 100
   comparative word list of, 107—9
   eyewitness accounts of, 78, 79, 80, 82, 87, 89, 91, 99, 100, 107

---

\* 索引中的页码为英文原书页码，即本书边码。

Banks, Joseph (*cont.*)
  Mai and, 251
  Polynesian arcana and, 125
  sweet potatoes collected by, 247
  Tahitian language and, 107–8
  Tupaia and, 80–81, 86–87
  Tupaia's chart and, 91, 92
Bayard Dominick Expedition, 176–86, 213, 217, 222
*Beagle* (ship), 44
Beaglehole, J. C., 43, 84
Beaufort scale, 94
Bering Strait, 120
Berne Historical Museum, Switzerland, 191
Best, Elsdon, 11, 134
Binney, Judith, 316
Bishop Museum, Honolulu, 176, 190, 213
Bismarck Archipelago, 18, 221, 223, 226, 227–28
Bligh, Captain William, 36, 42
Blumenbach, Johann, 181
Bonk, William J., *Fishhooks*, 210
Bopp, Franz, 145
Bora Bora, 70, 87, 90, 136, 163
Borneo, 18, 228
Bougainville, Louis-Antoine de, 75–76, 80, 85
*Bounty* (ship), 36, 42
Britain
  knowledge system, 94–95
  perspective of maps, 95
  motivation of expeditions, 68
  South Pacific exploration, 67–68
Broca's Couleurs de la Peau et du Système Pileux, 179
Brothers Grimm, 105, 118
Brown, Forest B. H., 177
Buck, Peter. *See* Te Rangi Hiroa
Byron, Commodore John, 68, 70

California, 25, 68, 86, 120, 151, 153, 223, 224, 274
canoes, 10, 99
  evolution in design of, 57
  example, British museum, 48–49
  eyewitness reports, 32–33, 36–37, 82

*Hōkūle'a* and, 275–85, 288–94
Finney's recreation of, 274–75
language and, 19, 49, 228
Lapita people and, 227–28
of New Zealand, 56–57, 99
outrigger, 19, 32–33, 36, 82, 148, 189, 273
of prehistoric sea people, 19
reproductions, mid-1990s, 294
similarity in Polynesia, 57, 103–4
Tahitian, 73, 82, 89
of the Tuamotus, 48–50
*Canoes of Oceania* (Haddon and Hornell), 48–49
Cape Horn, 41–43, 58, 63, 77, 116, 151
Cape of Good Hope, 41, 42
Caroline Islands, 193, 265, 268–69, 278, 345n290
Cassini, Giovanni, 1
*Chart of the Society Islands* (Cook), 88
"Chart of the South Pacifick Ocean . . ." (Dalrymple), 78
Chatham Islands, 133
Christianity, 3, 32, 35, 115–16, 132–33, 152, 156
Christmas Island, 260
clothing, 59, 62, 100, 103, 203
Cocos Islands, 108
Coleridge, Samuel Taylor, "Kubla Khan," 118
commensals, 9, 23–24, 305
  Asian origin of, 240
  genetics and, 304–5
  of the Lapita people, 231
  Marquesan dog, 24, 31
  not known in South America, 120
  Pacific rat, 62, 231, 305
  Quirós's account, 36
  of the Tuamotus, 47
  voyage of the *Hōkūle'a* and, 279
computer simulations, 12, 257–61, 262, 308, 313
Cook, Captain James, 25, 65, 106, 116, 193
  account of Easter Islanders, 103–4
  account of lost Tahitians, 251–53
  Antarctic Circle crossing, 4
  arrival in Hawai'i, 5–6

Asiatic origin of the Polynesians and, 119, 313–14
astronomy and, 69
burial service for Whatman, 3
as chart maker, *1*, 92, *88*
death of (on Hawai'i), 6, 103, 110
*Endeavour*, ship of, 69 (*see also Endeavour*)
exploration of Polynesian Triangle, 103
exploration of South Pacific, 4
first voyage (1768–71), 69, 77–80, 86–91, 98–101, 110
historic contribution of, 109
in the Marquesas, 37
monument for, 7
New Zealand and, 100
Polynesian arcana and, 125
on Polynesian beauty, 35
Polynesian passengers, 85–86
route to the Pacific, 77
sailing around Cape Horn, 42
second voyage (1772–75) 102–3, 222, 252
"secret" instructions to, 88–90
shooting of a Māori, 100
as a surveyor, 69, 84–85, 87
Tahiti and, 4, 80, 81–82, 251, 328n70
third voyage (1776–79), 103, 251
transit of Venus and, 69, 88
Tupaia and, 80–87, 91, 92, 100–101, 119, 251, 314, 316
Tupaia's chart and, 91–98
Cook Islands, 8, 92, 103, 190, 220, 261, 263, 304, 305, 308
island of Aitutaki, 166–67
Cook Strait, 202, 206
Cooper, James Fenimore, *The Last of the Mohicans*, 118
coral atolls, 44–47
Cover, Rev. James, 72–73, 74
creation myths, 133–37, 155, 333n141
"The Canoe Song of Ru," 162–63, 335n163
chants from Bora Bora, 136–37
cosmic genealogy, 137
Hawaiian, 137

Polynesian cosmogonic vision, two themes of, 134, 137
recorded Polynesian, 133–38
Tahitian, 122–24, 133, 134, 136–37
Te Ao, 134
Te Kore, 136
Te Pō, 134–36, 166
told to Moerenhout, 122–25, 134, 137–38
variants in, 134
*See also* mythology and folklore
Crosby, Alfred, 230–31
culture of Polynesia, 86
cyclical calendars of, 158
European contact and cultural change, 117, 155
founder figures and, 233
genealogies and lineages, 158–59
Gifford study of, 177
lack of dates or time system, 158
material culture of, 103–4
subjective and objective reactions (or history and myth) unified, 130–32, 161–71, 309–13, 315
system of rules and prohibitions (*tapu*), 2
worldview, subject-centered, 96
*See also* art and sculpture; clothing; pottery; religion; *other specific aspects of*

Dalrymple, Alexander, "Chart of the South Pacifick Ocean . . .", 78
Dana, Richard Henry, 86
Darwin, Charles, 44–45, 300
coral atoll formation theory, 44–45
*Descent of Man*, 148
Davis, Edward, 27
Davis's Land, 59
Defoe, Daniel, *Robinson Crusoe*, 117
"Departure of the Six Canoes from Rarotonga for New Zealand" (Watkins), *161*
Diamond, Jared, 300, 328n61, 328n62, 345n300
DNA. *See* genetics
*Dolphin* (ship), 68, 69–70

arrival in Tahiti, 71–74
battle of Matavai Bay, 74
scurvy aboard, 71, 75
Tahitians, sex and trade, 75
Dominick, Bayard, Jr., 175–87
drift theory, 249, 250–61, 264
Duff, Roger, 206–8, 217, 303, 308
*The Moa-Hunter Period of Maori Culture*, 210
d'Urville, Jules Dumont, 194, 197, 337n194
Dutch East India Co., 53, 107
Dutch East Indies, 110

Easter Island (Rapa Nui), 9, 11, 24, 37, 59, 98, 309
  commensals and, 24, 62
  Cook's second voyage and, 103
  cosmogony of, 133
  creation myth chant, 137
  drift route impossible for, 260
  ecological collapse of, 61–62
  *Hōkūle'a* passage to (1999), 294
  inhabitants of, 47, 59, 62, 103–4
  mysteries of, 60, 61
  Pacific rat and, 62, 305
  as Polynesian Rapa Nui, 59, 294
  radiocarbon dating, 307–8
  Roggeveen's voyage to, 58–62
  stone statues (*moai*) of, 24, 60, 122, 240, 246
  sweet potatoes grown on, 247
  topography of, 59
  tree loss and vanished species, 59, 60–62, 328n61, 328n62
Éfaté Island, 302
Ellis, William, 240
Emory, Kenneth P., 213–17, 274, 306, 308, 316
  *Fishhooks*, 210
  radiocarbon dating and, 215–17
  *South Sea Lore*, 214
  "The Tuamotuan creation charts by Paiore," 126
*Endeavour* (ship), 69, 78–79, 99
  course, after leaving Ra'iatea, 89–91, 98, 99–100

dysentery and deaths, 110
length of time in Tahiti, 81–82
New Zealand and, 100
"secret" instructions and, 88–90
suicide of Greenslade, 79
Tahiti voyage, 1768–69, 77–80
Tupaia aboard, 87, 110
eugenics, 186
European explorers
  coming to the Pacific, 3, 11
  contact experiences, 5–6, 21, 23, 55–56, 74–75
  Cook's arrival in Hawai'i 4
  eyewitness reports of, 12, 31–38
  false claims of, 27
  geographical error, 25–27, 38
  hardships of, 31–32, 78
  increase in expeditions, 67
  lack of information sharing, 64
  maps used by, 25–26
  motivations of, 23, 25, 68
  observer bias, 24–25
  Pacific, difficulty reaching, 42–43
  Pacific exploration, years needed to complete, 23
  Pacific's size and, 32
  Polynesians with, 85–86
  routes followed by, 39, 42–43
  signs of land, 78–79
  word lists made by, 107
  *See also specific explorers*
experimental voyaging movement, 12, 235, 312
  computer simulations, 12, 257–61, 262
  Heyerdahl and, 237–49, 237
  *Hōkūle'a*'s first voyage, 274–84, 274
  *Hōkūle'a*'s passage to Easter Island (1999), 294
  *Hōkūle'a*'s second voyage, 284–85
  *Hōkūle'a*'s third voyage, 288–89
  Lewis and, 263–71
  Marquesas to Hawai'i, canoe fleet (1995), 294
  Nainoa Thompson and, 286–95
eyewitnesses, 12, 15
  accounts as literature, 118
  animals found on islands, 23–24

Banks's accounts, 78–80, 82, 87, 89, 91, 99, 100, 107
Cook's voyages and, 78–87, 251–53
islanders as a single cultural group, 110–11
observer bias, 24–25
Quirós's account, 31–38
Robertson's account, 71, 72
Roggeveen's account, 58–62
size of Polynesian populations, 23, 31
Tasman's accounts, 54–58
of the Tuamotus, 47–48
what they did not see, 24
Eyles, Jim, 205–7, 303

Falkland Islands, 68
Fangatau atoll, 243
Fatu Hiva Island, 32, 37, 237–38
Fenua Ura Island, 83
Fiji, 109, 157, 222, 224, 226, 230, 232
Finney, Ben, 274–84, 289, 312
on navigator Mau, 280, 282
*Fishhooks* (Emory, Bonk, and Sinoto), 210
Flannery, Tim, 231
food
Asian origin of, 240
breadfruit, 28, 31, 36
on coral atolls, 47
fish, 31
Polynesian plants, soil requirements, 193
of prehistoric sea people, 19
Quirós's account of the Marquesas, 36
similarity in all Polynesia, 103
story of Aka's voyage and, 164
sweet potato, significance of, 246–48, 341n248
Fornander, Abraham, 150–60, *150*, 167, 168, 171, 190, 256, 289, 309, 314, 316
alteration of accounts by, 170
*An Account of the Polynesian Race*, 154–60, 161
wife and children of, 152–53, 159, 314
Forster, Georg, 81
Forster, Johann, 91, 120, 194, 196, 197
Fritsch, Gustav, 179
Futuna Island, 226

Galápagos Islands, 9
Genesis, 140
genetics, 9, 301–6
ancient DNA, Teouma, 302–3
ancient DNA, Wairau Bar, 303–4
human "races" and, 181–82, 337n191
"Polynesian motif," DNA mutation, 301, 303
George III of England, 76
Gerrards, Theodore, 27
Ghyben-Herzberg lens phenomenon, 44
Gifford, Edward W., 177, 222–26, 316, 340n226
radiocarbon dating, 224–25, 226
succession of cultures theory, 223
Gilbert Islands, 193, 265, 270
Gill, William Wyatt, *Myths and Songs from the South Pacific*, 262
Gladwin, Thomas, 268–69, 270, 272, 273, 280
Gondwana, 52, 223, 320, 331n121
Gore, John, 101
Green, Roger, 343n272
Greenland, 18
Greenslade, William, 79
Gregory, Herbert E., 176, 190
Grey, Sir George, 203
*Gulliver's Travels* (Swift), 117

Haast, Julius von, 201–2, 204
Haddon, A. C., *Canoes of Oceania*, 48
Hale, Horatio, 93–94, 97, 166–67, 336n167
Handy, Edward S. C., 130–31, 177, 184, 239
"Polynesian women from the Marquesas (Type I)," *175*
Handy, Willowdean, 177, 179–80, 316
Hawai'i, 305
Arcturus (zenith star of), 275
Bayard Dominick Expedition and, 177
Big Island, 1–3, 5, 29, 166, 277, 306
Christianity and, 3
Cook and, 3, 4, 6, 7, 103, 110
cosmogony of, 133
creation myths, 135, 137

Hawai'i (cont.)
  depopulation of, 153–54
  difficulty reaching, 43
  directions as relative, 96
  drift route impossible for, 260
  European contact experiences, 5–6, 74
  European discovery, 4–5
  Fornander and, 150–60
  goddess Pele, 163
  Hawaiian Renaissance, 276–77
  *heiau* on, 2–3
  Hikiau Heiau, 2–3, 6, 7, 8
  *Hōkūle'a* and, 275–76, 277
  *kahuna*, 81
  Kealakekua Bay, 1–4, 5–6, 317
  Maui, 4
  Mauna Loa, 1
  migration to, 157
  Moloka'i Island, 152
  monarchs, 1, 7
  Napo'opo'o, 7–8
  naturalized citizens of, 151–52
  navigating a high island and, 30
  O'ahu, 2, 210
  in Polynesian Triangle, 9, 11, 98
  pre-contact population, 154
  radiocarbon dating, 210, 306, 307, 308
  South Point site, *210*, 216
  Sullivan's data and, 183
  volcanic origins, 29
  whaling ships and, 116
  World War II and, 213–14
Hawaiki, 10, 102, 166–67, 203, 220, 305, 315, 336n167
  Hale and Tupaia's chart, 166–67
  Kupe and the Great Fleet, 168–71
  Smith and Fornander on, 167
Hawkesworth, John, *An Account of the Voyages...*, 28
Henderson Island, 59, 230
Herreshoff, H. C., 39
Hesiod, *Theogony*, 141, 333n141
*Het handboek voor de zeiler* (Herreshoff), 39
Heyerdahl, Thor, 237–49, 263, 308
  *American Indians in the Pacific*, 245–46
  book/film of expedition, 244–45
  critics of, 245, 246, 248
  on Fatu Hiva, 237–38
  *Kon-Tiki* expedition, 237, 241–45, 260–61
  route of voyage, 242, 243
  sponsors for expedition, 241
  South American theory of, 238–40, 246–49, 341n248
high islands, 29–30
Hipour, 265, 266, 270, 290–91
Hiva Oa Island, 37
Hodges, William
  "Review of the war galleys of Tahiti," 77
  "A View taken in the bay of Oaite Peha Otaheite [Tahiti]," 67
*Hōkūle'a*
  first Tahiti voyage, 274–84, *274*
  Mālama Honua voyage, 295
  public's enthusiasm for, 277, 281–82, 294
  second Tahiti voyage, 284–85
  third Tahiti voyage, 288–89
  validation of Polynesians as navigators, 294–95, 312
  "Voyage of Rediscovery," 294
  voyages (mid-80s), 293–94
Holmes, Tommy, 275, 276, 278–79
Homer, 143, 145
  *Odyssey*, 140, 333n140, 333n141
Hornell, James, *Canoes of Oceania*, 48
Howe, K. R., 148, 255
Huahine Island, 87

Ilha Formosa (Taiwan), 228
Indian Ocean, 41, 54, 109
Indonesia, 18, 109, 157, 165, 167, 192, 228, 265, 301
Iotiebata, 265, 270
Isle of Pines, 226
islets (*motu*), 44, 46

Java, 53, 167
Jones, Pei Te Hurinui, 255
Jones, Sir William, 104–5
*Journal* (Tasman), 51
*Journal of the Polynesian Society*, 165, 225

Ka'awaloa, Hawai'i, 7
Kalakaua, King, 155
Kalani'ōpu'u, Chief, 7
Kamakau, Samuel, 155
Kamehameha I, 1, 156
Kamehameha III, 151
Kāne, Herb, 275, 276–77, 289
Kapahulehua, Captain Kawika, 277, 280, 282
Kaua'i Island, 4
Kaukura Island, 83
Keats, John, 84, 118
Kepelino, 155
Kermadec Islands, 260
"Kubla Khan" (Coleridge), 118
Kyselka, Will, 283–84, 286, 287, 317

language, 8, 9, 160
  Austronesian family, 109, 228
  Banks's interest in Tahitian, 107
  canoes/sailing words, 19, 49, 228
  comparative linguistics, 104–6, 144
  English transcription of Polynesian names, 83
  evolution of, 20
  Formosan, 228
  Hawaiian term "na'au" (gut), 293
  Indo-European family, 105, 108, 142, 144, 145
  Latin, Greek, and Sanskrit, common origins, 104–5, 143
  Latin-English comparison, 105–6
  linguistic "survivals," 146
  Māori and, 55
  Māori and Tahitian, 101
  of Melanesia, 197
  New Guinea and, 197
  numbers and, 108
  Oceanic family, 145, 228
  oldest Polynesian, 57
  onomatopoeic words, 106
  philology, 138, 144
  Polynesian and South American languages, 120
  Polynesian for "pig," 58
  Polynesian for "red feathers," 163–64
  Polynesian for "water," 58
  Proto-Indo-European, 105, 228
  Proto-Oceanic, 228–30
  relationship of Sanskrit and Polynesian, 145–48, 150
  Schouten and Le Maire's word list, 55, 58
  for seas of the Pacific, 20
  similarity in Polynesia, 104, 109, 197
  Tahitian directions, 93
  Te Pō and Te Kore, 136
  Tongans and, 58
  universal aspects of, 106
  word borrowing, 106
  words of protolanguage, 143–44
  words relating to the littoral, 19
  words relating to the sea, 19–20
Lapita people, 221–33, 287, 306, 307, 308, 340n226
  canoes of, 227
  culture and lives of, 227, 228–30
  environment altered by, 231–32
  migrations, 227–28, 230–33
  as Polynesian precursors, 227
  pottery of, 221, 225–26, 227
  Proto-Oceanic language, 228–30
  simultaneous appearance in Polynesia, 226–27
  sites, various islands, 224–26, 302
  transporting of goods, animals, and plants by, 230–31
*Last of the Mohicans, The* (Cooper), 118
Le Maire, Jacob, 27, 47, 55, 56, 57, 58, 70, 89, 107, 243
Levison, Michael, 258, 261, 262, 264
  *The Settlement of Polynesia*, 250
Lewis, David, 263, 264, 290
  ancient navigational methods and, 263–64, 266, 269, 271
  Hipour and, 265, 266, 270, 290–91
  *Hōkūle'a* and, 278, 279, 280, 282
  Iotiebata and others, 265, 270
  Polynesian "wandering spirit" and, 273
  *Rehu Moana* catamaran, 263, 264
  sailing around the world, 263
  Tevake and, 264–65, 267, 314
Libby, Willard F., 210, 211, 213, 215, 216, 224

Lili'uokalani, Queen, 135
Line Islands, 261
Linton, Ralph, 177
    "Polynesian women from the Marquesas (Type I)," *175*
Lonoikamakahiki, 135
Los Desventurados Islands, 21, 28, 243
Louis XV of France, 31

Macpherson, James, 118
Madagascar, 54, 108–9, 121, 228
Magellan, Ferdinand, 21–23, 28, 42, 70, 243
Mai (Tahitian), 251
Makatea Island, 62
Malaysia, 109
Mangaia Island, 133
Mangareva Island, 166
Manihiki Atoll, 166
Māori, 8, 24, 85, 195, 305, 309–10
    aggressiveness, 55–56
    appearance, 102, 196
    attack on Tasman's crew, 55
    Banks's account of dead Māori, 100
    cannibalism of, 102
    Cook's crew's shooting of, 100
    culture of, 102
    *haka* (war dance), 101
    history of, 202
    language of, 55
    the moa and, 200
    myth of Rangi and Papa, 139–40
    oral traditions, 128, 165–66, 170, 203, 309–10
    proverb, 169
    reluctance to share lore, 155
    story about Raukawa, 131–32, 133
    story of Kupe and the Great Fleet, 168–71, 190–91
    *tā moko*, the Māori tattoo, 166
    Tasman and, 55, 56
    Te Pō, 134
    Te Rangi Hiroa's studies and, 189–90, 337n189
    theory of Semitic origin, 141–42
    *tohunga*, 81
    Tregear's theory, 146–48
    *See also* Te Rangi Hiroa

*Māori-Polynesian Comparative Dictionary* (Tregear), 131
maps, 25–27, 109
    errors of, 25–27
    "Map of the prevailing winds on earth," *39*
    Mercator and, 26
    Pacific Ocean, 17, 25
    perspective of, 95
    Ptolemaic, 25, 26
    Sandwich Islands, *1*
"Marquesan Somatology" (Sullivan), *175*
Marquesas, 3, 8, 10–11, 24, 28, 30–31, 36–37, 84, 157, 237–38, 305, 317, 319
    Bayard Dominick Expedition, 177–78, 217
    bird species of, 230
    canoes of, 32–33, 36–37
    Cook and, 37, 102
    cosmogony of, 133
    depopulation, 154, 184, 302
    dog of, 24, 31
    earliest settlement, 30–31, 308
    European discovery, 31, 326n31
    food of, 36
    Handys in, 177–78, 179
    as high islands, 29–30
    history and myth in, 130–31
    houses, 36
    intermarriage and, 184
    Mendāna and, 31–38
    missionaries and, 115–16
    mythology and folklore, 177
    "other islands" referred to, 37
    Polynesian name, 38, 327n38
    "Polynesian women from the Marquesas (Type I)," *175*
    population, 31
    pottery, 219–20, 319
    radiocarbon dating and, 217–20, 306, 307–8
    religion, 36
    sea voyages of islanders, 37
    Spanish and, 34, 38
    story of Aka's voyage, 163–64, 335n164
    Sullivan's data and, 183–84, 185

tattooing (*tatau*) in, 178
tools and weapons, 36
topography of, 30
transit of Venus and, 69
Tupaia's chart and, 92, 94
underworld of, 167
"voyaging with intent" and, 261
whaling ships and, 116
Marsden, Rev. Samuel, 141–42
Marshall Islands, 193, 271
"Material Culture of the Moa-Hunters in Murihuku, The" (Tevitodale), *199*
Matisoo-Smith, Elizabeth, 304–5
Maugham, Somerset, 244
Maupiti Island, 163
Mauritius, 54
Melanesia, 144, 182, 183, 186, 194, 204, 205, 218, 219, 228, 264, 265, 300–301, 303
   inhabitants of, 196, 197
   languages of, 197
   Polynesian origins and, 192–93, 301
   Polynesian/Melanesian divide, 194–95, 337n194
   Te Rangi Hiroa's theory and, 195, 196
   *See also* Watom Island
Melville, Herman, 152
   *Moby-Dick*, 151
   Queequeg and, 86, 151
Mendaña, Álvaro de, 9, 31–38, 70
Mercator, Gerardus, 26
*Metamorphoses* (Ovid), 140
Meyer, Father Otto, 221–22, 226
Micronesia, 109, 193, 194
moa, 53, 107, 199–203, *199*, 205, 206, 207, 303
moa hunters, 199–209, 303
*Moa-Hunter Period of Maori Culture, The* (Duff), 210
*Moana* (film), 312
*Moby-Dick* (Melville), 151
Moerenhout, Jacques-Antoine, 121–25, 134, 137–38
Molyneux, Robert, 83
Moʻorea Island, 70

Müller, Max, 145, 146
Mussau Islands, 226
mythology and folklore, 117–18, 138, 335n159
   Aitken study of, 177
   alterations of, 170
   authenticity question, 256–57, 312
   "The Canoe Song of Ru," 162–63, 335n163
   demigod Maui fishing up islands, 257
   European focus on familiar motifs, 139–41
   European mythical lands, 26–27
   Fornander and, 154–60, 314
   genealogic connection and, 141
   god, Lono, 5–7
   god, Tane, 95, 140, 166
   Greek and European traditions, 140, 141, 333n140, 333n141
   Hawaiki or Polotu in, 1, 73, 102, 166–67, 315, 336n167
   as history, 171, 309–13, 315
   Kon-Tiki, pre-Incan sun king, 241, 246
   "Laurasian" mythology, 141
   magic objects, 161–62
   the moa and, 200
   Maui, demigod, 166, 257, 280
   navigator gods, 161
   pairing of earth and sky, 139–40
   Polynesian, 139–49
   Raka, god of the winds, 268
   specific details in Polynesian stories, 162
   stories of Rata, 163
   story of Aka's voyage, 163–64
   story of Kupe and the Great Fleet, 168–71, 190–91, 312
   story of Pele, 163
   story of Rangi and Papa, 139–40
   story of Ru and Hina, 163
   story of Toi, 169
   subjective and objective reactions (history and myth) unified, 130–32, 161–71, 311–13, 315
   supernatural creatures and hazards, 162

mythology and folklore (*cont.*)
  Te Pō and, 140–41, 166
  Tiki, Marquesan god/chief, 238–39
  voyaging stories, 161–71, *161*, 312
  Zabaism and, 156
  *See also* creation myths
*Myths and Songs from the South Pacific* (Gill), 262

navigational methods, 96–97, 262–73
  ancient sea lore and, 264–65
  Carolinian *etak* system, 268–69, 280, 290–91
  experience of and conceptual framework of, 272–73
  intuition and, 293
  land-finding techniques, 78–79, 99, 269–72, 290
  Nainoa Thompson and, 283–84, 286–95
  oral tradition and, 271, 292
  "Pacific-wide system," 265
  Polynesian point of view and, 290–91
  reading of ocean swells, 266–67, 271, 290
  star compass, 97, 283, 290, 345n290
  stars and star paths, 97, 164, 265, 266, 268, 279–80, 287, 335n164
  stick charts, 271
  tour vs. map thinking, 291–92
  "underwater lightning," 270
  wind compasses, 262, 267–68
New Britain, 221
New Caledonia, 109, 197, 222–26, 232
  Site 13, *221*, 224, 225–26
New Guinea, 9, 18, 25, 26, 108, 109, 197, 230
New Ireland, 108
New Zealand (Aotearoa), 9, 11, 51–58, 65, 98, 223
  appearance of inhabitants, 56
  archaeology and, 199–209, *199*
  Banks in, 100
  birds of, 52–53
  canoes, 56–57, *99*
  commensals on, 24
  as "continental," 52
  Cook and, 4, 100, 101, 103, 104
  cosmogony of, 133

  drift route impossible for, 260
  end of voyaging era and, 169
  European contact experiences, 55–56, 74–75
  European explorers and, 53
  evolutionary history, 52
  extinct creatures of, 53, 107, 205
  first settlers, 203–5, 209, 233, 304, 308, 309
  indigenous plants and animals, 52–53
  knowledge as *tapu*, 155
  Lewis and, 263
  Māori of (*see* Māori)
  Murderers' Bay, *51*, 56
  myth of Rangi and Papa, 139–40
  North and South Island, 56
  number of plant species, 46
  Pacific rat of, 305
  Polynesian name, 10, 52, 168–69
  Polynesians arrive in, 10
  radiocarbon dating and, 217
  size of, 51
  sweet potatoes grown on, 247
  Tasman and, 54–58, 100
  Te Pō and, 135–36
  Wairau Bar site, 206–7, 210, 217, 218, *299*, 303–4, 308
  whaling ships and, 116
Newfoundland, 69, 84
Ngata, Apirana, 191, 192, 195
Ngatik Island, 290–91
Niue Island, 102
Norse, 18
  Prose Edda, 118
  sagas, 141, 333n140, 333n141
Northwest Passage, 4, 68
Nuku Hiva Island, 2–3, 217–20
  Anaho Bay, 317–19
Nukutavake Island, 48

*Odyssey* (Homer), 140, 333n140, 333n141
oral traditions, 12, 126–38
  alteration of accounts, 170
  characteristics of, 127–28, 130
  collecting, transcribing, and translating, 138
  cosmogonies, 122–24, 133–37

documenting of, 128–29
European approach to Polynesian mythology, 139–49
feats of memory and, 128
Fornander's recordings, 150–60, 170
genealogy and, 128
Handy's observation, 130–31
histories based on, loss of prestige, 171
*Iliad* or the *Odyssey*, 170
informants for, 138
Māori, 170, 203
navigational lore, 271, 292
"oral way of seeing," 129–30
purpose of, 127
Sharp's assertions, 256
Smith's recordings, 165–66, 170
stories as truth, 133
study of, from Uzbekistan and Kyrgyzstan, 129–30
subjective and objective reactions (or history and myth) as unified, 130–32
Tahitian creation myths, 122–24
Te Rangi Hiroa and, 257
"three-generation reachback," 335n159
timelines and validity of, 309–11
Tregear's story and, 131
variants in, 128–29, 134
See also mythology and folklore

O'Regan, Tipene, 315

origins and migrations of the Polynesians, 10, 299, 341n248
age of exploration and long-distance voyaging, 10, 169
anatomy, epidemiology, and, 191
anthropology and, 175–98
archaeology and, 199–209
artifacts and, 191–92
Aryans or Indo-Aryans theory, 142–49, 150, 156, 182, 186, 192, 314, 316
Asian origins and eastward migration, 119–20, 121, 192–93, 240, 313–14
Asian vs. Melanesian origins, 300–301
Beringian solution, 120, 196, 240
biological evidence and, 186–87
competing migration theories, 300–301
computer simulations and, 257–61, 262, 308, 313
distances covered by, 63
DNA evidence, 299–306
drift routes tested, 259–60, 264
drift theory, 249, 250–61
drowned-continent theory, 121–25, 196, 331n121
"entangled bank" theory, 300
as European quest, 314–17
experimental voyaging movement and, 237–49, 274–95, 312
"express train to Polynesia," 300, 345n300
Fornander and, 150–60, *50*
frequency of voyaging, 24
geographical knowledge and, 84, 97–98, 110
Hawaiki (homeland) and, 10, 102, 166–67, 203
linguistic path of, 228, 240
as lost tribe of Jews or wandering nomads, 141–42
Marquesas first settlers, 30–31
movement of land theories, 120–21
navigational methods, 96–97, 262–73, *262*
New Zealand, first settlers, 203–5, 209, 233, 304, 308, 309
plants and animals on voyages, 9, 23–24, 31 (*see also* commensals)
pottery and, 219–20, 221
questions remaining, 313, 317
radiocarbon dating and, 12, 158, 210–20, 224, 226, 299, 303–4, 306–10
Sharp's assertions, 250–55, 257
"slow boat" model, 301–2
Smith and, 165–66
somatology and, *175*, 179–87, 300
South American origins/westward migration, 120, 121, 237, 238–40, 248–49, 341n248
Te Rangi Hiroa's studies and, *188*, 190–98, 301

437

origins and migrations of the Polynesians (*cont.*)
  timeline, 306–7, 308
  voyaging stories and, 161–71, 190–91, 311–13, 315
  why they migrated, 273
Otago Museum, 205
Ovid, *Metamorphoses*, 140
Owen, Sir Richard, 200–201, 206

Pacific Ocean, 17
  accessibility after Cook, 109–10
  ancient Polynesian sea road, 4
  Balboa's sighting of "the other sea," 20
  "Chart of the South Pacifick Ocean . . ." (Dalrymple), 78
  colonizing by Polynesians, 10, 11–12
  computer simulations and El Niño/La Niña, 308–9
  computer simulations of drift theory and, 258–61
  concept of, as thoroughfare not barrier, 273
  Cook's contribution to understanding of, 4–5, 109
  Cook's vision of, 84–85
  distance between islands, 17–18
  Doldrums, 40
  emptiness of, 18, 22, 27
  entry points, 39, 41, 43
  European explorers, 3, 10, 11, 21, 115 (*see also specific explorers*)
  European transformation of, 110
  exploitable products from, 116
  first European to cross, 21
  first migrants, 18
  great discoveries by Dutch, 53
  history of, 12–13
  Intertropical Convergence Zone (ITCZ), 40
  island types in, 28–30, 51
  islands in, number of, 22, 259
  lack of Polynesian word for, 20
  as last place to be settled by humans, 10
  names for the far southern latitudes, 40
  naming of, 20–21
  navigation on, 41
  questions answered about, 115
  Roggeveen's route to Easter Island, 58–59
  routes across, 43
  size, 9, 17, 22, 27, 32
  Spanish galleons crossing, 4
  survey by the U.S. Exploring Expedition, 93, 166
  travel technology and, 115
  Tropics of Capricorn and Cancer, 40
  weather of, 40
  winds and currents, 30, 39, *39*, 40–41, 94, 119–20, 121, 238, 240, 242, 258–59, 267
  World War II and, 213–15
Palau Islands, 193
Papua New Guinea, 103, 221, 226
Parkinson, Sydney, *28*
  "A war canoe of New Zealand," *99*
Patagonia, 21, 72
people of Polynesia
  appearance, 35–36, 47, 56, 75, 102, 103, 182, 193–94, 196
  arcana of, 122–24
  color red and, 73
  commonality of voyagers, 9
  as cultural group, 110
  cultural similarities with Pacific Northwest tribes, 240
  depopulation, 153–54, 156
  as Enata Fenua (People of the Land), 10–11
  establishing the world's largest single culture area, 9
  European contact and, 5–6, 21, 23, 55–56, 74–75, 111, 117, 155 (*see also specific explorers; specific islands*)
  evolution of, 208–9
  formal study of, 118–19
  genetics of, 9, 299–306
  Heyerdahl's theory, 240
  ideas about racial makeup, 182–84, 194
  joining European crews, 86
  kinship of, 8, 10
  language of, 104, 109, 110 (*see also* language)

love of adventure and, 273
mysteries of their origins, 63–64
netherworld of Te Pō, 73
Old World diseases and, 117, 153–54, 156
"Polynesian motif," DNA mutation and, 301, 303
"Polynesian women from the Marquesas (Type I)" (Handy and Linton), 175
pre-contact population, 23, 71, 154, 299, 304, 309
prehistoric diaspora of, 8, 11–12, 103, 119–20, 176
red-haired, 240
reluctance to share lore, 155
as sea people, 18–20
skin color, 47, 56, 57–58, 178–80, 182, 194
social evolution of, 9
as sole occupants of Polynesia, 9
somatological studies of, 180–87
way of looking at the world, 94–95, 290
who they are, 8, 110–11, 175–87, 221–33, 299–306
See also origins and migrations of the Polynesians
Peru, 22, 28, 31, 38, 39, 120, 237, 239, 241, 248, 260
Philippines, 4, 21, 22, 32, 109, 157, 192, 193, 228, 247, 301
Pialiug, Pius (Mau), 278–82, 287–89, 292–93
Pigafetta, Antonio, 22
Polack, Joel, 200
Polo, Marco, 26–27
Polynesia, 153
  arrival of European explorers, 9, 11
  bird species of, 230
  Brown's study of flora, 177
  canoe design as link between peoples of, 57
  colonial control of, 117
  diminishing species on eastward islands, 230
  direction and distance, relative system for, 95–96
  distance between islands, 17–18
  in European popular culture, 117
  European Romanticism and, 118
  extirpation of land birds, 231
  first arrivals to, 227
  harebrained theories about, 11
  influx of Europeans, nineteenth century, 115–16
  language family of, 109
  as *le mirage tahitien*, 76
  map, *311*
  mystery of inhabitants, 11
  number of islands in, 22, 259
  oldest settlements of, 57–58
  prehistory of, 11–12
  Romanticism and, 148
  scientific approach, 175–87
  thousand-year sequestration of people in, 9
  Tupaia's chart, 91–98
  Tupaia's list of islands, 83–84
  types of islands in, 28–30, 51
  volcanic origins, 121
  western gateway to, 57
  See also origins and migrations of the Polynesians; specific islands
Polynesian Society, 131, 165, *199*
Polynesian Triangle, 9, 11, 28, 57, 98, 108, 193, 217, 223
  arrival chronology and, 306, 308–9
  Bayard Dominick Expedition and, 177
  Cook and, 103
  Easter Island and, 59
  first settlers, 227
  *Hōkūle'a*'s navigation of, 294
  Samoa and, 62
  Tahiti and, 70
Polynesian Voyaging Society, 274, 275, 284, 285, 286, 289, 295
"Polynesian women from the Marquesas (Type I)" (Handy and Linton), *175*
Polynesian/Melanesian divide, 194, 204
"portmanteau biota," 231
Puka Puka Island (Dog Island), 43, 243
Puluwat Island, 265, 268, 272, 273
Purea (Tahitian chiefess), 74–75, 80

索 引 439

Quirós, Pedro Fernández de, 27, 32–38, 47, 70

radiocarbon dating, 12, 158, 206–7, 210–20, 224, 226, 299, 303–4, 310
    Egyptian King Djoser's tomb and other early testing of, 212–13
    errors of, 216–17, 306–7
    Gifford excavations and, 224
    how it works, 211–12, 217
    Kuli'ou'ou rock-shelter on O'ahu, 210, 213, 215
    Libby's University of Chicago lab, 210, 212, 213, 224
    Marquesas and, 217–20
    revision of timeline, 306–8, 347n307
    South Point site, Big Island, 216
    Wairau Bar site, New Zealand, 217
Ra'iatea Island, 2, 70, 87, 89, 90, 92, 163
    as Hawaiki, 166, 167
Raivavae Island, 90
Rangiroa Island, 83
Rapa Island, 90
Rapa Nui. *See* Easter Island
Rarotonga Island, *161*, 261, 264, 267, 335n164
Reef Islands, 226, 232, 264
religion
    Christianity, 3, 32, 35, 115–16, 132–33, 152, 156
    demigod Maui, 257
    female genitals, exposure of, 73
    goddess Pele, 163
    god Lono, 5–7, *6*
    god 'Oro, color red and, 73
    god Tane, 94–95, 140, 166
    *heiau* or *marae*, 2–4, *6*, *7*, *8*
    names of Polynesian gods, 156
    navigator gods, 161
    "oracle," 36
    in Polynesia, 2
    Raka, god of the winds, 268
    sacred lore and, 155
    seasonal ritual cycle, Makahiki, 6
    serpent worship, 156
    similarity in all Polynesia, 104

Zabaism (sun worship), 156
    *See also* mythology and folklore
Renfrew, Colin, 212
Rigveda, 141
Robertson, George, 71
*Robinson Crusoe* (Defoe), 117
Roggeveen, Jacob, 9, 62, 70
    description of Polynesians, 62
    journey to Easter Island, 58–62, 63, 247
    journey to the Tuamotus, Makatea, and Samoa, 62
    questions asked by, 63
Romanticism, 118, 148, 151, 273, 312
Rotuma Island, 116
Royal Society, transit of Venus expedition, 68, 69
Rurutu Island, 74, 89

Sahul, 18
Salmond, Anne, 73
Samoa, 57, 62, 84, 157, 193, 226, 230, 261, 306, 308, 336n167
    cosmogony of, 133
    island of Savai'i, 166, 167
    Sullivan's data and, 183, 184, 195
    Tupaia's chart and, 92
Sand, Christophe, Lapita patterns from Site 13, *221*
Sandwich Islands (Hawai'i), *1*, 145
Santa Cruz Islands, 32, 226, 232
Satawal Island, 278, 290
Schouten, Willem, 55, 56, 57, 58, 70, 89, 107, 243
Scott, J. H., 195
Scott, Walter, 118
*Settlement of Polynesia, The* (Levison, Ward, and Webb), *250*
Seven ('Tauwhitu), 2–3, 7–10, 317, 319
Seven Years' War, 67
Sharp, Andrew, 255
    *Ancient Voyagers in the Pacific*, 250–51
    drift voyages theory of, 250–55, 257, 261, 263, 274, 295
    on oral traditions, 256
Shutler, Richard, Jr., 223–24, 225, 226, 316, 340n226
Simmons, D. R., 170–71

Sinoto, Yosihiko H., 215–16
  *Fishhooks*, 210
Skinner, H. D., 204–5
Smith, S. Percy, 165–66, 167, 168, 171, 190, 203, 256, 289, 309–10
  alteration of accounts, 170
  *Journal of the Polynesian Society* and, 165–66
  story of Kupe and the Great Fleet and, 168–71
Society Islands, 8, 70, 87, 88, 91, 92, 98, 104, 157, 230, 305, 308, 328n70
  *Chart of the Society Islands* (Cook), 88
  cosmogony of, 133, 134, 166
  Lewis's voyage from, 263–64, 267
  origins of inhabitants, 119
  story of Ru and Hina, 163
  *See also* Tahiti
Solomon Islands, 18, 25–26, 31–32, 103, 109, 197, 227–28, 230, 232
somatology, 175, 179, 180–87, 300
  "Marquesan Somatology" (Sullivan), 175
  Te Rangi Hiroa's studies, 190
Sonder Grondt Island (Takapoto), 45, 62
South America, 120, 121
  Heyerdahl's theory and, 238–40, 246–49, 341n248
  Kon-Tiki, pre-Incan sun king, 240, 241
  languages of, and Polynesian, 120
  monoliths of, 239–40
  sweet potato, significance of, 246–48, 341n248
*South Sea Lore* (Emory), 214
Spice Islands, 21
star compass, 97, 283, 290, 345n290
"state of nature," 25, 76
Staten Landt, 56
Stevenson, Robert Louis, 30, 44, 154, 318
Strait of Magellan, 21, 42, 70
Suggs, Robert C., 32–33, 217–20, 248, 306, 308, 319
Sullivan, Louis R., 179, 182–86, 190, 195, 301, 316
  "Marquesan Somatology," 175
Sundaland, 18
Swift, Jonathan, *Gulliver's Travels*, 117

Taha'a Island, 163
Tahiti, 6, 8, 36, 42, *67*, 77, 79
  as aceramic, 220
  architecture and sculpture, 24
  Banks's account, 80–81, 82, 86–87
  Banks's word list, 107
  battle of Matavai Bay, 74
  Bougainville and, 75–76
  "The Canoe Song of Ru," 162–63, 335n163
  canoes of, 49, 73, 82, 89
  Cook and, 4, 77–87, 103
  cosmogony of, 122
  creation myths, 136–37
  culture of, 82
  depopulation, 153–54
  directions and measurement in, 93, 95–96
  distance to northern Tonga, 108
  as Edenic, 76
  female genitals, exposure of, 73
  geographic knowledge, 98, 110
  *Hōkūle'a* voyages and, 279–82
  inhabitants interacting with sailors, 71–74, 75
  language, 72, 101, 107
  location, 71
  missionaries and, 115–16
  Moerenhout in, 121
  Papara, 122
  plant species of, 46
  Point Venus, 80
  pre-contact population, 71, 304
  sea names, 20
  size, 70
  topography of, 71
  transit of Venus and, 70–71, 82
  "voyaging with intent" to, 261
  Wallis and, 70–76, 80
  weather of, 71
Tahuata Island, 37
Taiwan (Ilha Formosa), 109, 228, 303
*tapu* (taboo) or *kapu*, 2, 35, 155
Tasman, Abel Janszoon, 9, 53–58
  *Journal*, 51
  Māori attack on Dutch sailors, 55
  New Zealand and, 51, 54–57, 100

Tasman, Abel Janszoon (*cont.*)
  route to the Pacific, 53–54
  Tonga and, 57–58, 69, 222
  word list of, 107
Tasmania, 54
tattooing (*tatau*), 36, 47, 57–58, 62
  decorated pottery and, 226
  in the Marquesas, 178
  method of, 226
  *tā moko*, the Māori tattoo, 166
Taylor, Rev. Richard, 142
Te Aute College, New Zealand, 189
Te Rangi Hiroa (Peter Buck), 188–98, *188*, 195, 215, 314
  artifacts and, 191–92
  on Heyerdahl's expedition, 245
  on oral traditions, 257
  Polynesian origins and, 190–98, 301
  race and, 189, 195–96
  *Vikings of the Sunrise*, 311
Terra Australis Incognita, 25–27, 31, 38, 63, 64, 116
  Cook's search for, 88–89
  Dalrymple's chart and, 78
  New Zealand mistaken for, 56
Terrell, John, 300
Tevake, 264–65, 267, 273, 314
Tevitodale, David, 205
  "The Material Culture of the Moa-Hunters in Murihuku," *199*
*Theogony* (Hesiod), 141, 333n141
Thomas, Nicolas, 81
Thompson, Myron "Pinky," 286, 287–88
Thompson, Nainoa, 283, 286–95, *286*, 317
  death of Eddie Aikau and, 285
  *Hōkūle'a* voyages and, 284–85, 288–89
  Mau's mentoring of, 287–89
  navigational study by, 283–84, 286–88, 293
  star compass of, 283, 290
Thomson, Richard, 81
Thornton, Agathe, 170
Thuret, Marguerite, 213
Tierro del Fuego, 21, 42, 72, 77
Tikehau Island, 83

Tikopia Island, 264, 273
Tonga, 8, 57, 89, 92, 108, 157, 226, 230, 306, 308, 336n167
  Bayard Dominick Expedition and, 177, 222
  Cook and, 103
  cosmogony of, 133
  Dutch explorers and, 57
  language of, 58, 104
  missionaries and, 115–16
  pottery and, 226
  Sullivan's data and, 183, 184, 195
  Tahiti's distance from, 108
  Tasman and, 57–58, 69
  trade and Europeans, 58
  transit of Venus and, 69
Tongatapu, 8, 57–58, 222
tools and weapons
  adzes and clubs, 47, 79, 117, 191, 202, 204, 207, 208, 224, 303
  on Fiji, 223
  fish hooks, 207, *210*, 215–16, 219
  Gifford's study of, 224
  at Ha'atuatua, 218
  kitchen tools, 224
  knives, 34, 47, 201, 202
  of the Marquesas, 36, 37
  similarity in all Polynesia, 103
  of the Tuamotus, 47
  Wairau Bar site, 303
trade winds, 39, 40, 43, 119–20, 243, 267
transit of Venus, 68–69
  "cone of visibility" (1769), in the Pacific, 69, 70–71
  Cook's voyage to Tahiti, 1768–69 and, 77–87
  Tahiti and, 70–71
Tregear, Edward, 131–32, 145–48, 165, 171, 316
  *The Aryan Maori*, 139, 146
  *Maori-Polynesian Comparative Dictionary*, 131
  Raukawa story, 131–32, 133
Truman, H. S., 244
Tuamotus, 8, 37, 43–50, 243
  appearance of inhabitants, 47
  atolls of, 43–44

canoes, 48–50
chart of the origin of the world, 126
Cook and, 79
cosmogony of, 133
Darwin and, 44–45
dogs on, 47
eyewitness accounts, 43, 47–48
food of, 47
fresh water and, 44
*Hōkūle'a* voyages, 281, 288–89
inhabitants and human activity in, 47
location of, 43
master canoe builders of, 49
Roggeveen and, 62
tools of, 47
Tupaia's chart and, 94
"voyaging with intent" to, 261
Wallis's voyage and, 70
weapons, 47
"Tuamotuan creation charts by Paiore, The" (Emory), 126
Tubuai Islands, 90
Tupaia, 65, 80–87, 316
   appearance, 80
   chart of all known islands, 91–98, 250, 272
   chart of all known islands, language of, 93, 163
   chart of Ra'iatea, 92
   Cook and, 85–87, 89–91, 119, 314, 316
   death of, 110
   drawings by, 85
   geographic knowledge of, 97–98, 110
   language of, similarity to all Polynesians, 101, 104
   lists of islands from, 83–84, 88
   as "Man of Knowledge," 81
   map making by, 92
   as a navigator, 96
   in New Zealand, Māoris and, 100–102
   subject-centered world view, 94–95, 96, 98
   travels aboard the *Endeavour*, 110

United States Exploring Expedition of 1838–42, 93, 166
University of California
   Berkeley, 222
   Santa Barbara, 275
University of Michigan, Memorial Phoenix Project, 225
University of Otago, New Zealand, 189, 204, 206
   Medical School, 189, 195, 337n189

Vahitahi Island, 79
Vanuatu, 103, 109, 197, 218, 223, 226, 232, 264, 302
*Vikings of the Sunrise* (Buck), 311
von Luschan, Felix, Hautfarbentafel (skin color panel), 179, 190

Wallis, Captain Samuel, 42, 48, 68, 80
   Purea and, 75, 80
   route to the Pacific, 70
   Tahiti and, 70–71, 74–75, 81
   voyage of the *Dolphin* and, 70, 77
Wallis Island, 116
"War canoe of New Zealand, A" (Parkinson), 99
Ward, R. Gerard, 258, 260, 261, 262, 264
   *The Settlement of Polynesia*, 250
Waterlandt Island, 44
Watkins, Kennett, "Departure of the Six Canoes from Rarotonga for New Zealand," 161
Watom Island, 221–22, 226
wayfinding, 163, 266–67, 287, 292
Webb, John W., 258, 261, 262, 264
   *The Settlement of Polynesia*, 250
whaling, 116–17, 151
Whatman, William, 3, 6

Yap, 193, 222
Young, Ben, 284

Zealandia, 331n121

著作权合同登记号　图字：01-2019-5758
图书在版编目(CIP)数据

海洋的子民：波利尼西亚之谜／(美)克里斯蒂娜·汤普森著；李立丰译. —北京：北京大学出版社，2021.8
ISBN 978-7-301-32318-2

Ⅰ.①海…　Ⅱ.①克…　②李…　Ⅲ.①波利尼西亚人—历史—通俗读物　Ⅳ.①K606-49

中国版本图书馆 CIP 数据核字(2021)第 275572 号

| | |
|---|---|
| 书　　　名 | 海洋的子民：波利尼西亚之谜<br>HAIYANG DE ZIMIN：BOLINIXIYA ZHI MI |
| 著作责任者 | 〔美〕克里斯蒂娜·汤普森　著　李立丰　译 |
| 责任编辑 | 柯　恒 |
| 标准书号 | ISBN 978-7-301-32318-2 |
| 出版发行 | 北京大学出版社 |
| 地　　　址 | 北京市海淀区成府路 205 号　100871 |
| 网　　　址 | http：//www.pup.cn　http：//www.yandayuanzhao.com |
| 电子信箱 | yandayuanzhao@163.com |
| 新浪微博 | @北京大学出版社　@北大出版社燕大元照法律图书 |
| 电　　　话 | 邮购部 010-62752015　发行部 010-62750672<br>编辑部 010-62117788 |
| 印　刷　者 | 涿州市星河印刷有限公司 |
| 经　销　者 | 新华书店 |
| | 880 毫米×1230 毫米　A5　14.75 印张　265 千字<br>2021 年 8 月第 1 版　2021 年 8 月第 1 次印刷 |
| 定　　　价 | 88.00 元 |

未经许可，不得以任何方式复制或抄袭本书之部分或全部内容。
**版权所有，侵权必究**
举报电话：010-62752024　电子信箱：fd@pup.pku.edu.cn
图书如有印装质量问题，请与出版部联系，电话：010-62756370